云南省少数民族传统文化保护项目

彭愫英◎著
怒江州民族宗教事务委员会◎编

山一程 水一程

SHAN YICHENG SHUI YICHENG
——LANPING XIAN YANMA GUDAO WENHUA TANSOU

——兰坪县盐马古道文化探薮

云南出版集团 云南人民出版社

图书在版编目（CIP）数据

山一程水一程：兰坪县盐马古道文化探薮 / 彭愫英著；怒江州民族宗教事务委员会编．-- 昆明：云南人民出版社，2019.11

ISBN 978-7-222-18731-3

Ⅰ．①山… Ⅱ．①彭… ②怒… Ⅲ．①散文集－中国－当代 Ⅳ．①I267

中国版本图书馆 CIP 数据核字（2019）第 243267 号

出 品 人：赵石定
责任编辑：和晓玲
杨 涓
责任校对：吴 虹
装帧设计：唐敬乾
责任印制：马文杰

山一程水一程
——兰坪县盐马古道文化探薮

彭愫英 著
怒江州民族宗教事务委员会 编

出 版 云南出版集团 云南人民出版社
发 行 云南人民出版社
社 址 昆明市环城西路609号
邮 编 650034
网 址 www.ynpph.com.cn
E-mail ynrms@sina.com
开 本 720mm×1010mm 1/16
印 张 19.5
字 数 300千
版 次 2019年11月第1版第1次印刷
印 刷 云南新华印刷二厂有限责任公司
书 号 ISBN 978-7-222-18731-3
定 价 48.00元

云南人民出版社微信公众号

如需购买图书、反馈意见，请与我社联系
总编室：0871-64109126 发行部：0871-64108507
审校部：0871-64164626 印制部：0871-64191534

时光里的桨声（自序）

怒江傈僳族自治州（简称怒江州）地处滇西横断山脉纵谷、世界自然遗产“三江并流”的腹心地带，是云南省西部边陲的重要边防屏障，东与迪庆州、大理州、丽江市接壤，西与缅甸接壤，南与保山市接壤，北与西藏接壤。怒江州是我国古代西南丝绸之路的重要通道，所辖四县只有兰坪县产盐，故兰坪县境内的古道被称为盐马古道，而泸水市、福贡县、贡山县的古道则被称为茶马古道。

兰坪县各族人民淘井取卤煎盐的历史悠久，唐代南诏时期，就有开采盐井的记载，元代“有盐七井之货”的史载。兰坪县各盐井，元、明时期为丽江木氏土司统治。清雍正元年（1723），丽江改土归流后，兰坪县各盐井始由流官知府督令经营，实行丁份制，运销方面有官运官销到自由运销，另外还有民运官销、商运商销。民国时期，兰坪县各盐井由盐务系统垂直管理，产、销、税、缉的分工，在系统内部调整。中华人民共和国成立后，兰坪县废除盐业产、销、税、缉各方面的政策，废除丁份制，实现了国有化，对卤淡质次、不符合食用盐标准，不能维持盐民正常生活的小井，在妥善解决盐民转业的前提下，进行了封井裁废。1986 年，拉井盐矿实现真空制盐，结束了薪柴煎盐历史。2002 年，政策性封闭拉井盐硐，兰坪县盐业史画上了句号。

兰坪县盐区分布在拉井镇、金顶镇、河西乡。拉井镇境内盐井有：日期井，即期井，这是期井河上游杨贤井和福、禄、寿、喜四口小井的总称，以杨贤井为主产井；喇鸡鸣井，即拉井。金顶镇境内盐井有：上井，有仁、义、礼、智四口石吊井；温井，有宽、裕、温、柔四口石吊井；下井，有岩古、细泥、火须、淡水四井；老姆井，有天、地、人、和四井；三个附井，有小盐井、炼登井、新井。河西乡境内盐井有高轩井。

2007 年 5 月，我在朋友的力邀下到古盐镇拉井游览，融入盐马古道，深切感受盐马古道文化的魅力，此行拉开了我写作游记散文集《盐马古道》一书的帷幕。深入古盐镇进行艰苦的田野调查，倍觉盐马古道文化的挖掘和抢救意义重大。《盐马古道》一书出版后，我断断续续地行走在盐马古道上，多年来没有放弃对盐马古道文化课题的调查。2012 年 5 月，我走上碧罗雪山鸟道，盘坐碧罗雪山上，我立下誓言，要为怒江州盐马古道写一本纪实散文集《怒江记》，以文学作品方式，展现怒江州近百年历史的人文情怀和民族风情。从碧罗雪山归来后，我的足迹从兰坪县的盐马古道转入怒江州边三县泸水市、福贡县、贡山县的茶马古道，《怒江记》就在不断的行走中得以创作完成，并荣获中国作协 2016 年度少数民族文学重点作品扶持项目，于同年 12 月出版发行。《怒江记》一书是我这个本土作家献给怒江山水的一份心意，饱含我对怒江大地的挚爱之情。

《盐马古道》《怒江记》不足以概括我对兰坪县盐马古道旅程的憧憬，因《盐马古道》一书的内容局限在古盐镇拉井辖地内，《怒江记》一书的内容以盐马古道、茶马古道划分成上篇、下篇两辑，但上篇这辑里的盐马古道内容只涉及营盘镇、拉井镇、金顶镇三个乡镇，以怒江州交通史上没有公路记载时，怒江人翻越碧罗雪山到兰坪县背盐巴以及经盐路山走向内地的重要通道为主线。兰坪县有八个乡镇，除叙述到的三个乡镇外，还有兔峨乡、中排乡、石登乡、通甸镇、河西乡。我一直有个心愿，能够从容走遍兰坪县八个乡镇，创作一本内容涵盖八个乡镇盐马古道的书。非虚构散文集《山一程水一程——兰坪县盐马古道文化探薮》出版发行，可以说实现了探索兰坪县八个乡镇盐马古道的夙愿。不过还是有所遗憾，原计划行走兰坪县中排乡到迪庆州维西县、德钦县，以及德钦县到怒江州贡山县、河西乡大羊场到丽江、金顶镇到大理州云龙县的盐马古道线路，因诸多原因没能实现，而所行走的盐马古道线路，有的还需要再深入采访。

《山一程水一程——兰坪县盐马古道文化探薮》一书由兰坪县八个乡镇记组成，这些“记”以盐马古道为主线，抒写盐马古道沿线的人文景观和民族风情，描绘壮观的峡谷景色，讲述今昔变迁的故事。对盐马古道文化的抢救保护、传承发扬赋予文学生命，该书给后人研究怒江人走夷方的历史及盐马古道文化留下了宝贵财富。行走在盐马古道上，深深地体会怒江人民对新时代的感恩之情，深深地感受怒江建州六十五年来翻天覆地的变化，也深深地被怒江人在脱贫攻坚战中建设美好家园的心志而感动。行走兰坪大地，融入老百姓当中，我只有一个心愿：讲好怒江故事，写出人民群众喜爱的书。

兰坪县境内，生活在澜沧江畔五个乡镇的白族拉玛人支系被誉为白族文化活化石。关于白族拉玛人的称谓，怒江州学者有分歧，有“拉玛人”“那马人”之争论，各自理由充分且有典籍可查，有依据可考证。在怒江州的著书里，有的写成“拉玛人”，有的写成“那马人”，造成外地读者误会，不明情况的人还以为是两个白族支系。我深入八个乡镇进行盐马古道调查，兰坪县的老百姓没有人说自己是“那马人”，都自称是“拉玛人”，且兰坪县志亦用“拉玛人”称谓。为了更好地宣传和传承民族文化，兰坪县统一规范用“拉玛人”称谓。作为怒江写作人，我的著书里也曾用过“那马人”和“拉玛人”。通过对八个乡镇盐马古道深入调查，我决定尊重兰坪县的规定及老百姓的意愿，在《山一程水一程——兰坪县盐马古道文化探薮》一书里，对白族支系的称谓用“拉玛人”，这也包括今后的著书里。兰坪县白族支系的称谓有必要统一。

同样的尴尬，也出现在地名“拉井”和“啦井”的称谓。《兰坪县地名志》和《兰坪县志》，以及文史工作者的考证和志书的记载，都用“拉井”来称呼盐马古道历史中的喇鸡鸣井，这与拉井的盐马古道历史和盐马古道文化有关。但拉井镇政府却用“啦井”称谓。我尊重盐马古道历史，尊重兰坪县志及文史工作者的考证，在我的著书里，对古盐镇的称谓一律用“拉井”。古盐镇地名的称谓同样有必要统一。

兰坪县盐马古道沉淀厚重文化，抓紧对盐马古道文化的抢救和保护，有利于打造怒江大峡谷世界级旅游的项目，对展示怒江百年历史及瑰丽多彩的民族文化，谱写一方风土一方人文，体现民族自强不息的精神和怒江人坚贞如石的品格，反映“一带一路”沿线社会历史文化，佐证怒江历史变革中人文变迁有着重要意义。用深情、用心血写就的有关盐马古道的书，这是一位怒江女儿的心经。

盐马古道在我心里盘活成了根系发达的文学情愫和故园情结，成了我创作的肥沃土壤。红土地上的记忆和领悟，转化成了一篇又一篇饱含赤子之情的文章呈现给世人，我发自内心感谢行走盐马古道的日子，感谢写作历程中的酸甜苦辣。感谢怒江州民宗委、云南省民宗委的扶持！使我得以完成此书，以志筑梦文学的不懈情怀。

盐马古道于我而言，就像时光里的一条河流，我在这条河流里划船前行。桨声欸乃，水面荡漾故园文化情结。行走盐马古道，感受怒江人民对新时代的感恩。作为作者，勇于担当新时代赋予作家的使命。谨以此书献给我亲爱的祖国，作为一位怒江女儿对中华人民共和国成立七十周年的献礼。

彭愫英

2019 年 7 月 26 日

CONTENTS
目　　录

通甸记

河西记

兔峨记

拉井记

山一程水一程——兰坪县盐马古道文化探薮

穿越古盐镇

一

地处滇西北横断山脉纵谷区的怒江州兰坪县，很早以前各族人民就懂得在盐卤水溢出的地方淘井取卤煎盐。古盐镇拉井位于兰坪县中南部，是云南省 33 个古镇之一。拉井，原名“喇鸡鸣”，相传，喇鸡鸣村民到此放牧，羊群都要到箐沟舔食地上浸出的白色东西，牧羊人很奇怪，不由蹲下身尝了尝，这才知道地上浸出的白色东西是盐。清道光二十三年（1843），随着开井产盐，“喇鸡鸣”地名中加上了“井”，后被人们简称为“拉井”，拉井镇由此得名。拉井曾是兰坪县城所在地。兰坪县城于 1950 年 4 月从金顶搬迁到拉井，于 1985 年 8 月从拉井又迁到金顶镇江头河。1987 年 11 月 27 日，经国务院批准，撤销兰坪县制，设立“兰坪白族普米族自治县”，原行政区划不变。

由于兰坪县盛产优质盐，以拉井镇为中心，逐渐形成了怒江境内的滇藏古道、盐路山古道、碧江营盘古道、六库保山古道、贡山六库古道等多条盐马古道。新中国成立前，怒江州没有公路，这许多条盐马古道，连接了怒江州的边四县和兰坪县，是怒江州通往古西南丝绸之路及通向内地的通道。

“赶马三年不歇店，处处留下冷火塘。伤心不过赶马人，赶了一程又一程。”自从外婆给我讲起背盐人的汗渍和马匹的白骨铺就的盐马古道，讲起悬崖峭壁上的羊肠小道、原始森林里的古栈道、碧罗雪山上的救命房……徒步盐马古道成了我的心愿。

2007年“五一”长假，我首次徒步盐马古道，沿着四十里箐河到富和山的彝族寨子弥勒坝，寻访新中国成立前在盐马古道哨卡上护哨的彝人。尽管马帮时代已经过去，悠悠古盐道上只有零星的驮柴马匹的踪影，背夫的血泪被荒草覆盖，崇山峻岭中的小路，已消失在一棵棵高大的树木和蓬蓬花树之中，但当我走进古镇拉井，摩挲石板路上深深的马蹄凹槽，仍能听到历史的叹息。180多年的盐矿开采历史，孕育了盐马古道的盛衰往事。从家庭作坊、火法煮盐到真空制盐三个阶段谱写出的拉井盐文化，不因时光的远去和2005年关闭盐矿硐门而沉寂。走访当年的盐工、马锅头、背夫和缉私队员，他们忆述的往事深深震撼了我。

怒江州有一句口头禅为“兰坪人不知道盐咸”，到了兰坪县，这句口头禅就变成了“拉井人不知道盐咸”。在拉井，听白发苍苍的老人讲述当年的制盐背盐史，我的眼角总是湿湿的……

曾是盐工的退休中医师赵桂孙，脱下鞋袜，让我看他那双自小被盐卤水泡得变形和被锅盐严重烫伤的脚，脚趾头参差错落，又短又圆，脚指甲一个也没有，惨不忍睹。我仿佛看到，五口大锅架在一个火灶上，火烟出口处的锅里装着水，左右并列的四口大锅装着盐水。一个瘦弱的男孩白天在矿硐里干活，双脚浸泡了一天盐水，晚上回家后还要爬上高高的灶台，用大勺子敲打锅底的盐。疲累中的他实在困极了，不小心踩在锅盐上，脚被烫成了花萝卜……

“苦够了！”家住拉井镇期井村的李贤慧老人，跟我讲起当盐工的日子，撩起围腰擦眼泪，她由衷地说，“能过着今天的日子，就像做梦一般，我们没有什么不满足的了，唯一的愿望就是能多活几年。”

李贤慧从小就在拉井镇期井村煮盐，昼夜不分地煮，每天天不亮就从盐井背回三趟盐卤水。当时用的是木碗木筷木脸盆。三四丈长的竹竿上绑着木桶，伸入盐井，接出盐水再倒入木桶然后背回家里。秋冬天，期井的黎明很冷，背盐水的路上，她手上落着厚厚一层霜。

“想起那时的苦日子，我就流泪，15 岁还穿不起裤子，只能穿母亲的一件补满补丁的长衣，系着补丁围腰，就这样在寒冷的天气里背盐卤水煮盐巴。我阿爸到拉井安家另过，撇下阿妈、弟弟和我，日子苦得就像盐卤水和黄连。”

那时的拉井盐矿实行丁份制，分灶、半灶、丁。一灶盐水要煮一个月，半灶盐水煮半个月，一丁盐水煮几天。由于盐政腐败，以出灶收租的灶主和雇工煎盐的丁份大户随之出现。盐工们煮出的盐巴要全部交给灶长，灶长上过税盖过章才能成为公盐，否则，你煮的盐就变成了私盐，一旦被缉私队抓到，不仅被没收还要罚款，甚至关押一个月。苛捐杂税和黑社会势力蔓延，使得煮盐的多数盐工苦不堪言。为了生存，盐工们不得不想出办法对付缉私队。

在不同的历史时期，贩卖私盐都是违法行为。盐工们在盐起锅后划分成四半时，在每半盐旁边敲下一点盐，藏在隐秘处，或者在锅底盐快熬好时，在锅边擦一圈成锅边盐，积少成多后悄悄地卖给走私私盐的人。而缉私队的主要任务是堵截私盐。拉井缉私队隔三岔五到各个路口堵卡查办私盐。有一次，缉私队接到告密，来到一户人家查盐，这户人家有二丁盐水，那天正好把一块私盐藏在柴堆后，看到缉私队来了，机智的女主人以赶鸡为由，有意将柴堆弄乱，躲过了缉私队的搜查。

期井一户人家的火塘边，和润莲老人坐在床边慈祥地笑着，她穿着藏青色右衽长袖短衣，小方块图案的领褂，腰系花边花衿围腰，外罩黑马甲，下着黑裤子黑棉鞋，满脸皱纹像晒干的树皮，手骨节疙疙瘩瘩地打皱，黑色毛线编织的帽子半掩着满头银发，缺了门牙的嘴说话有点漏风。

和润莲从小就是孤儿，7 岁失去阿爸，11 岁时阿妈也因病而亡。她和瞎眼爷爷一起生活，家徒四壁，日子穷得叮咚响，没办法，她只好跟着三叔过，送饭给瞎眼爷爷吃。小小年纪，和润莲就每天到盐井背盐卤水，帮大人煮盐。三叔比较疼她，但他常年背盐巴到外地不常在家。三婶嫌她是个负担，对她横挑鼻子竖挑眼，常无缘无故骂她。跟着三叔过的奶奶眼瞅着孙女受气只能忍气吞声。三叔为了不让她受委屈，把她领到亲戚家里，可这家人日子也穷，但在这家中她不再挨骂了。她长大一些后，就和奶奶单独过日子。

大理州云龙县的石门街，每月阴历初五、十九、二十七日是赶集天，和润莲背着盐巴与村里人从期井到石门街赶集。一筒盐巴四斤，她起初背七筒，后来背十筒，一个月至少两次背盐到石门街。有次她和大伯背着盐巴赶阴历二十七日的石门街集市，一路上大雪纷纷。看着前面背盐艰难行走在雪花里侄女的小小背影，赶着两匹驮盐马的大伯心痛地大哭道："有爹有妈的现在家里舂饵饫粑粑，孤儿没人管只能大雪天背盐巴。"和润莲不知道大伯是因心疼她而哭，以为他累得走不动了，没到石门街，就建议大伯在一个小山村里歇息。从石门街回到家，和润莲病倒了，发高烧。家里没人背盐卤水煮盐，没人背盐到外地卖，就没有盐巴换米，没有钱买面，家里自然也就断了吃的。她病稍好能下地，便上山砍柴煮盐，回村里的路上崴了脚，赶马归来的大堂哥闻讯将她背回家。这次脚伤让和润莲在家躺了一个多月，祖孙俩的生活只能靠亲戚接济。

期井因为盐井成了热闹的集市。为换期井产的盐巴，邻近的金顶人拿来了甜酒、红糖、面条、麦面；营盘人拿来了香油、肉、大米；怒族人拿来了土特产；连远方的藏族人也赶着马帮来了。大人们吓唬小孩，说藏族人来了，就会往小孩眼里撒辣子面，抓走小孩，和润莲与她的小伙伴们每次见到藏族马帮就远远地躲开。

渐渐地，和润莲拥有了一匹马，与同村的赵玉花结伴驮盐到石门街。当时马帮驮公盐要有批条，每张条子盐巴不能超过 100 斤，超过条子规定的数量，半路上被盐场署缉私队抓到就会没收一半。和润莲与赵玉花只有两匹马一张条子，有次驮的盐超出了三筒，碰到缉私队盘查，同村的一位马锅头机智地帮她们把多驮的盐藏到另一个马驮里，她们才幸运地逃过一劫。但有一次就不那么幸运，她们被缉私队查获没收了一半的盐巴。两人到石门街把剩下的盐出手后，买回五升米，两升饵饫，五盒红糖，两碗酒。要过年了，祭祀祖先需要酒。

期井村的盐井三封三开，每当七八月份雨水多了，盐卤浓度降低，这时节就会封井，等雨季过后再开。期井的盐井如泉井一样，平时舀盐卤水，用四丈左右的竹竿绑上小木桶沉入井里舀。雨水过后开井时，用长竿把人送入井里，清理落入井里的树枝，舀掉表面的水才能舀盐卤水。

拉井盐场署的缉私队来期井封井，期井人不让封，缉私队的人就拿枪对准期井人强行封。夜深人静，和润莲和三个伙伴悄悄地摸到盐井旁偷背盐卤水，谁知被守在盐井上的灶长发现。灶长带人猛追，将和润莲她们抓住，关在灶长家。灶长家里关满了反对封井的和背私盐的人，连他女儿的住处也关满了人。灶长放话说，被抓的人只要家里拿钱来赎，就即刻放人，不然等天亮就送到拉井场署治罪。和润莲的姨爹在村里到处借钱，好不容易凑足了赎金，将她救了出来……

走在期井河岸边，看着期井河蜿蜒隐没在山谷里，我不由想起了当年的那些背夫，在盐税苛杂压迫下，仅仅只是为了赚中间差价，背夫悄悄从灶户手里买下私藏的盐，避开关卡，与全副武装的缉私队周旋，翻山越岭、渡过险滩，把盐巴背到澜沧江一线的营盘、兔峨等地，过澜沧江到大理州云龙县以及保山市腾冲县，甚至到缅甸，或者翻越碧罗雪山到怒江一带，其辛苦和危险可想而知。

穿过拉井街道，沿着通向县城的公路，我去寻访拉井街上一名缉私队员。一座面向公路有三间铺面的楼房，楼房底层是一家网吧，网吧门口，依地势搭出一间简易的房子，拉井街最后一名还健在的缉私队员黄和塾就住在这里。80多岁的黄老精神矍铄，他来自江西省赣州市信丰县，因为被抓壮丁后辗转来到兰坪。黄老告诉我们，他所在的税警队不管马帮，主要任务是堵私盐。背私盐的大多是穷苦人，黄和塾抓到后不为难，叫他们赶快走，别让自己的队员看到，免得大家都受到惩罚。久而久之，背私盐的穷苦人把黄和塾当作自己的好友。但是，如果这样的私下放行，一旦被队友看到并告发，不仅贩私盐人被抓，徇私的缉私队员也会受到惩罚。有一次，一位缉私队员抓到一位背私盐的，死死抱住背盐人不让他走，结果背盐人抽出一把刀，将缉私队员杀死了。还有一户人家，因为缉私队员杀死了一名背私盐的，把尸体丢进他家里，无法住人，只好搬出……缉私队员和背私盐人的故事，层出不穷。

从清朝到民国，当政腐败，税多，且重，盐贵如珠玉，于是不断有反暴政的起义发生，在兰坪的盐业史上写下了厚重的一笔。民国六年（1917）农历正月初六，拿着大刀弩弓的傈僳族和沛三抗暴政起义队伍从长涧出发，把拉井四周的关卡通道占领了，打败缉私队的顽抗，占领场署。在兰坪没有正式设立县治以前，拉井场署是一个集行政、司法、盐政管理于一身的封建官僚统治机构。起义队伍没收场署财产，处决作恶多端的盐场场长，打开盐仓，给穷苦百姓分送盐巴，焚毁了场署。后来，起义部队遭到残酷镇压。

1948 年 5 月，中共滇西工委成立。1949 年 5 月，在中共滇西工委的领导下，兰坪县的通兰暴动取得胜利。几天后，拉井盐厂护井队和平交枪，拉井解放。场署的罪恶历史，终于随着中华人民共和国的成立和兰坪的解放而结束，但盐马古道上的凄惨的故事，留在老盐工的记忆里难以抹去。历史已经翻过一页，可是面对那些曾经悄悄地在身上藏一点盐巴以换得一点生活必需品的老盐工，那些曾经在盐矿硐里骨瘦如柴的老盐工，那些曾经差一点倒毙在盐马古道上的老盐工……我潸然泪下。

离开拉井镇前一天，我还想去拉井街上拜访一位盐工，大家都说她的遭遇最伤心，每当讲起自己当盐工的经历，她就会控制不住地哭了起来。人到伤心泪才流，这位老阿妈的盐工历史浸透了血泪……遗憾，老阿妈随女儿到北京玩去了。虽然没有见到她，但知道她的儿女们都参加了工作，成了国家干部，她的晚年生活幸福美满时，我欣慰地笑了。

二

漫步拉井，耳畔没有响着“哒哒”的缝纫机声音，见不到剪裁鞋样和挑针纳线的声音，石板路面被翻修过了，古老店铺岌岌可危，我再也找不到十多年前走过拉井古巷时的那份感觉。伫立玉龙河边，心灵贴近拉井，想及盐马古道上消隐的马帮。盐场遗址上烟囱耸立，急坡街安静在正午的阳光里。公路边，有居民在院子里摆摊卖桃花盐。其中一个盐摊子后面，屋里正在熬盐。我不由被吸引，向着这个盐摊子走去。

三口大锅一个灶台，水汽朦胧。灶膛里柴火旺旺。一口大锅里的盐清晰可见。男主人忙碌着，三位老年妇女坐在另一间屋子前闲聊。看着拉井桃花盐，有种久违的感觉。男主人叫李国宏，是盐工后代。与之闲聊，他比较热情。建设生态家园，严禁砍伐，柴火管理得严，熬盐巴的柴火是自留山里的干柴，数量有限，因此熬盐巴有限。拉井桃花盐自身含碘，手工熬盐不加碘。地处急坡街上的盐矿硐自从政策性封闭后，封硐的水泥墙下留着一个透气孔，盐水从透气孔里流出来，流入玉龙河里。急坡街靠公路边的人家，如李国宏家一样熬盐巴的有七家，他们把从盐矿硐流出的盐卤水接入自家熬盐的大锅，变废为宝。他们熬的盐巴有三个类别，牲口盐，每斤一元至一元五角；人用盐，每斤两元；锅底盐，每斤两元五角。所谓牲口盐，就是把盐卤水接到缸里沉淀，再倒入另一个缸里，尔后接入锅里熬，此时盐水变成青色。煮盐时，要舀掉上面那层沫水，用这层沫水熬出来的盐巴就是牲口盐。如果不把沫水舀掉，煮出的盐巴颜色偏黑且不干净，那就不是赏心悦目的桃花盐了。李国宏熬的盐巴有定量供应，小打小闹地淘生活。

我们正说着话，一辆大客车响着喇叭停在李国宏家附近，一群人嘻嘻哈哈地涌了进来，黑压压地挤满院子，还有一部分人站在公路边。其中几个人说着纳西话。这群人中正好有个人认识我，他告诉我，丽江师范四十二班的同学有来自迪庆、丽江、怒江的，毕业46年了，今年在兰坪聚会，有33人参加。他们到古盐镇拉井参观，喜欢拉井桃花盐。其中，有位兰坪同学向李国宏买了200斤锅底盐，送给同学们做纪念。

一条水泥路穿过急坡街弯曲向上，我向着盐矿硐走去。十多年了，急坡街在我眼里除了土路变成水泥路外，并没变化多少。盐矿硐沉寂。紧贴着封闭硐门的水泥墙，我想听到盐卤水走路的声音，盐矿硐里流出来的水，在我的意想世界里，盐卤水不是流，而是走。当年，盐工每天从矿硐门进去，顺着路向上走，走到了矿硐中间，路往下延伸。背矿盐工手里提着矿石灯，蜗牛般爬行在矿硐里。盐矿职工子女为了帮父母完成硬性下派的任务，放学后匆匆赶到矿硐里背盐矿……耳朵紧贴在水泥墙上，我没有听到什么，却听到自己心跳的声音。透气孔里流淌出来的盐卤水清澈见底。犹如十多年前首次到硐口一样，我掬起一捧盐水品茶，咸得赶紧吐在一边，手心里的盐水漏入水流里。

老一代人喜欢称拉井为喇鸡鸣。这与拉井上方不远处的台坡地老地盘有关。《兰坪县地名志》记载，很早以前，为逃躲兵患，有一家湖广人始来这里安家落户。他们从家里出发时带了一只大公鸡，经过长途跋涉，这只公鸡才在宿地振翅长鸣，主人认为这是吉祥之地，是可以避免兵患的好地方，于是就在这里安居，并唤住址为喇鸡鸣。后来这家人在住址下面不远的山箐底发现有盐水，又迁居那里煮盐为生，新迁的地方称“喇鸡鸣井”，原址改称“老地盘”。地名志用“拉井”称呼喇鸡鸣，兰坪县志及文史书籍用“拉井”称谓，而乡政府牌子用“啦井”称谓。就“拉井”一词，我咨询过老文史工作者，他们说“井”指“盐井”，“拉”指“拉竜”，这与盐井使用竹竜汲盐卤水有关。老文史工作者们从喇鸡鸣开课报井的历史以及制盐过程、方法论说，不得不令人信服“拉井”一词作为地名的合理性。

清道光二十三年（1843），拉井（喇鸡鸣井）开井报课，为丽江井的子井。清同治十三年（1874），云贵总督岑毓英将丽江府右营都司移驻拉井，盐大使署从下井迁移至拉井，归省盐道委提举大使管理，因拉井卤旺产丰、矿卤兼产，由子井变为母井。盐矿丁份制的实行始于清朝，一直沿袭到民国。苛捐杂税和黑社会势力的蔓延，使得煮盐的灶户苦不堪言，于是，就出现了走私私盐，因为每丁或每灶没有严格规定煮盐数量，尽管盐矿有斤数限制，这里有人为的因素在内。《盐业志》记载，同治九年，回民义军被镇压后，由清将杨玉科整顿盐务，封闭丽江、老姆井，开办喇井，详定灶户 80 灶……灶户数目到新中国成立前增加了 7 灶。一灶原盐矿 2000 斤，盐卤水四塘计 20 方，交盐的底线是每月 4000 至 5000 斤。家庭煎盐演绎无数灶户的故事。残酷的剥削让灶户们不得不想出办法对付缉私队。于是，在盐起锅后，他们不露痕迹地敲下一点盐藏起来，积少成多，悄悄地卖给走私盐的。灶户们私藏盐，如果被缉私队抓到，不仅罚现金 100 元，还要关押一个月。

顺着盐卤水流淌的方向，我一路下坡往西关走去。盐卤水经过之处，水两边的红土上铺着一层白花花的盐，在阳光下闪耀。行走在紧挨盐卤水的小道上，想着盐马古道历史里的盐警队和盐工、背夫间的故事，急坡街上演绎的凄惨往事早被埋葬在尘埃里。思绪在往事里荡悠悠，心却警惕着急坡街的狗。有次到急坡街查看盐卤水，我想去龙王庙看看，还没走出急坡街就被两条恶狗挡住去路。我正要往后退，狗毫不客气撵着来。我只好拿着摄影三脚架与狗对峙，进也不是退也不是。正尴尬时，有位老者闻声出来帮我驱赶狗。两人正说着话，老者突然激动地说，他认识我，随之说出了我父亲的名字，还有居住在营盘街上的几位亲戚的名字。老者告诉我说，我应该叫他爷爷。此行后，我又从州府六库城到拉井，为写作《怒江记》走访一些人。与友人到拉井敬老院参观。在敬老院里，想不到又见到了在急坡街帮我驱赶恶狗的那位老爷爷。一晃五六年时光过去了，不知这位爷爷安健否?

2007 年 5 月至 2008 年 4 月，我用了一年的时间边行走边写作，于年底出版了游记散文集《盐马古道》。想不到这书受到拉井人民的喜欢，十多年过去了，还有人提起这书。我在急坡街参观李国宏的盐灶时，在他家闲聊的三位老阿妈中，有一位大妈叫赵洋旺，她突然问我，“你是不是《盐马古道》的作者?”我回答“是的”，迷惑地问大妈，“你怎么知道我?”大妈说，她从《盐马古道》那书的作者简介里看到我的照片，因喜欢这书，就记住了作者的模样。赵洋旺大妈已经 76 岁了，她对《盐马古道》一书的有些篇章记忆深刻，居然大段大段地背诵出来，令我感佩不已。她是盐工的后代，读过书，因此到东川当工人。她回到拉井探亲，正巧遇到农业社下放，她舍不得离开父母，回到家后放弃了工作，待在父母身边务农。

西关桥所处的位置，与玉龙河两岸峰峦对峙，大有一桥当关万夫莫开的气势。西关桥是拉井门户，横跨玉龙河。拱形的桥身，亭台楼阁，雕梁画栋。河东岸桥的亭台两面，白色石灰墙上手书“江河有声”“智水仁山”，黑色的隶书大字在白底红檐的陪衬下格外显眼。紧挨着西关桥的是迎客大门，大门对联“关隘峭壁锦桥画阁玉龙水，文笔雄峰机声飞雪古盐矿”，横批“山关凝翠”。公路在这里转了一个弯，向着营盘镇而去。这条公路叫六兰公路，从兰坪县城而来，向着怒江州府六库城而去。

西关桥实际上叫兴隆桥。当年的古盐镇拉井，有四个关口把持盐的通路，那就是西关、东关、南碉楼、北碉楼。东西关在横贯拉井镇的玉龙河上，是典型的桥梁楼亭建筑。东关把守通向大理、丽江直达茶马古道的盐路，西关把守通向澜沧江、怒江到达维西、迪庆、缅甸的盐路。南北碉楼设在环护拉井镇的南北山峰上，山峰上有碉楼哨口，两挺机枪架在高高的碉楼上，与东西关遥相呼应。四个关卡，除了西关桥保存尚好外，其余三个关卡荡然无存。

走在桥上，看到桥的檐廊上“义路”“礼门”依旧在。十多年时光，山河永葆青春，唯有痴爱盐马古道文化的人满头黑发染霜，有了白发。阳光洒在山谷里，光影就像高明的剪辑师，剪出了一幅幅美丽的画面。山是俊朗的，树是墨绿的。阳光是金色的，草是葱绿的。玉龙河就像瘦小的孩子，不急不慌地流向澜沧江母亲怀里。

流连西关桥，自然而然回顾桥的历史。我所见的廊桥，已没有初建时的气势，岁月更迭里，新修建的廊桥规模比旧时小得多。民国元年（1912），拉井（喇鸡鸣井）盐业工人李维善等人筹建西关风雨桥，西关桥修建时间只不过 107 年左右。我曾写过文章描述了耄耋老人介绍的西关桥，“高大宽阔的桥身有上下两层，桥中间宽阔的走道供行人马匹通过，走道两边的房屋里装满棺材，楼上也是装满棺材的房屋。西关是盐大使杀害穷苦人民之地，也是缉私放私出关之地，这个被人们称为杀人场的西关，太阳还没有落山，桥上弥漫浓浓阴气，令人望而止步。”耳听小鸟啁啾，眼前所见无法与老辈人讲述的往事联系在一起。

西关桥外，古岩洞依旧在，青青藤蔓难掩岩洞里的石桌石凳。层层岩石洞壁上遗留着穷苦盐工、马锅头们唱响的音符，还有马匹的响鼻。历史叙事里，来自怒江一线的怒族、傈僳族背夫，还有从维西等地来到拉井但住不起店的马帮，都住在这个岩洞里，傈僳族的“呀拉依”、怒族的“哦得得”、藏族的“度母化身”、白族的“开言”等民歌调子，曾经在古岩洞里上演。

盐卤水浓度时常有变化，人们用特定的容器测量盐卤水浓度，当浓度在 21%—23%之间，100 斤盐卤水就可以煮出 50—70 斤桃花盐，如果盐卤水浓度降为 17%，意味着灶户煮盐白辛苦，没收入。盐卤水下降这一年，场署会组织举办龙王会。龙王会一般选在农历五月二十三日左右，会期三天三夜，进行猪羊大祭。民间认为龙王最爱热闹，尤其喜欢听戏，是个戏迷，于是龙王会就以唱戏为主。庙会这天，四乡八寨的人赶来了，各地戏班蜂拥而至，拉井热闹非凡。再次拉井行，我没有去寻找龙王庙。龙王庙地处急坡街上方，因为山体滑坡，离龙王庙不远的拉井解放纪念碑早已经搬迁到拉井街原电影院院坝里。我向着新的拉井解放纪念碑所在方向走去。

记忆里的电影院荡然无存，变成了拉井镇中心完小和拉井镇中心完小乡村学校少年宫。原拉井中心广场也成了学校地域，正在紧锣密鼓建盖房子。拉井给我的最大感受就是校容校貌发生翻天覆地的变化，无论是新建村、拉井街、期井村大山箐小组，都在原有的校舍基础上建盖新大楼，学校规模得到扩建。纪念碑正对拉井镇中心完小大门，一进入大门，“啦井解放纪念碑”几个大字扑入眼帘，黑色大理石使得金黄色的大字显目。纪念碑的碑身长方形，底座四方形，碑身上方是红色五角星。纪念碑的背面，碑身上写着“弘扬革命传统　振兴古镇盐乡”。纪念碑的台座正面是庆祝拉井解放的浮雕，背面是刻写在大理石上的“啦井解放纪念碑序”；左面浮雕是拉井名酒马道子的酿酒场景，一名白族拉玛人汉子忙碌着；右面浮雕是盐马古道上两个人两匹马行走在崇山峻岭里的情景。远处青山连绵，白云飘逸。整座纪念碑显得大方且威严。

新的拉井解放纪念碑与旧的拉井解放纪念碑不一样。旧拉井解放纪念碑离龙王庙不远，突兀在半山腰上。约一米高的水泥平台上，耸立着红岩做成的纪念碑，碑身上刻着“啦井解放纪念碑”几个大字，圆形的台座和碑身间，有一组石雕，正面的石雕雕刻各族人民庆祝胜利的场面，上面刻写“胜利歌”几个字，横幅上刻写“热烈庆祝拉井解放”“主席万岁”。以正面石雕为起点，沿着顺时针方向绕着圆形的台座欣赏石雕，“支前会”浮雕是兰坪各族人民支前的画面，“秘密会”浮雕上有背着枪支的解放军和当地人接头商量事情的场面，“团结谱”浮雕上是工农兵大团结的场面。

新旧拉井解放纪念碑文内容不一样，新碑文比旧碑文内容更加丰富，详细记叙了拉井解放的过程，对拉井解放的意义做了评价，亦寄予青少年学生们殷殷的嘱咐和殷切的期望。

站在拉井解放纪念碑前，缅怀革命先辈伟绩，思绪在盐马古道时光隧道里穿行。

三

“飞阁凌云闲井风物尽收眼底，文笔耸峙四周山岳皆拱斯峰。”读着玉皇阁门楼对联，心早已飞向盐马古道。意念里，马帮从拉井场署出发，铃铛一路响着经过回音壁、三岔河，登上 99 台地。雾锁山岚，波浪起伏的台地隐隐约约有马帮身影。

喇鸡鸣井开办以来，拉井桃花盐运往剑川、丽江等地。从拉井到金顶的这段盐马古道，在杨玉科路没有开通以前，必须经过 99 台地。所谓 99 台地，就是 99 座大山，山峦犹如台地，一台接着一台。盐马古道在山梁上蜿蜒，犹如在台地上穿行。行走 99 台地，道不尽山河壮美，但道路崎岖难行，从拉井到金顶白地坪，往往两头黑。冬季大雪封山，99 台地无法通行，导致喇鸡鸣井桃花盐滞销，严重阻碍拉井经济发展。99 台地上没有水，来往的马帮和背夫、行人忍着饥渴。渴得嗓子冒烟时，人畜寻找马蹄凹槽里遗落的雨水，顾不上干净与否，只巴望有水解渴。有时运气不好，马蹄凹槽里没一滴水，在 99 台地上渴死，真是叫天天不灵，叫地地不应。后来，人们在 99 台地凿了个兔子井，但依然解决不了 99 台地的饮水问题。

相传，杨玉科智斗盐灶主，把盐巴分发给穷苦人后被抓。官兵押解杨玉科从营盘到拉井，经过武邻邑村，天黑了下来。他们投宿村里，杨玉科在村民帮助下得以逃脱。杨玉科逃到三岔河，不敢走 99 台地盐马古道，对着莽莽苍苍的原始森林发愁。一只白猿猴现身三岔河东面大箐，给杨玉科引路。杨玉科跟着白猿猴，从三岔河往山神庙方向逃去，途经中哨房，穿过茫茫林海，到达大石桥，进入金顶坝子，过沘江河往盐路山走去。杨玉科发迹后，按照白猿猴引导他逃命的这条线路，开辟了著名的盐马古道杨玉科路。杨玉科路比经过 99 台地的盐马古道路程缩短近一半，且一路上人马饮水方便，一年四季畅通无阻。杨玉科路开通后，拉井商贾云集，地方经济飞跃发展，拉井桃花盐声名远播。

魂牵梦萦 99 台地，我一次又一次在心底抚摸这条古老的盐马古道路线：从拉井经回音壁到三岔河，从左箐走上 99 台地，过挂登河到桃树白腊山，到达现今兰坪县城所在地，从兰坪一中背后经过，到江头河村，过大龙、来龙村（或者江头河村过福东村、来龙村）翻越盐路山，经过马登、上兰，再到剑川、丽江等地，与云南著称于世的茶马古道会和。

杨玉科路开通后，99 台地上马铃铛声消失了，马帮不再行走这条老路。这条最古老的盐马古道成了私盐走私通道，背夫背着私盐走上 99 台地，消失在茫茫山林里。我曾站在拉井国家森林公园的瞭望台上，沐浴夕阳余晖，遥望 99 台地，想象背夫过 99 台地的情景，感慨赋诗“99 台地，夕晖独行人”。

2008 年 2 月，我从兰坪县城坐车到白腊村。皑皑白雪掩映村庄，木楞房夹道，雪落满地。羊群漫过村路，如云飘向山野。木楼里弹响四弦琴，山歌甜甜。白腊村火塘边，年老的马锅头讲述当年行走 99 台地的情景。他们赶着马帮参加西藏支前。为解放军从丽江到怒江驮军需品，翻越碧罗雪山到知子罗等地。合作社时期，他们赶着马帮将拉井锅底盐驮到大理州剑川、鹤庆等地以及川滇交界处的集镇，驮回兰坪县急需的红糖、棉纱、百货、炮杆以及农用工具等经历。马锅头唱起流传盐马古道上的歌谣，其中的一首苦歌给我印象较深，“可怜啊可怜，头鸡没叫，有人让我离开温暖的被窝。天没亮就出发，空腹背背子。蒸饭上贴封条，黄酒罐由他们做主，有兄有弟没有用……”

告别白腊村，向导和我沿着挂登河顺水而下，挂登河畔的盐马古道有的淹没在水里，有的完好如初。到达丰坪水库时，一轮明月挂在树梢，山野静悄悄。我坐在水库岸边，看着月色中波动的水流，恍惚听到 99 台地的召唤，失落弥漫夜色。丰坪水库于 2007 年 10 月 24 日兰坪县庆时下闸蓄水，通往 99 台地的盐马古道有的段路被淹没了，我计划从白腊山走盐马古道，经过 99 台地到拉井，心愿难以实现。听着“汩汩”流水声，失落就像过山雨，被展望前景的阳光占据。丰坪水库满足金顶镇农田的灌溉所需，供应兰坪县城城市生活用水和金顶镇农村生活用水，兼顾发电。拉井镇打造“富和山原生态旅游，拉井盐马古道、温泉度假旅游，丰坪水库和新生桥国家森林公园”旅游环线，丰坪水库将成为旅游环线中一个靓丽的景点。

挂登河是澜沧江一级支流沘江河的主流，丰坪水库在拉井境内丰坪村附近的挂登河上，水库坝型为砼面堆板石坝。丰坪水库开闸放水前三个月，我到丰坪水库游玩。数着台阶登上拦河坝坝顶，但觉眼前一亮，山峦高高低低起伏，山腰水位线显目，河床道延伸入雾霭朦胧处。漫步在丰坪水库红土地上，眼光抚摸四周山峰上标识显目的水位线，风吹草低见牛羊的草地以及垂柳、房屋，这一切景致都将淹没在高达 2600 多米的水位线下。我贪婪地拍了一张又一张照片，远景近景，横拍竖拍，生怕漏掉一个细节，只想尽可能多地用摄影作品记载丰坪水库蓄水前的真容。

坐在一地月色里，思绪漫漫。“桃树挂挂登，二龙抢宝，富和太阳照期井，长涧新建织布场”，民谚将拉井镇辖内的桃树、挂登、春龙、九龙、富和、期井、长涧、新建、布场九个村民委员会囊括进去了。“挂登”是白族语的音译，意思是“蕨菜地”。行色匆匆，我没留意挂登河畔的蕨菜，一路被“白普文化”吸引。“白普文化”是白族、普米族和谐共居中，两个民族文化融合后产生的文化现象。挂登河畔，白腊农民艺术团闪射出特有的魅力，农村新兴产业及农民精神风貌，丰富了我对盐马古道古今变迁的印象。

两年后的夏季，我再次到白腊村，恰逢山林火灾，村民上山灭火。夜话结束，告辞马锅头及家人，出得门来，一轮明月高悬。没有狗吠和虫鸣，白腊村的夜出奇的静，静得诡异。走到村口大树下，回头望月，明月近得手可摘。大火在峰峦上蔓延，半边天空像火焰，红得吓人，半边天空像碧蓝的湖水，蓝得醉人，整个天空就像阴阳脸，给人怪异的感觉。月亮怕热似地躲着火焰，尽量往蓝色湖水里潜游。遥望 99 台地方向，那里犹如《西游记》描述的火焰山，令人不得不怀疑，铁扇公主隐身在半空中拼命扇动扇子。晨起，火烟浸染晨雾，阳光血红，雾霾笼罩山野。想到 99 台地，蔓延的火球在台地上胡作非为，千山万树痛哭，马蹄凹槽在火的淫威里痉挛，我的太阳穴隐隐作痛。这次行走，我没有向导，我就像回娘家的孩子，背着简单的行囊走在拉井的红土地上，重走已经走过的盐马古道。一路行走，不断听到有关灭火的信息，拉井镇书记、镇长带头上了灭火前线。

遥望 99 台地，思维穿行父老乡亲足迹，捧起往昔，倍觉今朝平和安宁的生活可贵。深入乡村，才能深刻理解居住在大山深处的村民，为何他们的幸福指数高。他们生活不算富裕，只能说解决了温饱，但发自内心的感恩质朴而深情，尤其耄耋老人讲起在盐马古道上讨生活的往事时，不由感慨自己幸运地生活在当今社会，没有匪患，没有战争和抓壮丁，没有瘟疫，孩子有书读，大人不用赶马帮背盐巴出远门，没有吃了上顿没下顿的隐忧，生病有药医，没有什么比安宁和平的生活更富有的了。温饱而安宁地生活，以前，走在盐马古道上的背夫及马锅头不敢奢想。盐马古道是一本书，只有读透了，才能理解从苦难里过来的一辈人内心奔涌的情怀，理解“苦够了”这句话浸透的辛酸泪水，理解他们为何发出“现在过着这样的好日子，唯愿多活几年”的心语。

张席朋的家在桃树白腊山上。他在离拉井街不远的马道子买了一块地，一家人靠在土地上收租过日子。他有三男二女，长子叫张四发。五个孩子中，只有老二张四春识字。民国二十八年（1939），兰坪县先是雨灾，紧接着雪灾，随之暴发瘟疫。瘟疫的魔爪伸到白腊山，张席朋的妻子逃不过这场灾难，死于瘟疫。他让长子张四发到拉井出售马道子租地，以便应付饥荒和瘟疫。张四发到马道子处理了土地，卖地收入 500 元银圆。张四发是个赌徒，背着卖地所得的银圆，过拉井街时，手痒痒，控制不住赌一把的欲望，他参加摇碗（赌博的一种），把卖地钱输得一干二净。张四发不敢回家，在拉井街通过熟人关系赊了一背私盐。他背着私盐，走上 99 台地，走古老的盐马古道，把私盐背到沘江河畔，翻过盐路山到大理古城。卖掉私盐后，在大理古城买了香油，背着香油从杨玉科路返回拉井。他在拉井出手香油后，还掉赊私盐的钱，再用余钱买了一背私盐，又从 99 台地到达大理古城，卖掉私盐，买香油后从杨玉科路背到拉井出售。张四发戒赌，勤勤恳恳地做着小本生意。他背了两年私盐和香油，才把 500 元银圆赚回来。

他背着银圆回桃树白腊山见家人。两年里，张四发音讯渺无，从瘟疫魔爪下侥幸活下来的亲人，以为张四发死了，猛然见他出现在眼前，恍如隔世，抱头痛哭。

三岔河有一个哨卡，看哨人被称为哨长。哨长准备了生姜红糖水，供过往马帮和背夫喝，哨长有救助盐马古道上行人的责任，还有责任堵截私盐和护送过往马帮及背公盐的人。张四发走私私盐不是独行侠，有六个人的团伙。常年走私盐，他们收买了三岔河哨卡上的哨长，哨长和背私盐人之间形成心照不宣的利益关系。有一次，张四发与五个伙伴背着私盐经过三岔河哨卡，想不到有十多个缉私队员在三岔河堵查私盐。缉私队来得突然，哨长来不及通知张四发他们。张四发他们撞在枪口上，私盐被没收，人被打得半死。这次挨打，张四发不仅被打伤，而且吓得够呛，自此落下双手颤抖的毛病。尽管这样，张四发也没有退出背私盐的行列，直到被抓壮丁的二弟张四春回到兰坪，在国民党兰坪县政府担任教官后，张四发才不再背私盐走 99 台地。

国民党政府征兵抓壮丁，两丁抽一。张家老大张四发常年在外背私盐不见影子，老三张四荣尚小，老二张四春在桃树白腊山家里被抓了壮丁，随部队到昭通。张四春在昭通参加地下党。1948 年冬季，他受云南地下党组织委派回了兰坪，被县政府聘请当教官，训练新兵。他在新兵中秘密发展了五名党员，与这五名新兵党员偷拿了一挺轻机枪、三支步枪、两箱子弹，藏在桃树白腊山家里。次年 4 月，张四春带着五名新兵党员回家取枪，加入剑川人民自卫总队，参加通兰暴动。张四春他们回家取枪时，忘记携带两箱子弹。张家人害怕子弹箱被人发现，老三张四荣悄悄地把两箱子弹藏在房背后火烧地里，但他没有告诉家里人。父亲张席朋不知，放火烧地准备撒苦荞。“噼噼啪啪”，火烧地里的两箱子弹着火爆炸，弹壳满天飞，张席朋吓得跌坐在地，脸煞白。

通兰暴动成功，马登、上兰、通甸的暴动队伍合编组成剑川自卫军通兰大队，不久与洱源西山大队合编成为滇西人民自卫军第二支队。后来，第二支队整编为中国人民解放军滇桂黔游击纵队第七支队 33 团，转战滇西北各地。张四春在一营二连担任副连长，主持连长工作。张四春带着连队参加了解放兰坪县城和云龙县城的战斗。1951 年 3 月 2 日，张四春在隆阳区芒宽乡百花岭办事处大塘子拆装弹药研制武器，不幸弹药爆炸牺牲，年仅 29 岁。

99 台地闹鬼一说，令 99 台地蒙上神秘色彩。99 台地上有个鬼，善于变石头，喜欢站立在路的转弯处捉弄人。有一年，当枫叶红遍山谷时，村里人逗哑巴，跟他打赌，如果他把碗卡在鬼变的石头上，第二天碗还在石头上的话，村里人给哑巴 10 两银子，如果碗不在鬼变的石头上，哑巴赔给村里人 20 两银子。哑巴其实不是哑巴，只是过于木讷内向，一天说不了两句话，说出的话就像从石头缝里蹦出来般艰难，久而久之，村里人习惯叫他哑巴。村里人跟哑巴打赌后，哑巴二话不说就上了 99 台地。村里人想，哑巴真是憨包到头了，就凭他那能耐，怎能斗得过鬼，让鬼乖乖听他话呢？明摆着，这个打赌，哑巴吃亏吃定了，他们赢定了。哑巴走在 99 台地上，看到一个转弯处立着一块大石头。哑巴认定这是鬼变的石头，对着大石头打躬作揖。他朗声说道，“弥陀佛，佛怎么大成这样的一坨石头。”话音刚落，鬼变的石头成了石佛，再也变不回来了。哑巴把碗放在石佛上，返回村里。第二天一早，村里人跟着哑巴去看打赌的结果，碗果然在石佛上。鬼变成佛，佛佑路人，这是盐马古道上人们的美好心愿。

清代，拉井盐矿由官府收锞督办。民国年间，拉井盐矿场设缉私队。缉私队时常走杨玉科路堵查私盐，但不到 99 台地查私盐。99 台地成了穷苦人背私盐的通道，他们害怕缉私队，但不害怕 99 台地上的鬼。鬼并不可怕，可怕的是人变的鬼。对于穷苦的背私盐人来说，缉私队比鬼还鬼。《兰坪歌谣集成》收录了在拉井流传的歌谣《盐夫骂乌龟》，揭露缉私队作威作福，敲诈勒索盐工和背夫的罪恶。

缉私队，老爷队，
太阳出来三丈远，
上操缩头像乌龟；
头上戴的黄狗帽，
脚下裹着烂绑腿。

缉私队，老虎队，
白天欺压老百姓，
拦路抓夫耍权威；
夜里游逛务嫖赌，
五毒俱全样样会。

缉私队，老笨蛋，
盐汞入锅变为水，
烈火煎熬不变味；
你妈五更打草鞋，
劝你即早把头回。

拉井垂柳青青，燕子飞翔。风送来燕鸣声声，引得我为与99台地擦臂而过惋惜万分。遥望99台地，犹如恋人间思念之情，才下眉头，却上心头，沁入思绪的滋味，欲语还休。

四

以代锦鸡抱晓声，上通天地日月明，吾今鉴明观上雪，保佑万民大吉昌。一点点头顶，通三世三天盖。二点点化眼，点左眼，点右眼，宙看阴阳大吉昌。开左耳，开右耳，耳听八方。开左鼻，开右鼻，鼻闻心香。开嘴光，出言保平安。开左手，左手抓金。开右手，右手抓银。开光开光，从今以后保佑生态大吉昌。

山神庙香烟袅袅，木鱼声声，山神开光仪式正在举行，佛士祝祷声从善男信女们头上漫过，在山神庙门外的公路上遛弯一阵后，四散入山谷里。往返车辆路过山神庙，两位妇女手持红旗拦路，三两位阿妈拥上去送上祝福话语，一位老阿妈踮起脚，在车的镜子上拴红线，或者递给驾驶员一朵绢花。驾驶员接过绢花，递给老阿妈一些钱……她们在为山神庙捐功德。

山神庙对联，横批：灵通有感。上联：古镇子民始达神祠祈荫护。下联：盐乡善信重辉庙宇谢神恩。站在善男信女后面，默默读着山神庙对联，不由想起五年前，我曾到山神庙拜谒山神，登上山神庙对面的森林瞭望台，笑看山峦滴翠，心里漫溢写作《盐马古道》的自豪。五年时光，山色依旧，所不同的是山神住宅得到改善，当年的那间小小山神庙，变成了两间宽敞的水泥石棉瓦房。新盖的山神庙开光，山神被人们风风光光地从旧居请到新居。

六（库）兰（兰坪）公路经过拉井镇政府大楼，螺旋爬升向山神庙而来，过山神庙转个弯，一路螺旋下山，往兰坪县城而去。山神庙前，公路边竖立广告牌，广告牌下有一条小路，蜿蜒而下直达山谷，经三岔河往拉井而去。树荫覆盖小路，枯叶难以遮挡长满青苔的石条，马蹄凹槽盛着雨水，雨水里掉着细碎枯枝。这条小路是一条官马大道，可容对面马帮经过，这是盐马古道里著名的杨玉科路的一部分。杨玉科路的另一部分，从山神庙过公路，古道隐没在瞭望台下的山箐里，经中哨房，穿山越岭到达金顶。杨玉科路从拉井至金顶的白地坪，路面全部用宽约 1.5 米的石板铺砌而成，可容往来对头马让道通行，且设置了由拉井到白地坪的山神庙、中哨房、外哨房三道哨所，以募人常驻保护行商。盐马路的改造和哨所的设立，不仅使路途缩短，道路变得平坦，同时也防止了小股匪徒抢劫行为的发生。

五年前，我和小郑搭顺路车从拉井政府大楼到山神庙，正逢有一家人在山神庙磕平安头。火烟燃了起来，香雾缭绕，一块红布挂在山神庙，这是挂红，白族人到山神庙祈求平安的一道工序。仙师抱着大红公鸡，跪在山神像前念念有词，一对年轻的夫妻领着他们的小女孩跪在一边，跟着仙师磕头。给山神磕完头，他们又到山神庙外面，对着群山磕头，祈求山神保佑的同时，也向各路神灵祈祷保平安。我听到仙师祷词里提到“澜沧江、怒江、金沙江”，不由得想起澜沧江、怒江、金沙江这三姐妹相约去看大海哥哥的故事。这三条江流域居住的人民，在民族迁徙和创世纪传说里有着渊源关系。给山神祭祀用的公鸡必须由外人杀，小郑义不容辞地担当了这份责任。我好奇地看仙师裁剪彩色的纸衣，她说这是给那些过路的孤魂野鬼穿的。

源于海拔 3200 多米的大麂子山的炭山沟小溪与源于长岩山北麓的岩蜂窝小溪、四十里箐小溪汇合于脚裂山下的三岔河口，便成了三岔河。我们告别磕平安头的一家人，走上石板路，下山往三岔河走去，经回音壁到拉井。走在长满青苔的石阶上，青山绿水让人怡情。沿着三岔河走，忽见不远处盛开一朵浅紫色的花，开放在深深的马蹄凹槽旁。我惊喜地快步奔了过去，蓦地，花动了起来，随即散开，无数精灵般的淡紫色小蝴蝶惊起，上下盘旋飞舞，更有几只，绕着我们的脚步飞旋，令我惊叹不已。遥想马蹄声声响在山谷，紫蝶绕着马蹄飞，浪漫的情怀犹如紫蝶花开。

当年的马帮、背夫，经过山神庙，都要拜祭山神，祈求山神保佑，一路平安……山神开光仪式祝祷声声，让我遐思盐马古道的历史，想起家住小村一个叫和开龙的老人来。

民国二十八年（1939），史志记载“入秋以来，（兰坪县）雨水过多，至九月又遇下雪余旬。人民将至收获秋谷、稗子、苞谷等，概遭雨雪侵害，十成枯死七八成之多。比较历年歉收，仅有一二成以上”。拉井饥荒和瘟疫蔓延，村村有死人，和开龙的父亲也不能幸免，抛下妻子和两个孩子离开人世。

国民党县政府煮粥赈灾，老百姓称为“救命饭”。母亲带着两个孩子逃荒，到县政府所在地金顶文兴街吃“救命饭”，和开龙当时 10 岁，姐姐 12 岁。他们从小村往三岔河走去，过三岔河到山神庙。所谓的山神庙，就是几块房头板搭成的简易房子。山神庙建在一棵古树下，里面供奉着一个小小的石刻的山神像。树上飘着松萝，古树枝干上压满雪，周边白雪皑皑，山神庙显得阴森寒冷。山风过处，古树上的雪不时掉落在地。已饿了好多天，母亲再也坚持不住了，倒在古树下起不来。和开龙的姐姐知道母亲不行了，哭着嘱咐弟弟守着母亲。姐姐从山神庙往来路走去，经过三岔河到达拉井，在拉井街富有的人家里讨了半碗饭和一个鸡蛋，再往小村赶，通知家族的人到山神庙挖埋母亲。

姐姐走后，和开龙以为母亲太累睡着了，又饿又冷的他紧靠在母亲的怀里寻求温暖。“阿妈”，他喊着母亲，可母亲动也不动，没答应儿子，也不睁开眼睛看看儿子。“阿妈”，他摇着母亲喊，可母亲任儿子喊破喉咙也不开口答应儿子。山神庙处在莽莽苍苍的原始森林里，山神冷酷地不应声，盐马古道沉寂。和开龙害怕地哭了起来。古树上的雪“簌簌”掉落，陪着这个可怜的孩子哭。

一队马帮路过山神庙，看到这凄惨的一幕，不禁洒下同情的泪水。马锅头对和开龙说，“孩子，金顶有救命饭，跟我们去吧。”好心的马锅头带上和开龙离开山神庙，向金顶走去。和开龙的姐姐带着族人赶到山神庙，不见弟弟，以为被野兽叼走了，悲痛地哭了起来。族人埋了母亲。姐姐把讨来的饭和鸡蛋供奉在母亲坟墓前，给母亲磕头，又到古树下给山神磕头。姐姐没有回村里，含泪跟着逃荒人走上杨玉科路，到金顶吃县政府的赈灾饭。有一天，姐姐无意间在难民群里见到了弟弟，悲喜交加地搂住弟弟哭。姐弟俩吃了一段时间的“救命饭”后，回到村里，相依为命。拉井解放后，和开龙入了党，当了30年的社长。他有两个女儿，长女是一名医生，已退休，次女在村里务农。老伴已辞世，和开龙与次女一家生活在一起。

石刻的山神像安坐在新宅子里，坦然享受各色供品和香火。见我脖子上挂相机，肩挎摄影包，几位老阿妈围了过来，一脸严肃地盘问我是何人，从何处来到何处去，到拉井干什么。我微笑着一一回答。白族人忌讳在庙宇给神灵拍照，回答了老阿妈们的问话，我赶忙声明，我没有拍摄山神，只是拍摄了一张山神庙外观的照片作资料。老阿妈们神色释然，不再干涉。

一位大妈穿着紫色花格钮褂、头戴黑色毛线帽、背着黑色挎包，喜欢笑，一笑起来，胖乎乎的脸上现出月光般明朗纯净的神色，双下巴明显。她拿着红旗，与同伴拦住过往山神庙的车辆，为山神庙募捐功德，嘴里说着，“拉吁那了，山神保佑那了伢”（白族话，意为感谢您了，山神保佑您了啊）。

我与大妈搭讪，坐在山神庙前闲聊。杨玉科路在我们脚下经过。三岔河隐藏谷底，四周山峦青翠。风流连山神庙，打理五月心情。

大妈叫和碧寸，年龄 82 岁。说起 1939 年兰坪县闹饥荒和瘟疫，她记忆犹新，脸色变得凄然。那年农历九月，拉井下大雪，老鼠到处横行。拉井死了好多人，许多人家家破人亡。拉井街上，人们无精打采，有的人坐着坐着，头慢慢地滑下去就死了。和碧寸的老家在长涧村，瘟疫暴发后，她的爷爷奶奶、大伯和父亲相继离开人世。母亲带着 9 岁的和碧寸到山上采蕨菜。山上的蕨菜以及可以吃的东西被饥民们采光了，草根也被挖光了。她们挖蕨菜根，把蕨菜根砸成粉末，在开水里搅成糊糊。吃蕨菜糊糊，没油没盐，苦得难以下咽。吃了一段蕨菜糊糊，再也无处可挖蕨菜根。没办法活下去了，母亲含泪把大女儿和碧寸卖给了住在拉井街虾蟆坪的大地主肖力山家，身价是 10 碗苞谷面。母亲把小女儿卖给了住在拉井街吉坡街的寡妇婆阿旺姆。

和碧寸的肠胃被树菜、草根、蕨菜糊糊等长期填充，脸菜青色，身子单薄瘦削，肖家不敢给她吃的，唯恐她被食物“毒”死。拉井街曾发生悲剧，长期被野菜草根填肠胃的饥民，突然吃到米饭和荤菜，打嗝不止，直到活活噎死。刚开始，肖家给和碧寸喝小半碗米汤，三天后加一点米粒一点盐，如此三天后再加一点油，就这样一点点地加米饭和油荤。十几天后，和碧寸可以正常吃饭，不必忌口。

解放前，拉井盐矿共有 87 灶，肖力山家排名第 66 灶。肖家有一灶四丁水，去盐仓房领盐卤水，可以领到四股水。肖家雇了丰登村的寸发子煮盐。肖家煮盐，起初是三丁拐，后来是四丁拐。和碧寸乖巧勤快，嘴巴甜，懂得感恩，孝顺肖力山夫妻，肖家人喜欢她，待她好，视同己出。和碧寸不煮盐，负责采购、煮饭，她与雇工寸发子与肖家同桌吃饭。和碧寸背私盐凭兴趣，肖家没要求她做，她把走私盐卖得的钱交给肖家。

当时，拉井周边的关卡有东、西关及南、北碉楼，由缉私队把守。和碧寸与阿琴、桂林、肖吉昌、李大嬷等十多人一同贩卖私盐。李大嬷的丈夫是缉私队员，他们信息比较灵通，瞄准缉私队员休息时背着私盐过关，天黑时悄悄涉水过玉龙河，在盐矿硐所在地吉坡街对面的山坡上走，绕过西关桥，沿着小水沟上山到下丰登村。

下丰登村有他们的窝点。他们把私盐放在窝点后，有固定的人把私盐背到营盘窝点卖。有时，和碧寸他们背着私盐从下丰登村经五连邑到营盘，他们到营盘街时，正好从碧江知子罗一带来买盐巴的怒族人，翻过碧罗雪山渡过澜沧江来到营盘街。

和碧寸出售了私盐，在营盘街买大皆（谐音，白色草纸包大烟，一层草纸包着一层大烟，包成青砖或粑粑样，厚厚的。）在拉井买私盐，每斤价格五毫（银币，一毫相当于一角），到营盘可以卖到七八毫。在营盘买大烟，每斤五六块钱（国民党统治时期用的纸币关金卷），背到拉井出售，每斤价格十多块钱。和碧寸他们背着大皆到拉井，有人来跟他们买。买回大皆后加工大烟，煮出黑色的鸦片，卖给抽鸦片烟的人。

拉井新政权成立，肖力山遭到镇压。划分阶级成分时，和碧寸被划为下中农。她生育了四个儿子三个女儿，小儿子在兰坪县锌业公司工作，她与小儿子家生活在一起。和碧寸的妹妹现年 79 岁，住在兰坪县城。她的两个兄弟都生活在拉井镇长涧村……

山神庙开光仪式进入尾声，我提前离开了，搭乘微型车回拉井街，收拾行囊，追着夕光往离拉井 17 公里的营盘镇赶路，那里有我心仪的碧罗雪山鸟道。微型车启动的瞬间，我摇开车窗，最后打量山神庙，但见和碧寸老人拿着红旗，和同伴一左一右站在公路边拦路过山神庙的车，慈眉善目地笑着为山神捐功德。木鱼声声，山风传送祈福。微型车驾驶座前插着一朵红色绢花。“拉吁那了，山神保佑那了伢。”车开出老远，耳畔犹自响着祝福声。

五

拉井镇的丰坪水库景区已经成为兰坪县旅游胜地。我的盐马古道行旅里，曾四次游览丰坪水库，感触颇深。

2007 年 7 月 27 日

连日大雨，导致泥石流，行程计划被打乱，我只好离开拉井到了兰坪县城。想去盐路山，但雨时断时续难以成行。姐夫担任丰坪水库的副总指挥，在一个阴天，我随同他们到丰坪水库一游。

驱车从县城出发到新生桥国家森林公园，一条简易公路与六（六库）兰（兰坪）公路交汇，路牌上标明这是到丰坪水库的入口。山峦滴翠，道不完森林风光，小鸟啁啾一路伴随。

丰坪水库位于兰坪县城西北，在拉井镇境内丰坪村附近的挂登河上，距兰坪县城大约 20 公里，挂登河是澜沧江一级支流沘江河的主流。丰坪水库的修建，满足金顶镇农田的灌溉所需，供应兰坪县城城市生活用水和金顶镇农村生活用水，兼顾发电。

拦河坝高达 65.1 米。拾级而上，不禁惊叹坝型为砼面堆板石坝的壮观。心里默数台阶，不知不觉中上了坝顶。坝高，晕眩中竟忘了台阶的具体数字，依稀记得大约 200 多台。登上坝顶，极目远眺，山谷狭长，连绵的山峰满目翠绿。宽达 7.5 米的坝顶走道两边有路灯，宛如城里的马路。走完了 138 米长的坝顶通道，尽头有深达 70 米的山洞，里面住着工人，装着兴修水库的工具。

大坝两边，高高的山峰被劈开了，山体滑坡的地方，用水泥加固，成了另一种颜色的山。我特意去看了控制导流性和通沙隧道的启闭机房，从高处俯视，水库的一切建设呈现在眼底，想到一两个月后开闸放水，这一切将被水淹没，所拍的照片将成为历史资料，拉井镇打造“富和山原生态旅游，拉井盐马古道、温泉度假旅游，丰坪水库和新生桥国家森林公园”旅游环线，后人站在水库边观赏波光粼粼的风景，为水映山影淡妆浓抹总相宜的风光感慨时，从老照片上看到丰坪水库的资料照，也会和我此时拍摄照片时一样的心情，慨叹丰坪水库的浩大和工程的难度。

沿着水库的走向，一条简易土公路在山谷里蜿蜒。驱车奔驰在土路上，连绵山峰的水位线一路映入眼帘，水位线内民居早已搬迁，偶有残墙在车窗外闪过。我们到了挂登河畔，河岸垂柳依依，宽阔的坝子里草青青，马群羊群悠闲地吃着草。

丰坪水库征占拉井镇、金顶镇集体土地3528亩，淹没线2607.1米以下，淹没面积为2355亩，涉及拉井镇的桃树、河边、丰坪三个自然村，桃树村小、丰坪完小、桃树村委会、医疗点都搬迁。拉井镇政府以兰坪县建设大局为重，积极配合县里工作组，做好相关的工作。

兰坪县政府根据搬迁户意愿，采用整体外迁安置和就地疏散相结合的办法，通过行政手段调整集体土地用地，在对集体土地进行补偿时，统一规划统一开发，为搬迁户建盖了具有民族特色的封火砖、瓦结构住房，实现了"三通一平"，还建盖医疗点和学校，方便搬迁户就医和子女上学。移民点通广播电视、电话等，联络方便，移民生产生活水平比原居住地有明显提高，逐步实现了"搬得出、稳得下、能致富"的目标。

登上山包，我立在水位线上的村庄前浏览四周景色。太阳从云层里钻了出来，暖暖地照在身上。村庄升起炊烟，丰美的丰坪坝子在阳光下恬静优美，清澈的挂登河流淌在青山绿草间，河两岸的垂柳犹如护卫紧紧相随。车辆不时从草坝上通过，马儿隐现绿草中，周边山峦的水位线让我格外留恋眼前的美景。恍如做梦般，眼前的美景将随着丰坪水库的开闸不再出现，今后看到的将是高山湖水的景致。一种欣赏一种失落，独自品味。

村民友好地招手向我们笑。我将相机镜头伸出车窗，想将一对以大山水位线为背景的山民笑容定格在夏游丰坪水库的资料照里，摁下快门的瞬间，不料女的害羞地躲在了男的背后，我不由笑了。我们想去桃树村小学看看，桃树村小学将当地的民族舞蹈改编后作为学生的课间操，民间文化特色走入课堂，自觉保护民族文化的情结由此可见，可惜乌云压顶，大雨将至，我们放弃了到桃树村委会的打算。

丰坪水库指挥部附近的电站正在热火朝天的建设中，半山腰传来了锤子叮当声。工人们向举着相机拍照的我友好地招呼，有人还吹起了口哨。清脆的口哨在山谷飘荡，引起了我的共鸣，我不由随之轻轻地哼起了歌。

峻峭的山峰将丰坪指挥部拥抱在怀里，站在指挥部院坝里，仰望鬼斧神劈的山，想起库容总量3230.7万立方米的丰坪水库，心里滋生了一股豪情，对战斗在丰坪水库前线的指挥部成员产生了敬意。

返回县城的路上，瓢泼大雨洗涤了对丰坪水库的记忆。

2008 年 2 月 19 日

顺着挂登河，我们走在丰坪水库的回水线里。山峰连绵不绝，盐马古道时而与挂登河并行，时而隐没在山弯处。木头搭的简易便桥，夕阳西下，牧归的羊群沐浴在阳光里，穿着羊毛毡褂子的牧羊人微笑着向我们走来。水面波光粼粼，盐马古道经长涧哨房山，携着小溪的欢唱从山箐深处而来与挂登河汇合。

丰坪水库回水线长达 4.7 公里，于去年 10 月 24 日兰坪县庆时下闸蓄水，蓄水期为三年。挂登河畔的盐马古道将有一段路埋没在丰坪水库的回水线里。在小胡的陪同下，我从木头桥上渡过挂登河，由箐口迎向哨房山而来的盐马古道。山谷幽深，怪石嶙峋，树木苍苍。行不多远，我们便返回，本想拜访水库蓄水后形成的那个被称为“小台湾”的孤岛，但看看脚下渐趋丰满的挂登河，恐被阻不能前行，我们便放弃了计划，原路过木桥，沿着挂登河顺水而下。

看着奔跑在盘山公路上拉矿运货的车以及山民们喜滋滋的笑脸，听着他们给我算家产时发自内心的话语，夕照里，丰坪水库移民搬迁户房屋上升的袅袅炊烟，让我的脚步轻盈。打不还手，骂不还口，当初安置水库搬迁户和移民，工作组所做的工作细致而又真诚耐心。与我同行的小胡，正是拉井镇政府丰坪水库工作组成员，听着他的零星介绍，我心里不由感慨万分。

水库放闸蓄水前，我曾经到这里游玩，挂登河边垂柳依依，河两岸草青青，马儿、羊儿安静地吃草，时隔半年，我又来到丰坪水库，再也寻找不到水草丰美马羊欢的景致，湖光山影展现在我的眼前。

我再次数着台阶登上了砼面板堆石坝，泄河冲沙道和泄河道的闸门没入水里。一种心情让我奔跑着冲向回水线里，渐渐饱涨的河水一路响着欢迎我的到来。我想再看看回水线里的景色，把这即将成为水底世界的一草一木铭刻在脑海里，将心灵感动的瞬间定格在镜头下。

蓝色的天空飘逸云彩，微红了脸倒映水面。站在水边赏景，水波层层叠涌了过来，四散开了欢快的笑声。芦苇轻轻摇着我的眼眸，想到这河边的精灵，今后我再来时，也会消失在水底，我不觉留恋地坐在芦苇下，品味快乐里的告别。

彩霞渐渐染红了天空，山峦如青龙起舞在丰坪水库畔。由水望向山，山的俊朗和伟岸，从眼前铺开到天的朦胧处；由山望向水，水的温柔和深邃在山的胸怀绵延。我忍不住将一片葱绿的叶子放在唇间，对着山水吹奏一曲叶笛，惹得青松在风里伴舞。

雨水，这个节气，霞光贮藏了叶笛声，崇山峻岭里的丰坪水库，有一位女子在黄昏时醉吹叶笛。

不知何时，一轮明月高悬，山和树林争相用手臂举着明月替我们的前行照明。

2014 年 8 月 16 日

雨水落在向日葵上，一张又一张含泪的笑脸开放在丰坪水库岸边。水有点浑，水面荡开的波纹就像千军万马的蝌蚪路过。水面茫茫，一艘小船出没烟波里。凭栏听雨，看山峰连绵起伏，水在山峰间蜿蜒。民歌顺着山峰曲线穿行，隐隐约约响在耳畔。有点羡慕荡舟人，可以放任歌声任雨淋，在天地间自由自在翱翔。

雨渐渐收声，停了落地的脚步。向日葵的脸被雨水洗过，越发水灵灵地动人。一个又一个垂钓人，安坐岸边等鱼上钩。烟雨收去，小船清晰了起来，但见荡舟人安坐船上，任船儿随水波飘游。山峦雾重，一点点地从厚到薄，直到淡，最后露出完整的山峰。

一艘船停泊在岸上，周边没有向日葵，在我的眼眸里显得孤单。我向这艘孤独的船走去。坐在船舱里看丰坪水库的水，除了山还是山，除了水还是水，山水没有尽头。想起在桃树河边行走的日子，瘦瘦的河流落入丰坪水库里，竟积聚了如此大方的威力，成就了水库如诗如画的山水风景图。

怀念徒步盐马古道的日子。思绪如水，温柔地抚摸一条又一条从桃树村出发的盐马古道。

从桃树村出发，沿着桃树河溯流而上，到达挂登村的罗中坪垭口，翻山到通甸弩弓，经四十里箐沟到河西联合村委会，再到热水塘，到达河西乡。

从桃树村出发，经四十里箐，翻山到长涧哨房垭口，下山到半山腰再往老地盘走，到达盐厂。

从桃树村往新生桥走，向99台地走去。99台地最高梁子上有个山神庙，由石头房盖的，里面供着石头雕刻的神像。翻越99台地后，准备下山时就看到了角裂山。经过三岔河，到达马道子村，往拉井街走去，再往急坡街的盐厂走去。

丰坪水库的坝根原来有个铜矿场，1984年开始打矿。从铜矿箐沟往拉井方向的山坡走去，翻过山梁，经过兔子井到达大台，往三岔河、拉井街，再到急坡街盐厂。

随着盐马古道有的路段沉入丰坪水库里，如烟往事，渐渐在记忆里消隐。

喜欢向日葵，一盘盘向天歌唱，有着阳光般温暖。

2019年1月31日

天湛蓝，水湛蓝，树青青，草青青，丰坪水库没有一丝冬天的迹象。

坐在松间月农家乐，与主人张继松闲聊。他家于2004年从水库淹没区移出，在水库周边居住，在政府的扶持下经营农家乐。松间月农家乐原名张家小院，后在营业执照换证时，张家小院改名松间月农家乐。

丰坪水库区周边以农家乐为主。2014年，拉井政府扶持第一批农家乐，丰坪小组中有4户农户受到扶持，每户资金3万元，张继松家是其一。2017年第二批扶持的农家乐中，丰坪小组有6户享受政府的扶持，每户资金6万元。库区周边的农家乐总共有18家，但正常营业的只有三四家，另外几家机动性经营。张继松家是正常经营农家乐的一户，他除了当农家乐老板外，还兼任护林员。妻子是老师，平时帮不上农家乐的忙。他们有三个孩子，两个读初中，一个读小学。张继松的农家乐主要依靠双亲帮忙经营。

桃树村外出打工的人少，在家的多。丰坪小组的支柱产业是大蒜，因大蒜带有桃花色，故被称为桃花蒜。村里家家户户都种桃花蒜。外地区的人在十月开始种大蒜，而丰坪小组在二三月份开始种桃花蒜。勤劳的丰坪村民在立春过后，到地里种桃花蒜。大年初三，大部分村民下地干活了。大年初四这天，全村男女老少都到地里种桃花蒜。桃树村的桃花蒜含蒜素较高。有趣的是，大理及剑川、永胜等地购买桃花蒜种子，蒜苗在市场上比较抢手，但只长蒜苗不结果。因桃花蒜蒜苗在市场上受到欢迎，尽管不结果，但大理人还是喜欢来桃树村购买蒜种。2018 年，桃花蒜每斤 7 元 5 角或 8 元 5 角。村里的大蒜种植大户，在 2018 年里的纯收入有 7 万元左右。

桃树村书记和才勇不无忧虑地说，市场风云谁也说不清楚，希望政府能牵头与公司合作，给出保底价，以免除农户种桃花蒜的后顾之忧。

桃树村的村委会集体经济资金，县财政局拨款 80 万元。村委会把这笔资金入股兰坪滇盛中药材有限公司种重楼，双方签约 10 年。公司每年返回给村委会最低 5 万元。公司按照效益多少返回，但不低于 5 万元。

丰坪完小有 100 多个学生，在村小学接受一至五年级的教育，没辍学现象发生。

桃树村委会重视文化建设，老百姓的参与意识强，不仅传承民族文化，还能健身。2000 年，村里成立白腊艺术团。兰坪县举办的东方情人节上，白腊艺术团表演的锅庄荣获一等奖。云南省首届大家乐，白腊艺术团表演的锅庄获得金奖、铜奖，一个组织奖。

桃树村有 455 户，10 个小组，村里居住着白族、普米族、傈僳族。村里的护林员有 63 人，每人每月工资 700 元，这些护林员，包括了以前的常规护林员以及生态护林员。桃树村于 2017 年脱贫出列。

安坐湖畔农家乐，静听村民心声，沉醉山水，诗意萦怀。

期井河畔

杜鹃花艳丽多彩，从山脚开向山头，又从山头开到山脚，璀璨山谷。紫色、白色、黄色、粉色、红色，缤纷娇媚，团团簇簇伏地，或成片蔓延燃烧，傲然岩头。期井河在山谷蜿蜒流淌，清澈水流捎走袅袅花语。

永安桥依旧，廊桥风采不减当年，让人恍惚时光就像期井河中的一枚石头，流走浮尘，沉淀浑厚石质。站在永安桥前，打量不远处的村庄，花海中若隐若现村舍，记忆深处的歌声响起。想起当年，期井河畔篝火熊熊，村里的姐妹们执手唱别，令翌日清晨要离开的我眼角湿湿。

白天想你白想你，
晚上想你梦中来。
送你送到大石桥，
手抱栏杆望水流。
以后我们会见面，
见不到你花不开。
姐妹同心一起飞……

流水弹拨山歌旋律，我步履轻盈地向着期井村走去。

一

2016年4月，走在期井河畔，由东岸到西岸，期井，这个河流穿村而过的村庄，我找不到记忆中的模样了。短短4年时间，期井村发生翻天覆地的变化，一个美丽的新兴的山村出现眼前。一栋又一栋楼房在山谷里拔地而起，自来水、太阳能、冲水厕所、水泥院坝、铁门、水泥路，这是期井给我的最新印象。陈旧的木楞房保留的不多，且都是拆建后的牲口畜养处。期井村容整洁，印象中的贫穷与落后已荡然无存。

杨益花的笑容一如既往，温暖贴心。这位已卸任期井村党支部书记的村妇，为了给小女儿励志，与小女儿一起报考乡村医生。期井村招考三个乡村医生，有七个人报名考试。通过笔试、口试，杨益花和小女儿顺利考取了乡村医生岗位。小女儿到拉井医院打工，杨益花成了期井全职乡村医生，家里办起了医疗点。坐在熟悉的火塘边，我恍惚看到杨益花的老父亲杨有平老人坐在我对面的木床上吸烟，长烟杆搭在火塘边。最后一次见到杨老是2012年5月，我深入盐马古道采访，经过期井村，再次借宿杨家。95岁的杨老坐在火塘边，咂着烟杆铜嘴，向我讲述他当马锅头和赤脚医生的历史。谁料这一次的见面竟成永诀，隔年杨老就去世了。坐在杨家堂屋里的火塘边，眼眸挥不开杨老的形象，他戴着护耳棉帽，讲完生平故事后，把长烟锅杆搭在床头边墙上，往背垛上靠去，唱起赶马调：“正月采花无花采，二月采花花正开，三月采花花正红，四月采花遍地开……”

处在滇西北的怒江傈僳族自治州，属于古西南丝绸之路南线，边境线长，偏僻且交通不便，贯穿境内的古道，至今仍有马帮和行人。辖有泸水县、福贡县、贡山独龙族怒族自治县、兰坪白族普米族自治县。四个县中只有兰坪县产盐，因此，兰坪县的古道被称为盐马古道，另外三个边境县的古道被称为茶马古道。盐茶古道连接滇藏茶马古道和滇缅茶马古道、古西南丝绸之路，记载怒江人走夷方的艰辛，记载怒江古今变迁及人文变化，沉淀一方厚重的历史文化，展示多民族和谐共处风貌，彰显自强不息的怒江精神。为创作《盐马古道》《怒江记》两书，我多次深入盐马古道采访，对盐马古道上的期井村记忆深刻。

兰坪县盐马古道文化的核心地带是拉井镇，而期井是拉井镇最早开课报井的地盘。清雍正二年（1724），丽江府改土归流，境内盐井由知府督令经营，统称丽江井。是年，下井、日期、高轩等井报课开煎。日期就是期井，传说很早以前这里有个龙潭，人们常到龙潭前烧香许愿，经常向龙王借碗，随借随还，后来有人借了碗后不还，龙王对这种不讲信用的行为很生气，龙潭上冒出一股神雾，从此人们就无法借到龙王的碗了，于是此地就被白族人称为“然期”，意为“神生气”的意思，音译为“日期”。这里开课报业后，被称为“日期井”，解放后简称为“期井”。日期井包括福、禄、寿、喜四井，各井的出口就像泉井一样。喇鸡鸣井（即拉井）于道光二十三年（1843）开办，比日期井开办晚 119 年。拉井桃花盐闻名遐迩，但日期井盐质量比之更胜一筹，加之数量少，更显金贵。人们把肥肉切成相同的七片叠在一起，分别用日期井、喇鸡鸣井、下井、上井、老姆井盐洒在最上面的那层肉上，测试这些盐井的盐能钻透几片肉，结果日期井盐可以把七片肉腌透，喇鸡鸣井盐能腌透五片肉，下井盐腌透四片肉，老姆井盐腌透三片肉，上井盐不行。

期井离大理州的云龙县城只有 30 多公里。从腾冲、保山到拉井的马帮要经过期井。从永安桥上过期井河，马帮可以直接到澜沧江边兔峨乡，转道去怒江峡谷。从博南古道、南方丝绸之路旁支的路，在崇山峻岭中蜿蜒，与期井接榫。煎盐要上税，上税率为 30%，此外，盐井的围头收取盐的比例占 10% 甚至更多，老百姓煎盐收入实际上只有 50% 至 60%。盐工熬盐苦，每天天不亮，就到盐井背盐卤水。他们在三四丈长的竹竿上绑着木桶，伸入盐井，接出盐水再倒入木桶里，然后背回家，要背三次盐卤水后才煮盐。如此昼夜不分地熬盐。秋冬时季，期井的黎明很冷，盐工在去背盐水路上，手上落上厚厚一层霜雪。

少年杨有平被抓壮丁一年半后，逃跑回到期井村，但他不敢回家，家里穷得叮当响，他怕连累父母，躲在原始森林里当起了野人。他当了一年多的野人后，才回家当盐工。盐工，以煮盐巴为谋生手段。当了五年盐工后，杨有平当起了马锅头。他赶着自家的两匹马，加上兄弟家的两匹马，与村里的几个马锅头组成期井村马帮。盐马古道上匪患较多，杨有平足智多谋，与土匪斗智斗勇，成了当时颇有名气的马锅头。1956 年，期井村成立合作社，他带着马匹入社。期井大队成立马帮，杨有平当选为马锅头。期井马帮驮运粮食等物资，在剑川县沙溪、保山、腾冲、知子罗、德钦、维西等地留下足迹。杨有平当了 3 年期井大队马锅头。后来他当选为赤脚医生，这一干就 6 年，负责区域是富和山彝人居住区以及期井、大山箐、冷山等地。他擅长医治跌打损伤、伤风感冒，接肢接骨也颇有名气。

杨家三代乡村医生，在种植药材上颇有见地。改革开放的春风吹入期井村，杨有平老人改变种地的陈旧观念，在自家土地种了五六亩广木香。这是期井村唯一种植广木香的人家，已种了 10 多年。初种时，广木香价格每斤两元多，现今涨到每斤 7 元多。杨有平老人还在自家土地上种秦艽。秦艽现今每斤 7 元。另外，杨益花家还种了两亩多续断。

走在村里平坦的水泥路上，不由回想起 2008 年 4 月，我与两位州摄影家协会会员到兰坪县城拍摄普米族儿童，杨益花得知后，力邀我到期井村走走看看，希望能在《盐马古道》一书里为期井村多落下一笔。当时我写作《盐马古道》一书已接近尾声，期井这边写作篇章已有计划，没打算去期井村。前一年我去西山牦牛基地参观时，专程绕道期井，对这个藏在深山人未识的小山村印象很好。杨益花几次电话盛邀，恳求我一定要到期井来。她借来一辆车连带驾驶员，亲自到兰坪县城接我。感于她的真挚和热情，我不忍心拒绝，随她进入期井。一路上，漫山遍野燃遍杜鹃花，山花浪漫的大美景致令我陶醉，但通村公路坑坑洼洼，车行其上就像跳迪斯科舞，加之下雨路滑，有的路段不好行驶，坐在上面直担心车子会不会滑入山谷。逗留期井村的日子，我看到电工忙着检查架设的电线，期井人即将告别没有电的日子。从盐井旧址回来，我们顺路去拜访期井村最老的寿星和发生老人。和发生老人 97 岁，他是从通甸落户到期井的，比他小 20 多岁的妻子已经去世。他断断续续地向我们讲起了民国时期兰坪县抓壮丁的事，他说自己十六七岁时就被抓壮丁五六回。为了躲抓壮丁，天不亮他从家里跑出去，半夜三更才敢悄悄摸回家。他被抓了壮丁背井离乡，爹娘死了也不知道。令人气愤的是，被抓了壮丁，还要交服装费。“那时，一只小鸡也休想养！”老人悲愤地说。

期井之行 4 年后，我到兰坪县再次深入盐马古道采访，首站放在期井。从期井到富和山，经拉井到营盘，走碧罗雪山鸟道，尔后往县城，到金顶采访，我在崇山峻岭的古道上行走了 20 多天。五月的期井，杜鹃花漫山遍野，通向村里的公路得到加宽，且平整成踏石路。村里通水通电，木楞房仍随处可见，屋顶木板上压着石头，土墙就像有麻点的妇人脸。屋檐夹道，空气陡然凝重。走在两栋土屋之间，蓦然抬头，但见月亮挂在有漏洞的木板间。我没有去已经驾鹤归西的和发生老人家里，在老人呆过的火塘边，耳畔会浮起老人临死前的痛哭声，一颗心排遣不开疼痛。

又 4 年后，杜鹃花依然浪漫，我再次到期井，倍感这个大山深处的村庄发展神速，村公路硬化改善。走在期井村，于旧貌换新颜的欣喜里，忽然想起和发生老人临死前的哭声，他把自己连番数次被抓壮丁的不幸和悲惨往事详细地讲给小女儿听，叮嘱小女儿一定要转告给写作有关盐马古道文章的彭老师。多年不见，不知道和发生老人的两个女儿生活得怎样了，牵挂中，我走访了和发生老人的两个女儿家。

期井的四月，放眼尽是杜鹃花灿烂的风姿。和发生老人的小女儿和三妹家在村尾。记忆中的那栋木楞房不见了，被火塘烟熏火燎的那块作为墙面的塑料布，成了和家过往历史的一道屏风。二层水泥楼房，厨房中电饭煲等炊具俱全，围墙及大铁门，太阳能，水泥院坝，点点滴滴所见的一切，我的惊喜不亚于春风中一树抖动的杜鹃花。大女儿赵应兰家处在村中间，与杨益花家相邻。她家翻修了老屋，还盖了新屋，其余建筑与妹妹家大同小异。拆掉了以往的木楞房，重新搭建了牲畜圈。冲水厕所、太阳能等设施齐全。

期井村林下产业多为中药材，药材品种繁多，有续断、附子、重楼、广木香、秦艽等。他们在退耕还林的土地上种植药材，对药材市场的行情了然于胸。村里出了两位种重楼的能手，哥哥赵文才 51 岁，曾当过村委会主任。弟弟赵文海42岁。我在赵文才家参观盆栽重楼，看到花坛及花盆里种着的重楼长势较好。他介绍说，重楼有三类：水重楼、旱重楼、野生重楼，种类不同价格不一样。他于2013年开始种重楼，初种时，他只种了5分地，自已到期井山上采野重楼培育。他关注市场调查信息。当时，重楼根每斤180元，小苗5元一棵。随着重楼市场发达，现今，重楼根每斤280元，小苗5元至20元一棵，种子480元一斤。重楼三至五年才结果，他种了3年，已收入种子3斤。今年到明年，他准备扩大种植面积5亩。他指了指院中几百个花盆，笑着说，这些都是花盆育苗，就是为扩大种植面积用的。齐奔致富路，赵文才夫妻分工合作，丈夫负责种重楼，妻子负责种附子和放牧牲畜。弟弟赵文海种重楼有6个年头。他家种了近一亩左右的重楼，有3万苗左右，打算今年出售500斤大重楼。他介绍说，大重楼前几年值价，每斤可卖到600元左右，近年来跌到一斤300元左右。小重楼每斤280元，旱重楼每斤380元，水重楼每斤280元。他家除种重楼外，还养着野生的雪鸡、山鸡、箐鸡。他说养野鸡仍处在起步阶段，有20多只，打算明年扩大到200只左右。野鸡市场价目前每斤五六十元，他的养殖场主要供应市场需求。

从赵文海的重楼基地出来后，我又到山葵基地参观。这是规模较大的山葵基地，有木桩、遮网、铁丝围护。负责种山葵的和庆全63岁，他在大棚里忙碌着。他介绍说，山葵基地原计划种70亩，因土质不好，种了60多亩，其中12亩是自家的。山葵基地是一位家在金顶镇金凤村的老板投资的，山葵苗从保山拉来，所用的肥料、农药等都是老板负责。和庆全负责种植，已经种了3年。去年，他们种的山葵拉到昆明宜良等地出售，每公斤售价6元，今年价钱下跌，每公斤售价3元。山葵种植一年半后可以挖根，山葵根每斤不低于20元，到八九月份时，他们挖根了。和庆全说，老板已经投资70万元左右，他家也投资了八九万左右。待有利润时，拨回老板投入原材料后再分红。看着大棚菜地里长得葱绿的山葵，望着和庆全憨厚的笑脸，对这个期井村的野菜基地，我默默地祝福。

二

期井村有一条驿道，这是兰坪县众多盐马古道中令我难以忘怀的一条古道。从期井村出发，沿着期井河逆流而上到畜牧场，在森林中望山而行到达雪山太子庙，转入山岭，翻越欢跑山后再到大理州云龙县，过旧州、曹涧等地，最终到达腾冲。隐藏在崇山峻岭间的背夫路，诉说不尽兰坪县一代人的生存艰辛。期井村的老一辈人背着盐巴走在这条古道上，血泪谱写民谣，听后令人感到心酸。

可怜啰，
可怜啰。
身背盐巴兑换米，
花跑山难爬上去，
可怜到这个地步。
卖出盐巴换来马……

首次到雪山太子庙，期井村六位“娘子军”陪同我前往，间隔 8 年后，我又在期井村五位“娘子军”陪同下再次登上雪山太子庙。这支自诩“娘子军”的小小队伍中也包括我，内中的深厚情谊不言而喻。

雪山太子庙是山名，也是庙名。相传，有一位穷苦的老年妇人背着盐巴来到雪山太子庙所在地，老妇人又累又饿又渴，昏倒在地，被雪山太子所救。老人醒来后，不但不感激雪山太子的救命之恩，反而责怪他，说生活没有指望，活着就是等死，干嘛要救她。老妇人悲伤的遭遇引起雪山太子同情，答应给老人吃的，只要不放弃生命即可。谁知老妇人对雪山太子说，你给我这顿吃的，但却没有下顿，横竖是一死，只是早死晚死而已，何况我背盐巴到此，不饿死也会渴死。你还是让我死吧，死了一了百了，不用活着受罪。雪山太子问老妇人，什么样的礼物才让她不放弃生命？老妇人说，如果这里有一潭水就好了，我们背夫路经此地，不会因为无水而渴死。雪山太子于是送给老妇人一潭水，就在救她的地方不远处，出现了一个龙潭。于是，在雪山太子救老妇人的地方，人们盖起了一座简朴的石屋，这便是供奉雪山太子的小庙。背夫们经过这里，都要来拜祭雪山太子，感谢他赐福给背夫们救命的潭水。渐渐地，这里成了期井村人求雨祈福的地方。

龙潭的水干了，在一片树林簇拥中，只留下一块不显眼的凹地。凹地的地表上有一层薄草。雪山太子庙处在山脊上，背夫路从庙门前经过，顺着山脊走势从两头向下延伸，跌入莽莽林海里。坐在雪山太子庙和龙潭之间，放眼四周，山峦起伏连绵不绝，如波涛涌向天边。眼神抚过对面碧罗雪山上的雪线，思绪就像翱翔在山谷的老鹰，盘旋着上了碧罗雪山。碧罗雪山上有鸟道，这条鸟道上发生的故事，沉淀在盐马古道文化中。从期井到弥勒坝，翻越碧罗雪山到大理州境内的曹涧，一人能背五六十斤盐，力气再大顶多也只能背 90 多斤。背夫的命不值钱，背盐巴到碧罗雪山救命房，常有人冷死冻死。碧罗雪山鸟道曾经是怒江大峡谷各族人民来往内地的通道，这是背夫血泪和着盐渍铺垫的通道。我走上碧罗雪山鸟道，在雪山风口处追逐过佛光。千山之上看风景，于大自然奇观感悟万物有灵，顿悟人生。

再次登上雪山太子庙，由雪山太子救助穷苦老妇人的故事，联想到有关雪山太子的另一个助人版本。与期井村相邻的富和村，流传着“一碗水”的来源。雪山太子与凡人一起到丽江府求学。学成后，两人结伴回家。他们走到碧罗雪山旁的山峦上，凡人口渴难耐。雪山太子点笔成水，顿时地上冒出一股泉水，怎么接，始终只接满一碗，但怎么也接不完。凡人解了渴，与雪山太子在山脚下分手。凡人回了雪山下的村庄，雪山太子上了碧罗雪山。走在盐马古道上，神界与人之间相互温暖的故事，给我印象最多的就是搭桥与水的故事。隐落在崇山峻岭中的古道，神话故事体现了在艰苦卓绝的环境中，怒江人善良美好的愿望。

两次走访雪山太子庙，杨益花、赵应兰、和三妹都陪同前往。闲聊中得知，和三妹的孩子们出门打工去了，女儿去了西藏，儿子去了县城。玛卡被炒得火热时，滇西大地有一些农户不惜余力种玛卡，和三妹家也是，投入5万元在地里种了玛卡。谁知那年玛卡价钱在市场上一落千丈，她家投入的5万元打了水漂，有去无回。她家种玛卡，没走公司农户合作的路子，而是自家经营，没得到任何赔偿。说起这件事，她有点无奈，但也能平静接受。她感叹市场行情瞬息万变，作为农民，不能只埋头干活，还要适应时代发展，信息要灵通，掌握市场行情，不能盲目跟从，要有自己的主见和判断。我对她家的损失无从安慰，但对她的认知感到欣慰。和三妹的羊群野放在山上，她时常要上山照料。我们从雪山太子庙返回，下山途中，在一块高山草甸上遇到和三妹的羊群。和三妹帮我扛着相机三脚架，见到羊群，就去招呼。青青草地上，羊群就像一片漂浮的白云。草甸四周，杜鹃花开得火热。

首次雪山太子庙之行，赵应兰的山歌调子中有苦歌，再次走访雪山太子庙，我没有听到她唱苦歌了。她是个坚强的女人，丈夫去世后独自养大4个孩子。她家养着牛、山羊、马。大儿子在家放牧，大女儿嫁到四川，二女儿夫妇及小儿子夫妇分别去了西藏和江苏打工。退耕还林后，她家种了一亩多附子。她的任务是照顾好孙女外，还要干地里的活。孙女是赵应兰二女儿的孩子。

打工是最近几年来期井涌现的新现象，用期井人的话说是“新产业”。期井村的年轻人都是接受过教育的新一代，他们识文断字，在外地打工的足迹遍布全国各地，上海、福建、江苏、西藏等城市，都有期井人的身影。他们的收入不仅带回家乡，起房盖屋改善居住条件，同时还带回新观念新思想，影响留守在家里的人。视野开阔，观念改变，期井不再是封闭的期井。电视、手机、电脑的普及，加之年轻人打工潮流的影响，从某一个角度来说，也是带动期井变化的因素。

再次登临雪山太子庙，在第一次陪同我的“期井娘子军”中，这次没能来的有3人。“娘子军”中年龄最大的张长吉，当年一同登山时，她的一只脚因做过手术，走路痛，但她还是坚持跟我们上山了。虽然她不能陪同我再次到雪山太子庙，但在期井村，她那热情的笑脸老出现在我的面前。8年前，我到她家看过剪羊毛。8年后，我再次到她家，深感她家养的绵羊群壮大了。她打开羊圈，让80多只羊到野外吃草。她家的羊群原来有100多只，卖掉了一些。另外还养着牛、马，年前各卖出一头。“娘子军”中，杨三妹年龄与我相仿，但她不在期井村，她随孩子们到江苏打工去了。她有三个孩子。老大参军复员后留在昆明当保安，过上城市生活不愿再回到期井河畔的家。老二夫妇在江苏打工，有两个孩子。杨三妹跟随着二儿子一家人到江苏，帮忙照顾小孙子，同时负责接送大孙子到幼儿园读书。8年前，我到期井，在我离开期井村的前夜，杨三妹的小女儿一直守着我没离开，还执拗地邀请我到家与她同睡一夜。8年后，我到期井，得知杨三妹的小女儿长大成人后嫁到中村了。杨三妹的丈夫张瑞平留守家里，老婆随孩子们打工去了，他在家里不甘示弱，积极为家庭争收创收，以放牧牲畜为业。往年，他卖了40只山羊，只留下4只种羊，现已发展到10多只了。他还卖了12头牛。目前，除山羊外他还放牧着15头母牛，一头毛驴。“娘子军”中年龄最小的张万丽因事来不了，她生活过得很好，但令我伤感的是她母亲去世了。当年，“娘子军”们去雪山太子庙，张母留在家里给我们准备晚饭。我离开期井的前夜，期井人在河畔举办篝火晚会送别，张母站在熊熊燃烧的火堆前，给我唱了一首又一首山歌。再次同行雪山太子庙的姐妹们告诉我，当年期井村篝火晚会送别，给我唱山歌的人除了张母，还有一位也去世了。

我再次去雪山太子庙，同行的期井村“娘子军”新增添了两位成员，一位是75岁的赵六妹、一位是66岁的杨四玉。8年前，一个阳光灿烂的正午，我在期井村一间木楞房后的柴垛上采访过马锅头的后代赵五妹、赵六妹。赵六妹家在期井河上开了一间小卖铺，小卖铺紧连着宽阔的木桥，她守着小卖铺度日。小卖铺门前支了张桌子，摆着一些凳子，村民们喜欢到那里玩牌闲聊。赵六妹在木桥上见到我，伤感地说“五姐走了”，语气带着水雾，眼眸含着一丝冰凉。我不知如何安慰她，默默听着期井河从脚下汩汩流过。杨四玉来自期井村中村小组。8年前，我到中村玉皇阁游览。玉皇阁是中村妈妈会活动地点，供奉的诸神以玉皇大帝为主。她和另一位妈妈会成员忙前忙后，给我演绎了拜祭玉皇大帝等众神的仪式。再次与她相逢并同上雪山太子庙，我想，这是缘。

通往太子庙的山坡上，火灾痕迹明显。焦炭般的树干触目惊心。一蓬蓬杜鹃在树下绽放，生命繁衍不息，令人想起涅槃重生的典故。盘坐在山冈上，目光从雪山太子庙移向起伏的山峦，由远到近。仰望碧罗雪山，聆听雪山的召唤，乡土情怀盘桓心中，澎湃高远。从雪山的荒凉中走向自己的身影，那是受山川万物启悟行走大地的人如何抒写古道情结的灵感幻象，一份深厚的如雪山圣水的爱纯洁复纯洁，如雪山圣水般高洁，正所谓“心纯净，行至美”。山风吹拂，禅坐雪山太子庙旁，痛感人生荒芜。此行期井，离别后与“娘子军”不知何时再相聚，油然伤感。世事无常，人生浮沉，想起故人西去，不由感慨，“生是如此安静，死也是如此安静”。一种情结，难以割舍。当灵魂就像一只鸟，落在“一棵树”上唱歌的时候，盘坐“树下”修养，心如止水的相随，于安静中追风逐梦文学，时光中流淌幸福。

从期井村到畜牧场的公路开通了。我们沿着公路而行，一路上杜鹃花相伴，不知不觉来到畜牧场。顺路拜访彝人陆天宝家，我这是第四次到陆家火塘边做客了。从拉井经过四十里箐到达期井的盐马古道上，期井河上有一座晚清时期修建的石桥，这是当年云南提督杨玉科将军整顿拉井盐场时所修。百多年时光过去了，石桥依然成为当地白族、彝族人民往来古道的桥梁。陆天宝家离这座石桥不远，我的首次盐马古道之旅，从拉井街到富和山弥勒坝时，特意去看石桥，顺便到陆家做客。第二次到陆家，我与期井村姐妹们去雪上太子庙时，请他引路，我们进森林看树抱石奇观。

陆家夫妇脸上的笑靥，就像绽放的杜鹃花。两口子告诉我，小儿子的娃娃亲解除了，是女方家主动来退亲的。我听后很开心，由衷祝福陆大哥一家人。4 年前，陆大哥的小儿子骑着摩托车来期井接我到畜牧场，当时公路还没通，但摩托车可行走。这是我第三次到陆家。火塘边，陆天宝夫妇愁眉不展，唉声叹气。经询问，方知他们正为大儿子的婚事伤透脑筋。彝家有订娃娃亲的习俗，陆家两个孩子自然也不能免除。大儿子初中毕业后到昆明打工，后来自己当老板做生意。他不满意娃娃亲，父母为自己订亲的对象是姑姑的女儿。他告诉双亲，三代内近亲结婚，遗传基因对后代不好。大儿子做通双亲的思想工作，退了姑姑家的娃娃亲事，赔了礼金。大儿子与一位彝族姑娘自由恋爱，女方家也为此退了娃娃亲，两个年轻人结婚后到昆明生活，但女的不适应而离婚。大儿子的婚事让陆天宝夫妇伤透了心，在火塘边暗自郁闷，我的劝解无济于事。小儿子赶着做法事的黑山羊走在前，我跟在后，两人同行弥勒坝。半路上，我问起他将如何处理自己的娃娃亲。他说，大哥的婚事让父母伤透了心，他不愿意让两位老人再伤心了，只能承受。想不到女方家主动解除婚约，除掉了小儿子头上的紧箍咒。小儿子不再受到羁绊，出门跟哥哥到昆明打拼。我再次去雪山太子庙，第四次到陆家时，陆天宝夫妇思想开通了，眉眼荡漾着快乐。

彝族人家娃娃亲观念的改变，不能不说是时代的进步。从某种角度上来说，也是期井村发展进步的一个侧面缩写。

三

顺着期井河流而下，我在期井村民委员会辖地转悠。古盐井封井后，部分村民沿着期井河，逐渐从上游期井迁移到下游大山箐等地居住。20世纪80年代中期，村公所从期井迁到大山箐。大山箐给我印象最深的是小学，飘扬在校园上空的五星红旗，流淌在河畔的琅琅读书声，让我感到别样亲切。

民国时期，大山箐设有铁厂，专门生产供应兰坪各盐井灶户熬盐用的铁锅。新中国成立，兰坪县新政权建立，家庭作坊的熬盐历史结束。随着兰坪盐场真空制盐以及政策性封闭拉井盐硐，铁厂结束其历史使命，从期井河畔消失。铁厂遗址芳草萋萋，难觅当年踪影。一座孤坟立在田畴间，墓碑镌刻铁匠二师傅的生平，记载大山箐曾有过一座铁厂。

我对大山箐的印象，除美丽的滇金丝猴外，恐怕就是龙潭了。没到大山箐龙潭前，听村里人讲藏族马帮寻宝的故事，对龙潭有了深深的向往。每当四月杜鹃花开，就有一队神秘的藏族马帮出现在龙潭。彪悍的藏族马锅头每人一匹马、一杆枪。直到十月枫叶金黄，神秘的藏族马帮才离开龙潭。他们的马匹驮着木碗等木制品，民间传言，这是藏族马帮的障眼法，实际上他们是来挖金矿的，龙潭附近有个金矿洞。曾经有人慕名而来，但没找到金矿洞。如今龙潭里没有水，只有厚厚的草垫，草垫上堆着牛屎，野放的牛散落在龙潭草甸上吃草。眼见的场景与传说中的龙潭大相径庭。一条盐马古道经过龙潭，通往营盘镇红尤村。遥想当年背盐人，背着盐巴从期井到龙潭，渡澜沧江到兔峨乡卖盐的情景。历史甩着汗滴，从大山深处向我走来。

大山箐到兔峨的公路虽然还在修缮中，路况已比往年好。从金顶到大山箐的公路正在铺浇沥青。从期井过大山箐龙潭到营盘镇、兔峨乡的这条盐马古道却沉寂在山风里。村村通公路后，道路得以逐年加大硬化力度。通往期井的公路建成踏石路，通向畜牧场的公路得到加宽。就在我从期井回来后不久，一座宽为 6.5 米的钢筋水泥结构坝桥在期井河上建成，大车可以从坝桥上通过。这座新建成的现代化桥梁就在赵六妹的小卖铺前面。每天坐看大车载着期井村的特产，从眼前的桥上过河开往大山外，想起父辈讲过的赶着马背着盐巴过欢跑山的历史，不知七旬老人赵六妹有何感想。期井村在加强道路建设，发展产业抓物质的同时，不忘抓精神文明建设，以浓烈的乡土情怀，大笔抒写新一代期井人的精神风貌。

畜牧业是拉井镇农民增收的重要支柱，扶持畜牧支柱产业是拉井镇全面实施农民增收战略的重要举措。就拿西山牦牛基地来说，在拉井镇政府扶持下日益壮大和发展，成立合作社，产业化发展规模今非昔比。

我对冷山小组的最初印象，与期井盐马古道的渊源历史有关。民国时期，期井灶长由金顶旧政府委任。委任状到张家，放火炮以彰显荣光。张家有个孩子名叫张元奎，小名叫梅态，才华横溢，被人尊称为“张学霸”。张学霸才高气傲，滇西边纵七支队的王北光队伍经过期井村，攻打大理州云龙县石门时，叫张学霸随行当秘书，他断然拒绝。张家是几代同堂的大家庭，兄弟不分家，和睦生活在一起，直到“吃大锅饭”时才散伙。“文革”时期受到冲击，张家人被迫搬离期井，到冷山居住。我到冷山采访张学霸的后人，印象最深的就是村民住的木楞房，还有道路不通畅。几年后再去，这个大山深处的山村，就像女大十八变般，通到村里的公路已经完善，村路干净整洁。木楞房全部拆除，建成砖混结构的标准房子。

在美丽的乡村冷山小组，村民赵玉祥讲述的大山箐龙潭，与我看到的情景不同。集体化时期，期井村社员有上交给国家青木香的指标任务。有一天，赵玉祥与10多个伙伴到龙潭附近挖青木香。龙潭上边是杜鹃林，正值花开时期，片片花瓣落入龙潭，水面上荡悠着绵绵花语。他们到龙潭边洗青木香，潭底的水突然上涨，吓得他们惊跳起来，四散逃离。他们跑到高处，站在杜鹃树下看龙潭，但见龙潭水波不兴，花瓣就像凝固在水面。他们互相安慰说，刚才是恍觉，不要怕。互相壮胆后，他们再次到龙潭边洗青木香。

当夜，他们露宿山上。半夜时分，虎啸声从拉井国家森林公园瞭望台方向传来。渐渐地，叫声离他们近了。一阵风袭来，他们听到老虎沉沉的喘息声，顿时林中宿鸟惊飞。他们把备用的柴疙瘩全丢入火堆。火堆燃得旺旺，火柱如龙，亮如白昼。老虎走近了，携一股腥风。哔哩啪啦，火光冲天而起，十几个人吓得抱成一团。火光旋转上升，卷起几丈火焰。他们中有个贵州人，当兵退伍后落籍期井。他镇静地向火堆四周洒米，边洒边念咒语，同时命令同伴烧干辣椒。火烟裹着辣椒味，滚滚向四周扩散。不久，老虎离开。老虎离去时，还生气地甩了两下尾巴，大地为之震动。听着虎啸声渐渐远去，吓得魂不附体的一群人，慢慢地缓过气来。

赵玉祥讲的绘影绘声，令我沉浸在那特殊的年代里。

听说当年写作《盐马古道》一书的作者来了，住在杨益花家里，淳朴的期井村乡亲们赶路来看我。火塘边的夜话，村民就像自家人拉家常一样，跟我说起了他们的种植和养殖，毫不避讳自家的收入，言语中洋溢着自豪。那份劳动的喜悦和快乐感染了我。

70岁的胡嘉宝老人从中村赶来。他是养蜂专业户，2014年办了营业执照，成立宝箐养殖场。胡嘉宝老人精神矍铄，言谈思路敏慧。他年轻时曾当过期井村测量员，且当了多年的小队干部。刚开始养蜜蜂时，他养了3

窝，边养蜂边放牛。从 2008 年开始，他专门养蜜蜂，割蜜卖蜜。他的养殖场里有蜂筒 107 个，原有蜂子 82 窝，可惜在 2015 年里，黄鼠狼光顾养殖场，吃掉了 14 窝蜜蜂，养殖场里只剩下 68 窝蜂子了。他不给蜂子喂糖水，蜜蜂产蜜纯属天然，因此慕名来宝箐养殖场买蜂蜜的人多，用不着家人到街上卖蜂蜜。2015 年，蜂蜜价格每斤 45 元，宝箐养殖场卖了 200 多斤。他自豪地说，他卖出去蜂蜜最多的是 2009 年，那年的蜂蜜价格每斤 30 元，宝箐养殖场卖出 600 斤蜂蜜，来买蜂蜜的不仅有本地人，还有四川、昆明、重庆、大理人。在他带动下，中村、期井、大山箐人专程来跟他学养蜂。儿子儿媳出门打工了，3 个孙子读书，老伴儿在家打理，他专心养蜂。此外，他还养着两匹马，准备出售。他的愿望就是得到镇里扶持，扩大宝箐养殖场规模。他还提议，希望有关部门来考察，在期井河支流温水河上围堰造坝养鱼，既是旅游观光的景点，也是造福一方的举措。

59 岁的张振权，向我讲述了他的养殖业，牛、羊、马、鸡，几项收入有两三万元。养了 30 窝蜂，收入 5000 多元，掏岩蜂蜜收入有 18000 多元。岩蜂蜜 85 元至 90 元，主要是保山人来买。他一人住在山上，除养殖外，还种植中药材。在地里种下了重楼、续断、秦艽，总共种了 50 多亩。续断种了两年后可以出售，他卖续断收入 3000 多元。秦艽种上 3 年后才可出售，明年他可以卖秦艽了。重楼已种了 3 年，主要是养籽种，培养 5 年后再卖苗。“在期井，我收入属于第一位。”张振权自豪地说。他希望我向有关部门反映，要高度重视期井河上的古桥以及河畔盐马古道的保护，眼看就要破败消失了，这是很令人痛心的事。他的话令我动容，期井人生活温饱得到解决后，爱家园、建设家园的热情更加炽烈，文化传承与保护的觉醒及意识也在加大。

场院里，灯光亮如白昼，乡亲们跳起欢快舞蹈。我被热情的期井村姐妹们拉入圈里，与他们一起载歌载舞。月亮驻足在幽蓝的天空，笑眯眯地看着这欢乐的村庄。期井河弹拨夜的琴弦，为欢愉的人们尽情伴奏。

第二天一早，杨益花两口子送我回县城。她丈夫开小客车，载客跑金顶和期井这条线路。胡嘉宝老人搭顺路车到中村，在他邀请下，车子特意拐路进村，我们参观了胡嘉宝老人的蜜蜂养殖场。

透过车窗，隐隐约约看到对面山冈上的中村玉皇阁。想起当年妈妈会成员在玉皇塑像前祷告的情景，祷告词中提到我，大意是请玉皇保佑我的盐马古道之旅顺顺利利，凡事顺心顺意。美好的祝愿更是一份暖暖的情谊。

行走期井，老百姓的心声令我感动："国家政策相当好，退耕还林等相应的政策落实，每一个人分一片山，每一个人分一块林，还有低保等福利享受，相应的款项拨到个人账户上，农民真正得到实惠，我们没有理由不爱护环境不爱护家园。"

四

又一年杜鹃花开了，杨益花在微信上给我留言："彭老师，花开浪漫季节很想你了，希望你有空再抽点时间回来。"

读着微信留言，期井河的流水声由远而近，眼里再现满山遍谷绽放的杜鹃花。想起有一次杨益花陪同我到冷山、梨树等小组采访，我俩返回期井的路上，走得一身汗湿，裤脚沾上一层厚厚的泥土。半路上，我们遇到一位老阿妈，三人结伴同行。走到期井河边，我们又累又渴，坐在河畔休憩。抖落身上尘土，掬起清澈的期井河水洗脸，但觉清爽扑面。我躺在河畔青草地上，听她俩唱山歌。河风习习，山歌旋律就像一双轻柔的小手按摩我的心灵，沉醉在山歌里，疲惫不知不觉消散。

山歌隐隐，从期井河畔传来。

花不开嘛转回去，
等到花开再回来。
站在高山望平坝，
望见平坝不见你。
送你送到新县城，

一路拔花一路栽。
八年不来十年等，
不能把花别处栽。

在一条河流上，我想读懂一方人文。

2018 年 10 月，我再次到了期井村委会所在地大山箐。平坦宽阔的柏油路顺着期井河延伸，太阳能路灯成了风景线。村小学综合楼和附属幼儿园正在紧锣密鼓建盖里。三两个妇女说笑着经过，告诉我们说去村委会参加烹饪培训。我们往冷山新村走去，一路上碰到去参加烹饪培训的妇女。冷山新村的房子一律青砖楼房，就像期井河畔的一个珍珠，令人眼前一亮。我们到建档立卡户杨汝州家参观，这是一栋三间两层砖木结构楼房，水泥院坝里晒着中药材。杨汝州乐哈哈地介绍说，建盖房子投资大部分由国家补助了，小部分由自己投工投劳。杨汝州家原住在冷山村后面的山顶上，拥有木楞房两间。他懂中药材，目前以种植秦艽为主，另种着天麻、续断等。杨家成立了家族合作社——绿生源种养殖合作社，目前启动的有两家，即杨汝州和侄儿杨四伟。杨四伟从兰坪县职业中学毕业，不慎烧伤了手落下残疾。杨四伟以养殖土鸡和中蜂为主，利用所学开展电商业务。他的蜂蜜在本地卖每斤 80 元，通过网络销售能卖到每斤 120 元。

期井村委会书记赵春林成立了兰坪县金林农民种植专业合作社，有社员 6 户。金林农民种植专业合作社以种植当归中药材为主，2016 年里种了 50 亩，2018 年规划种植 300 亩，流转土地种植。合作社社员及村民种植当归，免费赠送种苗，合作社按照当地市场价格回首。赵春林还在期井河畔办起了农家乐。

期井村种植中药材除秦艽、当归、独定子外，还种植白及、重楼等。我问及附子种植情况，被告知因价格低，已被村民淘汰。

期井人就是这样，除享受国家给的政策外，村民主动发展。行走期井村，总是被主动发展的人文情怀打动心灵。

富和山屐旅

一

蛋白、淡黄、翠绿、黑紫、粉红、深绿……走在篱笆围护的草路上，忍不住默数弥勒坝色彩。篱笆墙外的植物有的开花，有的含苞欲放，有的抽穗灌浆，苦荞、燕麦、洋芋、油菜、大头菜等使得弥勒坝色彩富丽，就像五彩波浪向着莽莽苍苍的原始森林涌去。一朵红云挂在山垭口，与弥勒坝彝族寨子屋顶上的红瓦遥相呼应。野放的羊群漫过雾湖，向着寨门奔来。叮咚叮咚，羊脖子上挂着的铃铛发出清脆响声，渐响渐近。孩子欢笑着奔跑在羊群前，母亲拿着牧羊鞭走在羊群后面。我站在篱笆边，与牧人眼光亲切打招呼，目送羊群融入寨子里，倍感屋顶上飘升的炊烟温馨盈怀。神树站立在坡地上，舒展四肢吸纳夕晖，温和地向我打着招呼。山风就像一个慈祥的老奶奶，讲述两个和尚在神树下打赌的故事。

红云消隐，暮色中的雾湖寂然无声。湖畔矮状杜鹃依旧，但不见奔跑的枣红马。湖光荡漾，水草点头。挨近湖雾，记忆就像泛滥的洪流，在眼前回放蒙太奇般的电影镜头：背包走过雾湖，耳畔马蹄声急，眼前披毡猎猎，英雄结高挺，恍惚看到彝人伍嘉骑着马向着垭口奔驰而去，海市蜃楼的景致令我陡然坐地……这是2012年5月里的一天，我从期井向着富和山弥勒坝走来，路过雾湖时的片段。多年不来弥勒坝了，但只要踏上这片高山草甸，沉睡在心灵上的故事就像结束冬眠的蛇，苏醒在行程里，游行在思绪里，令我的写作充满愧疚。难以抹去在雾湖边时响在耳畔的马蹄声，总觉得沉淀在心海的故事不打捞上岸，自己就不是一位优秀的写作者。

我来到富和山弥勒坝，看望一棵名叫阿明五加的树。阿明五加是五加树的一个种类。五加是植物学范畴里五加科 Araliaceac 植物的泛称，在我国分布有 23 属 170 余种，其中五加属 Acantnopnax Miq 植物有 26 种，在云南就分布 9 种 7 个变种。植物学领域里尚属首次发表的新分布种，在医学领域里迄今尚未为全国正式出版物本草系列所收录，以发表人的名字命名，由此可知，“阿明五加”就是一个叫“阿明”的人发现的五加属种。

站在雾湖边，眼前挥不去阿明在雾湖边赏景的情形：戴着灰色毡帽，白色衬衣外罩浅蓝色摄影服，一条灰色裤子、一双黑色皮鞋，侧身斜躺在湖岸，面对着山垭，右手支撑着脑袋看风景，摄影包搁在草地上。阿明是拉井镇卫生院退休的中医师赵荫孙的乳名，与我的夫君是同宗同姓兄弟。阿明在胞兄妹里排行第三，被人们亲切地称为三哥。我开启盐马古道之旅，从拉井到富和山弥勒坝，向导正是阿明。雾湖边赏景的形象，正是当年我们行走弥勒坝的一个镜头。

想起逝去的生命，眼眶潮湿。我放弃亲近雾湖水的打算，掉头返回寨子，向彝人年树发家走去。自从在雾湖边看到伍嘉骑马走过雾湖的幻象，整整 6 年，我未曾来过弥勒坝。弥勒坝发生了一些变化，彝家木板房不见了，红色瓦片代替了木板，篱笆墙、木板墙变成了水泥石灰墙，火塘被藏式火炉代替。年树发家开办了农家乐，这是拉井镇扶持的首批农家乐之一。兰坪县 10 万亩中药材 GAP 种植基地建设项目中，富和山是 2 万亩中药材优质种源繁育基地三号种植场，是云木香、续断、三分三、大黄采种点。年家园地里，栽种了中药材品种重楼。年家除种植高山杂粮外，还种植了油菜，打算熬菜籽油自用。年树发与小儿子年双豪注册成立兰坪县富和山生态旅游有限责任公司，年树发任董事长，年双豪任经理。年树发的大儿子年锦宏是村干部，大学生毕业后回到弥勒坝，为建设富和山添砖加瓦。

“苦荞粑粑蘸蜂蜜，甜在嘴头苦在心。”坐在年家火炉边吃苦荞粑粑及蜂蜜，恍若时光停止不前，回到了 11 年前首次到弥勒坝彝家做客的情景。物依旧，情依旧，可在场的人中缺少了赵荫孙医生，他是阿明五加树的发现且命名者，“阿明”是他的乳名。

“可惜三哥不在世了。”年树发黯然神伤地说。

忧伤悄然爬上眉头，夜色弥漫对逝者的缅怀，令人痛感生命之轻。三哥，阿明，赵医生，三个称谓同一个人，无论提到那个称谓，缅怀浓稠。我站在雾湖边不堪重负生与死的思考，匆匆离去，却在彝家火炉边无以回避生命流逝的话题。

“年大哥，我这次来富和山，专门来看阿明五加，你陪我去四十里箐看阿明五加，好吗？”

“要看阿明五加，不必去四十里箐，我家对面树林里有好多，明早让双豪带你去看就是了。”

我很惊讶，弥勒坝有阿明五加，我多次行走弥勒坝却毫无印象，只记得在四十里箐见过的阿明五加，阿明五加树的形象烙印在脑海里。

“三哥多次到弥勒坝考察，就在我家对面的树林里发现阿明五加树种。”年树发一席话，令我陷入回忆里。

2007 年 5 月，我和赵荫孙医生沿四十里箐河往富和山弥勒坝进发，在海拔 3020 米高度时，我终于见到了五加树种阿明五加，这个以赵医生乳名阿明命名的植物，几年前牵引着我的心，总想见识阿明五加树的真容。得以见到阿明五加，不由想起了李时珍极力推崇五加所说的话，“宁得一把五加，不用金玉满车。”

20 世纪 90 年代，赵荫孙医生到北京参加表彰大会，捧回世界创新医学大会组织委员会授予“阿明五加”基础优秀论文一等奖的奖杯和勋章。他把勋章戴在母亲的遗像上，对他来说，母亲比他更有资格佩戴这枚勋章。母亲勤劳善良，用绣花针养育大孩子，对赵荫孙医生影响尤其深。

在四十里箐河边小憩，赵荫孙医生折了两株阿明五加树枝，摘掉枝叶放在草帽里。摘完枝叶，他又剥树皮。我问他剥树皮干什么，他笑了起来，说到富和山弥勒坝后，用阿明五加的树叶树皮泡茶，不仅解渴还解乏，抗疲劳的同时还可以加强免疫功能，促进食欲。

走得口干舌燥，喝茶水不起作用。他介绍着阿明五加的功用，递给我一些阿明五加树皮，我学着他把树皮放入嘴里嚼了起来，刚入口时有微微的辣味，越嚼就感到口越不干了。我拿过光裸的树枝，闻了闻，清香淡淡，不觉舔了舔裸枝。他笑了起来，说当年进富和山考察植物，妻子陪同，他们在四十里箐小憩，妻子也像我这样舔剥了皮的树枝。闻言，我不禁乐了。

《桂香室杂记》诗云，“童颜鹤发叟，山前逐骝骅。问翁何所得，常服五加茶”，可见五加有抗衰老的保健功能。这个功效，在春秋战国时期就有了流传，鲁定公之母“常服五加酒而长寿不死”；20 世纪 60 年代，美国宇航员在太空飞行登上月球，能量补充就是“刺五加”；第 23 届奥运会苏联运动员服用五加制剂创造了令人震惊的成绩……阿明五加作为五加属种，也具有抗疲劳、抗衰老的保健功效。坐地看树，细细打量眼前的这棵落叶乔木，树高在 20 米以上，树围在 3 米以上，掌状复叶，叶片薄革质，披针形、椭圆。从四十里箐到富和山弥勒坝，我们走了 10 个小时。一路上，我看到植物保护得较好，拉井镇自然资源开发利用和保护的前景令人欣慰。一到村主任年树发家里，三哥赵医生就给我泡了一杯阿明五加茶。对彝族人年树发大哥等人的采访持续到夜里两点半，可是我一点也没有感到疲劳。半躺在被窝里，就着窗外漏进来的月光整理采访笔记，目清气爽，没觉得累，心想，这肯定是阿明五加茶的功效。

此后多年，我行走盐马古道深入采访，多次去富和山，路过拉井，有时到杏林居拜访三哥三嫂。难以忘怀与三哥赵荫孙同行弥勒坝的短暂时光。行走盐马古道，我习惯思考，总想写一部与五加树有关的小说，但尘世多坎坷，我没能静心动笔。每每想及当年行走盐马古道，我就觉得心愿未了，愧对故乡。我到弥勒坝看望阿明五加树，怀念故人，惆怅如烟如雾。

兰坪县境内的彝族，由大小凉山迁入。富和山上的彝族，因旧社会的压迫统治以及战乱等原因，被迫离开世居地，从大凉山迁入兰坪县。追溯富和山彝族家支历史，仅以年树发家为例。年家祖上是大凉山越西县人，居住云南的时间已有 160 年左右。年家从四川越西到木里，路过式住上一两年，尔后迁徙入云南，在迪庆州香格里拉定居 30 多年，再搬迁到怒江州兰坪县金顶镇小盐井，居住了七八年。年树发的爷爷老死在小盐井，火葬后骨灰撒在小盐井。兰坪县众多条盐马古道中，最著名的是杨玉科路。杨玉科路以拉井为中心，向东经过金顶镇，翻越盐路山到达大理州剑川县；向西经过营盘镇，翻越碧罗雪山到达知子罗，进入怒江大峡谷。民国时期，大理州剑川县的马登镇、上兰镇隶属于兰坪县，住在马登山上的刘家、木家与年家是亲戚，三家被兰坪县国民政府安排担任杨玉科路护哨任务，护哨范围从金顶镇的中哨房到兰坪县与大理州剑川县交界处，刘三益为哨长。年家负责守护的路段是二面山到盐路山，年家为此从小盐井搬迁到盐路山垭口附近居住。

年树发的父亲年务金是神枪手，是富和山上有名的猎人。有一次，年务金一个人在盐路山哨卡上坚守岗位。一伙贼人抢劫过路的商人，被抢的商人高声呼救。贼人有 7 个，都拿着火药枪。年务金发出紧急口哨召集其他护哨的彝人围堵贼人，贼人向年务金开枪，年务金机智地躲入一蓬箭竹后，趴倒在地上躲过密集的火枪子，与闻讯赶来的彝族护哨人一起抓住了两个贼人，追回被抢的物资，受到兰坪县、剑川县政府的表彰。

从盐路山到马登城，中间有个重要的驿站叫江尾塘。1949 年 5 月，爆发了滇西革命史上著名的江尾塘之战，反动武装共革盟遭到滇西边纵七支队围歼。江尾塘之战的战斗打响前，年务金等彝族护哨人接到通知，共革盟的大队人马过盐路山，让他们躲避。年务金等人不相信，组织彝族抗击队伺机伏击共革盟。年务金在盐路山哨卡上转移家属，但来不及转移，共革盟的人就到了盐路山，年务金的老婆赶忙把东西藏在后屋沟。共革盟的大队人马通过盐路山后，年务金以为没人了，背着火药枪，叫上妻子，抱着女儿准备离开，谁知有个共革盟的落伍兵刚好到年家门后，拿着枪指在年务金妻子头上。落伍兵还来不及扣动扳机，手疾眼快的年务金已经打响了火药枪，落伍兵的脑袋被打开了花，滚落到山坡下。年务金缴获了一把五子枪一把长刀，他把战利品上交给滇西边纵七支队政委王北光。王北光说，你是猎人，这个战利品归你了。因没有子弹，年务金把五子枪改为火药枪。怒江傈僳族自治州成立后，杨玉科路不必设置哨卡了，彝族人护哨任务完成，年务金把家从盐路山迁入剑川县象图乡居住，后又举家迁入富和山弥勒坝。年务金缴获的战利品，后来响应政府号召把枪上交了，长刀从年务金手里传到儿子年树发手里，再从年树发手里传到长子年金锦宏手里，已变成了一把短刀。

第二天早上，年双豪带我去看阿明五加。阳光洒在原始森林上，树隙间的光温暖可亲。马匹闲散在草甸上，令人想象驰骋富和山的快意。原始森林里红豆杉树多，其次是冷杉树。红豆杉和冷杉高大粗壮，一眼便知树龄不小了。红豆杉树有编号，年双豪告诉我，这些树已经卫星定位受到保护，一旦树受到伤害，林业部门会问责。阿明五加就像清秀的少年，站立在伟岸的大树间。年双豪掰了一枝阿明五加递给我。拿着阿明五加树枝，我百感交集，想起首次盐马古道之旅，我们在四十里箐小憩时，三哥赵荫孙掰了一枝阿明五加，风趣地对我说“给你吃阿明”的情景；想起我随着三哥进入年树发家的院子，年家大哥大姐闻讯赶来，紧紧握住三哥的手，自豪且激动地跟我说起阿明五加树，亲切地说“我们的阿明”的情景；想起10年时光里一次又一次到富和山寻梦，内心交织阿明五加树、彝族人及盐马古道等诸多意象，点点滴滴在心里孕育彝族英雄人物赛伍嘉的文学情结；想起谚语“爱屋及乌”，因盐马古道而走入富和山彝人世界，在追风逐梦文学的路上义无反顾地维护彝人，却不被理解的情形；想起嬉笑怒骂皆文章，放眼山水的情怀……有多少话要对心目中的树倾诉。我坐在一棵倒地的枯树干上，看着高耸入天的红豆杉树和冷杉树，以及站在大树边的阿明五加树，千言万语化作了内心流淌的溪流。

大雁啊大雁，
你是否来自那遥远的地方？
你曾看见我日思夜想的父亲？
西风瘦马，
奔驰在那古道。

大雁啊大雁，
你是否来自那伤怀的故乡？
你曾看见我魂牵梦萦的母亲？

纺线如虹，
织布在那庭院。

大雁啊大雁，
你是否来自那熟悉的原野？
你曾看见我敬爱无限的兄长？
走马如飞，
狩猎在那山岗。

大雁啊大雁，
你是否来自我思念的故乡？
你曾看见我故乡的河流山川？
风儿轻吹，
田野尽是金黄。

灵魂对着树唱起了流传彝山的歌谣，小鸟热心合音。情感悲喜着所要悲喜的，这份悲喜，说不清道不明，无法与人言说，只有神灵知道。眼泪不受控制地滑落脸颊，我终于理解三哥为何说“富和山彝人值得一写”。

禅定大树小树间，不由痴问神灵：滚滚红尘，何处是我的树？

二

说不清为何一次又一次到弥勒坝，道不明为何一次又一次与雾湖约会。盐马古道上鹰隼石，背盐路上龟背竹，大树的传奇神采，令我的行程充满了小说情结般的构思。

彝族人陆大哥的小儿子从羊圈里牵出一只黑山羊，要送到弥勒坝供毕摩做法事用。黑山羊是早就选定好了的。他赶着羊走在前头，我跟在后，向着弥勒坝走去。畜牧场到弥勒坝的路是盘根路。盘根路是一条人马驿道，其周边的原始森林里颇多珍稀树木。我们过石拱桥，往冷杉林里走去。接近雾湖时，我的耳畔萦绕歌声：“……是谁在轻声召唤，那声音飘过千年的时光，我仿佛又闻到了松脂的清香，我分明又看到了祖先的骏马和牧场……”歌声唱响灵魂深处。走在盘根路上，思绪就像一匹没有缰绳羁绊的骏马，自由奔驰在高山草甸上。

雾湖垭口，阳光就像一束束强劲的探照灯光，透过原始森林照射在矮状杜鹃上。“得得”，马蹄声响了起来，一匹又一匹马沿着雾湖奔跑。神树安详地站在草坡上，像慈祥的老奶奶对我招手。坐在雾湖畔，我的脑海里挥之不去彝人头顶上的英雄结。理不清心头盘丝错结的情感。起风了，身后的杜鹃树簌簌作响，花瓣落地，似哭似笑。

弥勒坝的法事一场接一场，场场内容不同。毕摩叫吉克阿甲，来自香格里拉，是凉山州彝族文化研究所特邀研究员，受弥勒坝彝族乡亲邀请来做法事。待弥勒坝法事结束后，要赶往金顶镇，居住金顶的彝家人邀请他去做法事。我在弥勒坝待了三天，专门看毕摩做法事。毕摩做法事间歇，跟我说一些彝学方面的知识。来富和山前，我读过一些相关的书，简单地了解一些粗浅的彝学知识，尤其读一位彝族朋友诗集且为之写书评，诗歌中蕴含丰富的彝学元素，迫使我想法弄懂，这无疑对我与吉克阿甲毕摩交流大有裨益。

毕摩的法器由红豆杉木和樱桃木各一半合成，红豆杉木为公，樱桃木为母，木头之间是空的，装着九对竹节分杈。这九对竹节分杈非常讲究，必须是生长在海拔4000米以上的山上竹，竹节分杈与主干一样粗细，且九对竹节分杈要在不同地点采集，取天地精华，阴阳合成。每做完一场法事，毕摩让法器沾上一点血，代替因他做法事而起的杀生之罪。

我对彝族披毡兵的故事尤其感兴趣，滇西边纵七支队与反动武装“共革盟”在江尾塘一战中，彝族披毡兵颇有名气。兰坪县彝族披毡兵有40多人，连长刘三益是金顶人，下设两个排，富和山的头人钟老大是排长之一。富和山上的彝族披毡兵除钟老大外，还有年万枯、年拉伙、年务金、邱兴贵等10多个人。彝族披毡兵披着披毡埋伏在林子里，“共革盟”反动武装从他们脸前经过也不发现。彝族披毡兵打战神勇，披毡就像铠甲保护着彝人，子弹穿不透，嵌在披毡里。江尾塘战斗结束后，连长刘三益的披毡上嵌着三颗子弹。

披毡的制作材料从羊身上而来，而羊是大自然给予彝族人的礼物，带给彝族人温暖、肉食和肥料。最初，彝族人不会制作披毡，后来有个彝族人发明了赶毡子，制作了披毡，慢慢地制作出千层披毡。我在富和山没有见过赶毡子制作披毡的过程，倒是在白族普米族文化交汇的桃树村，见过当地人赶羊毛毡。赶毡人左手持着弹羊毛的弓，右手拿着弹羊毛的锤，就像弹棉花一样弹着羊毛，将羊毛弹细，这个过程大约需要三四小时。把弹好的羊毛在竹席上铺平，用小扫把往羊毛上洒开水，尔后将竹席卷成筒状，在上面踩上20至30分钟，再把竹席打开洒开水，接着卷起竹席踩，如此重复八遍，才加工出一床羊毛毡。

千层毡有考究，多用于红白二事。红事用黑色千层毡，以示尊严。新娘用的黑色披毡由娘家准备，女儿出嫁时，母亲要给女儿披上黑色千层披毡。白事用白色千层毡，以示洁白无瑕。给死者披上白色披毡，黄泉路上遮风挡雨御风寒。平时披的黑色披毡一般化，不必要千层，只有参加红白二事时，来客一律披上千层披毡，以示尊重和尊贵。披毡浸水越多越严密，但不沉重，子弹穿不透。白色千层披毡还用于超度灵魂。子女都成家了，老夫妻有一方去世，且不再成婚的方可活超度。活超度的人忌吃母猪肉和公羊肉，煽羊煽猪的肉可以吃。

人死后火葬，灵筒供在自家里屋上方，插在房头板缝隙里。灵筒用刺头菜板子制作而成，黑色灵骨由黑色实心竹子的结子制成，有老鼠屎那么大，用白色羊毛包着装在灵筒里，等亡人生辰八字符合且子女有能力举办超度亡灵仪式的时候，在家里给予超度。超度后把灵筒送往岩洞，7天后供祭，选择日子进洞查看，如果黑色灵骨消失，意味着亡灵上天堂，如果黑色灵骨还在，那就重新供奉，直到黑色灵骨消失为止。供奉灵骨的东西是酒和茶、炒面以及用猪油炒的苦荞砂炒饭。供奉灵筒的岩洞只有本家人才能进入，外人严禁入内。

毕摩简单地向我介绍超度亡灵的法事，对我说，待到十月，他在香格里拉有超度亡灵的法事，邀请我前往参加，到时带我参观他收藏的经书。年锦宏的妻子是香格里拉人，超度亡灵的这家是他的亲戚，需前往参加，弥勒坝有部分亲戚随同他前往，他说到时通知我，让我到拉井与他们汇合，坐他的车一同前往香格里拉。超度亡灵移灵筒入岩洞，是我一直寻求机会想观看的法事，毕摩和年锦宏都发出邀请，我心情激动地答应了。谁知到了十月，年锦宏没通知我，香格里拉行就这样错过，这是后话。

我很想看看彝族火葬的场景，但每次来富和山都不凑巧，没机会看。彝族人知道我有这样的想法后，惊讶地说，那场景有点恐怖，你不怕吗？我回答，怕！但生老病死是自然规律，人活一世，总要经历死亡这一天。对于一位作家来说，了解民族风俗，只想写好一方风土人情。

从雪族十二子的传说到古茈（彝族话，指相思药）的制作、如何杀魂等，我问年树发大哥的话题千奇百怪，让这位从怒江师范毕业后来又到云南民族学院（云南民族大学前身）深造，最终回到富和山当了村干部的师兄应接不暇。毕摩给我经书算命后，年大哥给我看手相。毕摩经书算命预知未来，具有不可预定性，谁也不好肯定算得准与不准，只能让时光验证。看手相大多看过往发生事，相对来说可以肯定看得准与不准。请毕摩经书算命，借用一位年家客人的话说“支持毕摩事业”。年大哥给我看手相，我出于好奇。写小说的人往往好奇心重，我也不例外。实际上，我对算命看手相最不上心，过往事，即便算得准看得再准，时光一去不复返，有些人与事，留下遗憾，有心挽回和弥补，心有余而力不足，隐痛难消。

弥勒坝的夜空没有满天星星，更没有带着金色光环的月亮，天空中见不到像海马和海星星一样游动的云朵，夜黑魆魆，越发显得神秘莫测。火铳冲着迷蒙夜空打响三声，我含着热泪默默祈祷。富和山上流传着一个故事，一位年轻的彝族哨长犯了相思病，为心爱的白族背盐女而胸腔裂开三条缝，血流尽而死。年轻哨长和背盐女的前世孽情，今世由一位叫沧江霞衣的白族女作家补偿，她在宿命式行走里，文字当歌，抒写这份爱情，为这份爱情哭泣。

离开弥勒坝那天，天空下着蒙蒙细雨。我与毕摩一行人在四十里箐垭口分手。年树发大哥到拉井政府办事，顺便送我。年锦宏送毕摩及其徒弟去金顶。

雾气笼罩山谷，行走四十里箐，想起第一次由四十里箐向着富和山弥勒坝彝家走去的情景。时光如白驹过隙，不知不觉又几年。

三

难以忘怀富和山之旅。在一次彝族人朋友组织的同题诗《甘嫫阿妞》征文活动中，我写下了一首诗歌，借歌咏大凉山峨边县民间故事中的彝族美女甘嫫阿妞，赞美富和山月色，抒发对兰坪大地的挚爱之情。

甘嫫阿妞，叫我如何不梦到你？
彝山的月素净明亮，光环金黄。
两朵云，左海豚，右海马。
启明星立在海豚的尖喙上唱歌。
银辉倾泻，发丝飘荡雾湖。
阿嫫[①]说，那是咱彝家美女在天浴，
她是月亮的女儿，
蒲莫例依[②]护佑永生的魂灵。

甘嫫阿妞，叫我如何不梦到你？
荞子花开一坡又一坡，树根铺路一程又一程。
水流载着遥远的传奇故事向滇西北潜行。
风驱逐青苔遍布的谎言。
誓言刻入石头里，鲜红如血。
阿达[③]的酒碗绵延凉山深情。

把老虎赶入澜沧江的彝人后裔，
沿着祖先迁徙的路线追忆“漂亮的姿仔鸟儿”。④

注释

①阿嫫，彝语，母亲的称呼。

②蒲莫例依，人名，传说中的彝族英雄支格阿鲁的母亲，发明了织布。

③阿达，彝语，父亲的称呼。

④姿仔鸟，彝语，一种非常漂亮的鸟。

营盘记

凝望杨玉科家祠

云霞如金针菇，从碧罗雪山垭口往天空疯长。迎着朝霞，我往兰坪县杨玉科家祠走去。杨玉科将军爵府遗留的照壁与魁星阁、沧江书院遥相呼应，现代化建筑难以掩盖古镇韵味。

1838年，杨玉科出生在兰坪县营盘镇西营村，当时叫山后里吉尾汛日涧村，属丽江府管辖。他18岁投奔清军，由于报效朝廷有功，颇得清政府嘉奖，不断加官封爵，历任鹤丽镇、开化镇总兵，云南提督，广州高州镇、阳江镇总兵，陆路提督。1884年，中法战争爆发，杨玉科率领广武军三营奔赴前线，英勇杀敌。他身先士卒，打了多场胜仗，令法国侵略军闻风丧胆。在镇南关（今友谊关）文渊一战中，杨玉科率领将士拼死杀敌。广武军将士们与数倍之敌厮杀，毫不畏惧和退缩。杨玉科不幸中炮阵亡，壮烈殉国。清军主将潘鼎新不对广武军进行后援，急于逃跑，误国害人。“南关顿失杨无敌，潘美逍遥坐裹粮”，清末爱国诗人陈玉树在《后乐堂集》中痛惜地写道，赞颂杨玉科的爱国英雄行为，谴责潘鼎新的贪生怕死行为。杨玉科可歌可泣的爱国主义和民族主义精神，令子孙后代缅怀。杨将军的爱国主义精神激励着一代又一代兰坪人，杨玉科家祠成了兰坪县爱国主义教育基地。

走向杨玉科家祠，儿时事在晨光里荡秋千。小时，奶奶在院坝中给我及弟妹们讲杨玉科将军少时的故事；阿爸在火塘边给我们讲杨玉科将军抗击法军的故事。可以说，姊妹们是在杨玉科将军的故事中长大的，从小就以与他是同村人而自豪。

进入杨玉科家祠大门，水泥院坝洁净，一棵高大的梧桐树映入眼帘。梧桐树郁郁葱葱，苍翠挺拔。树枝分叉处挂着一个醒目的牌子，牌子上有白底红字的“将军树”三个字。这棵梧桐树栽于1876年，已经有139年的历史，因是杨玉科将军亲手栽种，故得名“将军树”。几次起死回生的梧桐树，令人感慨营盘百年岁月沧桑。梧桐树后是一起院落，雕花门窗，门首挂着木匾，上书杨玉科将军陈列室，一对石狮子盘踞在门两边。进入大门，迎面是杨玉科将军坐像，杨将军顶戴花翎，左手持一卷书。坐像的底座由大理石做成，正面刻着清杨武愍公玉科像（1838—1885），反面刻着《云南大纪念》的歌词，侧面分别刻写着陈列室筹备组人员名单和杨玉科将军生平。右面墙壁上镶嵌杨将军家规碑，家规碑为大理石质，阴刻。塑像后面又是一栋房子，正面靠墙壁摆着一张八仙桌，上面放着杨玉科遗照和家谱。遗照上方挂着孔子像，这是纪念孔子诞辰2562周年暨杨武愍公抗法出征127周年仪式时，大理一中赠送的礼物。孔子像两边，蓝底黄字，写着“温良恭俭让，仁义礼智信”几个大字。八仙桌两边放着御赐的镀金牌匾，左边是御钦黄马褂，右边是瑚松额巴图鲁。墙壁上挂着杨玉科将军出征镇南关，身先士卒抗击法国侵略军的油画。屋内有一排玻璃柜，放着《兰坪县志》《营盘镇志》以及有关杨玉科将军的一些史料书籍，还有几本大理一中的校刊《湛园》。

杨玉科参军发迹后，不忘记报效桑梓。他修建了营盘到拉井，再由拉井到金顶之间的盐马古道，这条古道都用青石条或者石板铺筑，可容得下两队对头马帮往来，被当地老百姓称之为杨玉科路。从拉井到金顶这段路，正是民间传说的杨玉科逃难时白猿猴带路的路线。在白猿猴引路下，杨玉科路从拉井三岔河往山神庙走，经中哨房过大石桥再到达金顶，渡过沘江河，再从盐路山到达大理白族自治州剑川县。杨玉科路开通后，盐马古道不用走99台地，避免路上缺水和大雪封山后路不通的尴尬。杨玉科改道并拓宽盐马古道后，还整顿拉井盐矿，盐路一年四季畅通，加之盐矿得到有效整顿，吸引更多商贾和马帮云集拉井，拉井经济得到空前繁荣。

营盘街是营盘镇政府所在地。清同治四年，清政府曾在这里扎营驻军，故得名营盘。杨玉科在营盘修建爵府、家祠。他创办营盘街，建盖铺面，招引和鼓励外地商人来到营盘经商。在街道尽头建起魁星阁，在魁星阁旁边建盖沧江书院，以此来"开化边疆，提高民智"。他为沧江书院购置田地，作为教师的工资和学生笔、墨、纸的添置费用来源；他为沧江书院聘请内地教师，凡营盘子弟，免费入学。为推广说汉话，聘请内地汉族人来营盘街教当地的白族拉玛人说汉话，由此影响和带动别的民族。除重视桥梁驿道建设外，他还重视农田水利建设和环境绿化，引进优良树种。现今所见的将军树，就是当年杨玉科引进的树种之一。

置身杨玉科家祠，缅怀杨将军功绩，想到现代黄土高坡似的澜沧江峡谷，心剜痛。营盘镇境内，澜沧江两岸植被破坏，离杨玉科家祠不远，有个龙王庙，周边有一小片葱郁的树木，龙王庙常年流淌一股清水，不知谁把贪婪的斧头砍向龙王庙附近的树木，树木被砍，结果水源减少。营盘街的老百姓非常气愤，对偷砍树木的行为严厉谴责。恢复澜沧江两岸植被，加大植树造林力度，这是一代甚至两三代营盘人的重任，也是民心所向。

杨玉科对滇西教育的贡献，兰坪县营盘镇沧江书院是见证，大理一中西云书院是见证。现今大理一中校园内，西云书院碑、湛园等，记载和保留了当年痕迹。漫步在幽静的校园里，古色古香的建筑令思绪飞扬。杨玉科捐出家产创办西云书院，史料记载得清楚，滇西一代又一代子弟记得清楚：光绪三年（1877），杨玉科移籍湖南长沙县前，将其在大理的房舍捐给西云书院作为校舍，将大理的铺面、乔后盐井的灶以及鹤庆、洱源、大理的部分田地，作为西云书院的资产，处置后的收入作为西云书院经费来源。因西云书院和沧江书院的历史渊源，大理一中和营盘家祠管理委员会成为难以割舍的同胞关系，互相成为座上客，这是情理之中的事。我在营盘杨玉科家祠看到大理一中校刊《湛园》，也是自然不过的事情了。

杨玉科在镇南关战死后，清政府追赐其为太子少保，谥武愍，赏骑都卫兼云骑卫世职。现今的广西友谊关及大理两地曾奉清政府命令建立杨武愍公祠，由地方官于春秋两季进行公祭。国史馆对杨玉科的事迹进行立传。

杨玉科家祠里的两块镀金御赐牌匾装在玻璃框里，如果细心些，就会发现瑚松额巴图鲁这块牌匾的四角上有桌眼。说起这长方形牌匾的四个桌眼来历，不由得掬一把辛酸泪。民国统治结束，新政府成立之际，杨将军爵府在一场人为的火灾里化为灰烬后，只留下照壁，甚是可惜。20 世纪 90 年代，杨玉科家祠重修，建盖在原来的家祠遗址上，家规碑及御赐黄马褂牌匾得以从遗址里发掘。瑚松额巴图鲁牌匾也从民间回到杨玉科家祠。这些珍贵的文物，经历颇具戏剧性，与国家与民族的命运紧密相连。而今，杨玉科家祠建筑群——杨玉科家祠、魁星阁、沧江书院，已列入省级文物保护单位，得到修缮和保护，这不能不说是一种安慰。

营盘人一代又一代口口相传着杨玉科的故事。说起杨玉科这个名字，同村人唏嘘不已。母亲生杨玉科时，家里穷得只有几个洋芋，父亲随口为他取小名洋芋颗，这与村里别的穷人家孩子叫小猫小狗或者八斤二两没有啥实质区别，图好养活。有了小名，也无所谓有没有大名。杨玉科这大名，是私塾老师取的。

出杨玉科家祠，往丁字形街道“竖钩”上的古街道走去，我不知在这条古街道走了多少次，心情一次比一次沉重。古街道淹没在高楼林立里，那些古色古香的铺面以及就像地道般纵深延伸的古建筑越来越少，记忆中的青石板路被水泥路代替，已经建设好了的或者正在建设的水泥混合楼，一幢比一幢疯狂地往空中生长。想起有的地方仿古建设如火如荼，尽力保护或恢复古迹建筑，着力打造文化旅游品牌，而营盘街上的古迹几乎流失殆尽，不能不说令人心疼。古街是杨玉科一手创建，见证营盘镇百年沧桑历史，就像一本活化石的历史书。这本活化石的历史书没得到妥善保护和修补，没有规划性开发，令人扼腕痛惜，幸好魁星阁和沧江书院得到妥善保护，走在古街上，情绪不至于失落透顶。

如今，魁星阁成为营盘街老年活动室，沧江书院成为营盘幼儿园。魁星阁前立着一块简易的水泥坐标，锤头镰刀图案下，有着几个显目大字“中国战区航空会云南防空情报所第三总台第二十七分电台旧址”，下面有三行小字：中国云南省委党史研究室 核准，中共兰坪白族普米族自治县委员会、兰坪白族普米族自治县人民政府立，2013 年 7 月。

抗战期间，为确保驼峰航线上飞行的“飞虎队”能顺利执行中缅战区战略物资和兵员供给的任务，中国战区航空委员会云南省防空情报所第三总台决定在邻近碧罗雪山的重镇——营盘镇营盘街设立第二十七分电台，并于 1942 年 7 月委派垒允防空指挥部情报总台第二十一支台中校台长廖光森前来担任分台长，另派三名工作人员。当时，魁星阁只住着一户人家，尚有几间空房，二十七分电台驻扎在魁星阁，直至滇西抗战全面胜利结束。

古街上住着一位 80 多岁的五保户，叫汪崇菊。她在魁星阁老年协会活动室担任管理员时，把简单的行李搬到魁星阁，吃住在魁星阁，当保管员当了 5 年。老年协会每月付给她的辛苦费从 30 元涨到 60 元钱，她的房子租金也从 30 元涨到 50 元，这两笔收入成了她的生活保障。汪崇菊老人年轻时吃了很多苦，20 世纪 60 年代嫁到营盘街后，当上营盘街四队队长，加入中国共产党。她曾参加过省人代会、妇代会、党代会。她没有子嗣，丈夫去世后，镇政府妇联主任想帮她报五保户，遭到汪崇菊拒绝，她说自己还行，能过得下。晚年干不动活时，她才到魁星阁老年协会活动室当管理员。这样过了 5 年后才享受低保等福利。如今，老有所养，生活有保障的汪老，每天坐在门前，面对魁星阁，安静地看着古街。古街的人与事，在她目光里演绎人生。她有时拿着烟锅，神态慈祥地坐在门前吸烟。烟雾袅袅上升，时光一点一点老去。

古街兴衰事，在一位老人眼眸演绎，在烟锅飘升的烟雾里消散。

沧江书院里传出孩子们稚声稚气的读书声。站在沧江书院大门前台地上，聆听读书声，心情惬意。面对碧罗雪山，目光穿行澜沧江峡谷，思绪流连古今，旋律犹如澜沧江水卷起的漩涡，在心底波涌。我轻声唱起《云南大纪念》:“快哉安南役！快哉安南役！歼孤拔，滇军奏奇迹。滇军真勇绝。宣关围，四十日，城破在旦夕！班师诏，真痛惜，到而今，金马碧鸡已非昔。我滇人，我滇人，大纪念，快哉安南役;壮哉武愍公！壮哉武愍公！镇南关，为国血流红。名誉战死雄，招国魂，谁作主，法路已修通。铁血外，无主义，竞生存，人人当学武愍公。我滇人，我滇人，大纪念，壮哉武愍公！”

沧江书院门前的树簌簌有声，为倾情歌唱的人和音。

碧罗雪山

一

盘桓内心的情愫说不清道不明，梦回故乡，眼前浮现一个身影，他孤独地走在猴子岩下的箐沟里，肩挎步枪，枪刺在银白月光中闪耀寒光。碧罗雪山上虎啸声声，震荡猴子岩上猕猴们的梦。墨蓝天空，星星眨着困惑的眼睛，这个孤独的夜行人为何迎着虎啸声走向碧罗雪山？

一颗星星俯冲下来，“唰啦，唰啦”叫着滑过天际，落入碧罗雪山博大的胸怀里，好像在警告夜行人，别再前行了，危险！

雪山救命房，一只斑斓大虎扑打厚重的木门。

“赛伍嘉！赛伍嘉！”夜鸟发出凄厉的叫声……

难以释怀梦境，我觉得自己就像一个巫婆，站在碧罗雪山上，召唤时光隧道里轮回的灵魂。

营盘街，一栋青瓦房。

旋上笔帽，和上笔记本。望着坐在躺椅上喘息的九旬老人，思绪沉浸在他讲述的往事里。“赛伍嘉！赛伍嘉！”笔记本深处发出呼唤，耳畔响起凛冽的枪声。怒族村寨钟声悠悠，雪花扇动翅膀，天地一片空蒙。虎啸震荡碧罗雪山，救命房里的火塘燃着不熄的火。梦境中的情景与老人讲述的场景重叠，我的眼前挥不开滇西边纵七支队战士赛伍嘉的形象，心海翻腾着传奇的浪花。

夜深深，我往心秤上加砝码。

院中，阿扳姐与女主人坐在柴垛上聊天。我正要招呼阿扳姐回家，却被对面景致吸引：一颗明亮的大星星挂在碧罗雪山上空，发出一束束强劲的白光，就像探照灯巡视着澜沧江峡谷，天上的小星星与地上的点点灯火黯然失色。夜空深邃，天蓝得一拧就成一潭碧水。碧罗雪山显得伟岸和神秘。隐隐约约传来澜沧江不息的轰鸣，夜色游动梦呓般的歌声。

“快看那星星！”大星星往碧罗雪山落去，唯恐聊得正起劲的两人忽略这星相奇观，我大声叫道。

“这是三星。”阿扳姐一副见惯不惊的口吻，说：“另外两颗星星已落到碧罗雪山上去了，你看到的是最后的一颗星”

“是的，这是三星中最后一颗星。”女主人证实。

“三星么打补尼舌，喔搭尼湿牙；三星明旺尼擂啦，谷提心吴要拉搭。”两人唱起白族歌谣。以为我听不懂，她俩互相补充着翻译道：“三星一个跟一个去了，我跟着你去；三星一个跟一个落了，姊妹真心话说不完。”

歌声悠悠。大星星落到碧罗雪山上，余光渐渐熄灭。澜沧江峡谷变得黯淡，碧罗雪山岿然不动。星火点点，如梦似幻。三星奇观，我只看到尾星风采。伫立营盘街夜色里，丝丝遗憾中，我暗暗下了决心，要上碧罗雪山去看一看。

二

怒江傈僳族自治州地处滇西北，作为三江并流地区之一，辖内的兰坪县被喻为三江之门，营盘镇成了三江之门的锁。营盘镇作为云南省 33 个古镇之一，自古以来是兵家屯据之地，4 条古道昭显其战略地位：从营盘街向东行，经拉井镇往金顶镇，过盐路山到大理州剑川县、丽江市等地，与滇藏茶马古道接榫；从营盘街向西行，经西营村由沧东桥渡过澜沧江，走鸟道翻越碧罗雪山到知子罗，进入怒江大峡谷，到达缅甸，与滇缅茶马古道接榫；从营盘街向北行，进入迪庆州维西县，经德钦到达西藏，与滇藏茶马古道接榫；从营盘街向南行，到达腾冲、保山等地，与西南丝绸之路接榫。落叶覆盖古道，马蹄凹槽隐隐回荡马的响鼻。

进入澜沧江峡谷，踏上营盘镇，眼睛被四通八达的公路吸引。国防路保（山）（西）藏公路沿着澜沧江蜿蜒，六（库）兰（坪）公路穿过营盘街，大大小小的通村公路宛如裸露在红土地上的经脉。营盘街坐落在澜沧江东岸。镇政府工作人员送我到澜沧江西岸的小桥村，猴子岩小组的组长雀山保在村委会等候我多时。雀山保赶着一匹马在前，我跟随在后，一起走上通往猴子岩小组的驿道。猴子岩是一座险峻的山峰，紧挨碧罗雪山，过去常有猴群出没，故得名。与猴子岩毗邻的小村庄叫猴子岩村，这是小桥村的一个村民小组。雀山保是个淳朴的山里人，一路上，我问他什么就答什么，极少主动说话。

村庄就像大地绣衣上的一颗小星星，挂在陡峭的山岩上。猴子岩小组只有 12 户傈僳族居民。火塘边，88 岁老人雀黑啦给我们讲述往事。倾听时光深处的盐马古道回音，仿佛自己正坐在碧罗雪山鼻息下，倾听雪山神雄浑的心跳。

怒江州所辖四县只有兰坪县产盐，其产盐中心在喇鸡鸣井，即现今拉井镇政府所在地。中华人民共和国成立前，怒江州不通公路，从怒江峡谷到兰坪县拉井买盐，人们要翻越碧罗雪山，渡过澜沧江，经过营盘到达拉井。碧罗雪山鸟道一头连着营盘一头系着知子罗，道路崎岖险恶，野兽出没，强盗横行，加之恶劣的雪山气候，途中白骨随处可见。这条背夫们踏出的著名盐马古道，被怒江人喻为死亡之道。居住在怒江两岸的人，把人死了称为“背盐巴去了”，可想而知碧罗雪山鸟道的险峻。

知子罗是怒族人聚居地，是怒江州著名“废城”，曾是州府所在地和原碧江县城所在地，被游客称为记忆之城。20 世纪 70 年代，怒江州府从碧江县知子罗搬迁到泸水市六库镇，80 年代，碧江县撤销县制，知子罗成了福贡县辖地。从知子罗起步，走上碧罗雪山鸟道，翻越雪山到达营盘，再从营盘经过拉井再到金顶，过盐路山到达大理、昆明等地，这是怒江人来往内地的重要通道。碧罗雪山鸟道从知子罗进入怒江大峡谷，沿着怒江溯流而上到福贡县、贡山县，顺流而下到泸水市，再进入保山市的腾越大地。碧罗雪山鸟道往两头延伸，连接滇藏、滇缅茶马古道和博南古道。可以这样说，碧罗雪山鸟道是古西南丝绸之路上旁生的毛细血管。

清宣统三年（1911）元月，英军武装入侵泸水市片马镇，傈僳族头人勒墨夺扒率领各族人民奋起抗击英国侵略军，以可歌可泣的民族气节，抒写怒江历史上著名的片马事件。民国元年（1912），云南省政府建立殖边委员会，在营盘街成立怒俅殖边总办。国民军兵分三路，从营盘渡过澜沧江，由鸟道翻越碧罗雪山进驻知子罗（原碧江县）、上帕（福贡县）、菖蒲桶（贡山县），分别成立知子罗、上帕、菖蒲桶三个殖边公署，派官员实行军事管制，在营盘设立殖边总局，管理怒江地区军政事务，目的是遏制英国军队的扩张和开发怒江。来自省城及丽江的公函，经大理州剑川县城，过盐路山进入金顶，再从金顶到达拉井、营盘，经碧罗雪山鸟道进入怒江大峡谷。二战时期，中国远征军赴缅作战失利，经野人山撤退回国。从福贡县境内归国的部队，大多数走碧罗雪山鸟道翻越雪山到达兰坪县后返回内地。中华人民共和国成立后，为保障物资运输，兰坪县和碧江县对碧罗雪山鸟道进行多次整修和改建，羊肠小道一律改建成五尺马帮道，洼地用大树和石头及泥巴填平，栈道得到加宽。碧罗雪山风口处，石崖上修建挡风墙。挡风墙就像一段立在峭壁上的长城，高与人齐头，人走在挡风墙后，再也不必为脚底下的万丈悬崖而打颤，也不必担心会被狂风扫落悬崖。碧罗雪山上建盖了前、后哨房和救命房。人马驿道避开碧罗雪山鸟道中被冠名“最穷剥”的路段。碧罗雪山鸟道为怒江地区的政治、经济、国防等建设起到了至关重要的作用。

一首古老的歌谣，唱不尽碧罗雪山鸟道上的辛酸，在雀黑啦的叙事里娓娓道来。从拉井到营盘的盐马古道上，缉私队时常出没，盘查马帮和行人，堵截私盐。营盘街和沧东桥驻扎着缉私队，但缉私队员发怵碧罗雪山鸟道，不敢从东岸过江到西岸设卡。背私盐人与缉私队斗智斗勇，玩起躲猫猫游戏。背私盐人白天蛰伏，晚上行动。雀黑啦和伙伴们背着私盐，避开拉井周边设置的四个关卡上缉私队的眼睛，神不知鬼不觉地离开拉井，进入营盘镇地界的洋芋山，穿越茫茫林海，沿山势而下直达澜沧江边，从甸尾过溜索到西岸。缉私队有时到甸尾溜索边盘查，雀黑啦幸运地一次也没撞上缉私队枪口。当溜绑带着自己和一背私盐从江东岸滑向江西岸，雀黑啦舒心地笑了。山风嗖嗖，江水咆哮，澜沧江在雀黑啦眼里变得亲切可爱。双脚落在西岸的红土上，雀黑啦悬着的心落了下来。走上小桥村到猴子岩村的山路，卡在肩胛骨上的背板说着甜蜜的话，勒在头上的背绳松开了紧咬着头发的牙齿，迂回盘旋的小路流淌温馨。雀黑啦脚步轻快，唱起了山歌。山歌粗犷豪放，群山呼应，悠扬回荡。背着私盐回到猴子岩村家里，如果碧罗雪山上不下雨，第二天早上，他就把盐巴背到知子罗出售。如果下雨，他就把盐巴留在家里，等待雨停了再出发。

从一家火塘到另一家火塘，从一棵核桃树到另一棵核桃树，从一个柴堆到另一个柴堆，乡情淳朴。这个紧傍碧罗雪山的猴子岩村，令我对碧罗雪山近情者怯，远情则思。

太阳落山后，几个马锅头赶着马帮从雪山归来。马驮着竹叶菜等山货，“的的得得”走过村子。翌日是营盘街墟期，到碧罗雪山上采野菜找药材的人回家了，要趁早把山货驮到市集出售。

雀山保的妻子与同村姐妹到深圳打工去了。他们有两个孩子，男孩在小桥村读一年级，吃住在学校里。女孩尚未到上学年龄，待在家里，由奶奶照管。雀山保的父亲在碧罗雪山上放羊，吃住在一间公棚里。雀山保做好家里农活外，还要尽组长职责，操心猴子岩村的事务。此时雀父回家取米，正巧大儿子从学校回来，一家人除年轻的女主人在外，难得团聚在一起。

与雀山保一家人夜话正欢，一位大妈来访。她戴着泛白的头帕，头帕下露出白发，穿着长褂，外罩一件斜衣襟纽褂，腰系围腰，脚穿布鞋。她身子消瘦，衣服虽合体，但穿在身上，还是给人癯瘦的感觉。老大妈脸颊凸出，眼眶凹陷，眼角挂着深深鱼尾纹，睫毛长而密，眼睛又大又亮，灵活而调皮地转动。雀山保给她倒了一大碗酒，她也不推让，端起酒碗，“咕嘟”喝下一大口，用手抹了抹碗沿，递给我，说：“老人喝过的你嫌弃吧。”

我没有接酒碗，赶紧申明，绝没有嫌弃老人的心思，我是真的不会喝酒。

大妈坐在我身边，就像不怕生的小女孩，一边说话一边热情地抚摸我的膝盖。大妈的烟口袋是用方便面的包装袋缝制成，里面装着水烟丝和棉纸。她利索地卷了根烟，从衣兜里掏出打火机，点上。抽着烟，挨近我坐，烟雾直冲向我，呛得我忍不住咳嗽起来。知道我不会傈僳话后，她与雀山保家里人交谈，改用汉话。

我告诉大妈，我也是营盘人，是白族拉玛人，老家就在澜沧江东岸西营村。她笑了，改用拉玛话与我交谈。她健谈，话题就像机关枪扫射，“嗒嗒”响个不停。一大碗酒见底，她兴犹未尽，高叫主人家来斟酒。雀山保对她说，明早客人要早早上碧罗雪山，需要早点休息，酒改日再喝。他连哄带劝，送她回家。跨出堂屋门时，她回头看向我，眼神狐疑。我点头肯定，她才带着些许无奈和遗憾走了。

山里人朴实憨厚，性格直爽。大山深处的村落，可爱而有个性的村民，沾满泥土气息的言语，原始质朴的感情，与世无争的幸福，犹如阵雨过后破土而出的嫩芽，对于一位习惯了城市生活节奏的人来说，不啻是世外桃源。

严格说来，我这是第三次走向碧罗雪山。

第一次是在一个暑假里。雨不体谅一个人的盐马古道行，在澜沧江峡谷瓢泼下个不停。浊浪滚滚，一浪接一浪，澜沧江就像烧沸的开水。向导开着摩托车，带着我从营盘街往梭罗寨公路桥而去。我们无视江水咆哮，由东岸到西岸，望着碧罗雪山而行，打算夜宿恩罗村，第二天早起翻越碧罗雪山。山路泥泞不堪，泥水溅在身上，斑斑点点。烟雨蒙蒙，碧罗雪山若隐若现。我的心情犹如朝觐天神，越发想亲近碧罗雪山。打着雨伞不起作用，我全身湿透。一路上有关泥石流的信息不断。我们到梭罗寨时，一位从山上下来的村民，浑身是泥，大声对我们说：“山上雨太大了，发生了泥石流，危险得很，走不通。”这位村民劝我们不要冒险。向导对我说：“放弃吧。”我有点不甘心，但也没办法，只好答：“好，放弃。”望着雨帘中的碧罗雪山，我抹了一把脸上的雨水，对无法走近叹息不已。

第二次是在一个寒假里。我在老家准备了登山用的东西，想第二天翻越碧罗雪山到知子罗。一夜好梦，谁料凌晨醒来，窗外淅淅沥沥下着雨。天放亮后，但见碧罗雪山一夜间白了头发，雪线沿着峰峦走势两头蔓延，白得令人炫目。雪封山！家里人担忧，劝我放弃徒步碧罗雪山鸟道的打算。我遥对碧罗雪山，无可奈何地同意了……

"哗哗，哗啦啦"，后半夜，猴子岩村刮起大风，风声一浪高过一浪，令我无法入睡。我开了灯，打开采访笔记，重温一路记载的内容。来猴子岩村前，我在兰坪县崇山峻岭里行走了十多天，从期井到富和山再到拉井、营盘，循着盐马古道线路，走村串寨采访当年行走在古道上的耄耋老人，融入当地人文风情里，抚摸历史印记，情思就像山间溪水，欢快地向着远方奔去。

猴子岩村的夜，风呼啸着在核桃树上溜滑梯。风啸声声中辗转难眠，我想起艾芜南行。10 多年前，我在怒江畔读《南行记》，心思被那个在偏僻乡村里行走的背影打动。他在大山深处与村民交谈。巉岩滴水孤独，一个人的行走艰苦。静夜听风吟，于万般孤清里，艾芜坦然抒写南行情怀，字里行间关心百姓疾苦。而今我的行走，正如当年艾芜南行。猴子岩村的深夜，我安静地用文字素描村民形象，怜惜涟涟。风怪啸声吓人，木格子窗户"格格"作响，悲悯之情油然而生，我在日记本上写下了一行字："2012 年 5 月 19 日，猴子岩村。缅怀艾芜，难忘《南行记》。"

风肆意拨动琴弦，在猴子岩尽情演奏夜的交响。碧罗雪山的呼吸化作无眠的夜曲。思绪犹如拨浪鼓，"叮咚叮咚"响个不停。

不知何时，迷迷糊糊进入梦乡。一阵响动惊醒了我，下意识打开手机看，凌晨四点过十分，我翻身又睡着了。雀山保敲门喊我起床吃饭时，正好早上六点过十分，天空泛起鱼肚白。厨房香气扑鼻，火塘烧得旺旺，铁三角上架着的锅"咕嘟咕嘟"煮着鸡肉。电饭煲摆放在火塘边，锅盖打开，米饭热气腾腾。雀山保憨厚地笑着对我说，早起杀鸡做饭，起得早了，回头睡了一小时的觉。

三

早晨七点，天大亮。我在雀山保的带路下往碧罗雪山出发。一路鸟鸣啁啾，杜鹃含苞待放。处在恩罗村和猴子岩村之间的猴子岩，山岩两边是深箐，从碧罗雪山下来的两股溪水在深箐里奔流，相会岩脚。盘山公路就像大山的肠子，从澜沧江边往猴子岩蜿蜒盘旋。猴子岩电站正在建设中，感觉就像大力天神在澜沧江西岸凿下重重一锤。

从营盘街起步，走鸟道到碧罗雪山风口处，有“老路”“新路”之分。所谓老路，指盐马古道从营盘街到达沧东桥，渡过澜沧江，经梭罗寨到恩罗村，过三山两箐，经过猴子岩到达猴子岩村，再到碧罗雪山风口，这条路被当地人称为老路。民国元年，殖边当局把老路由人行步道改建成人马驿道，在碧罗雪山西麓建了救命房，怒俅殖边队顺利进入怒江。所谓新路，指20世纪50年代怒江傈僳族自治区（州）成立后，在老路的基础上改道、拓宽，从碧江县的达罗村改至兰坪县的弥罗烟村，缩短了三分之一里程，并在碧罗雪山两侧和中间建了“东哨房”“中哨房”“西哨房”。“新路”到恩罗村后与“老路”重合在一起。

恩罗村到猴子岩村的这段路，要过三山两箐，往返碧罗雪山鸟道的人们称之为“最穷剥的路”。背盐人从江东岸经沧东桥渡过澜沧江，由西岸的梭罗寨顺着山势而上到达恩罗村，又从恩罗村下山到山箐里流淌的罗姆坪河畔。罗姆坪河上架着一座石拱桥，桥边有一间水磨房。背盐人在水磨房小憩，过石拱桥，往山上爬，到弥罗烟村后再次下山，到山箐底猴子岩河边。猴子岩河上架着的桥极其简陋，两棵树干稍加修整后并排横搭在河面上。背盐人过猴子岩河，再次上山到达猴子岩村，再从猴子岩村往碧罗雪山峰巅攀去。猴子岩是分水岭，人们过猴子岩后，意味着盐马古道从澜沧江峡谷进入怒江大峡谷。猴子岩村是背夫们翻越碧罗雪山前在营盘镇境内的最后宿营地。背夫借宿猴子岩村，第二天凌晨上路，要赶在碧罗雪山风口起风前翻越雪山。雀山保带我所走的路是碧罗雪山鸟道中“老路”的一部分。我从营盘街坐车直达小桥村委会，避开了走“最穷剥的路”。

阳光最早洒到猴子岩上，一点一点地从山头往山脚悄悄移去。山火洗劫过猴子岩，树木与山体一色，黑得冷酷，猴子岩更显峻峭。望着猴子岩，我突然想起诗句“巉岩百丈欲撑天”，只是猴子岩欲撑的不是天，而是碧罗雪山。猴子岩村到碧罗雪山，山路保存鸟道原貌，有的路段紧贴悬崖，万丈深渊令人头晕目眩，腿肚子打颤。走在这条步道上，我不敢想象负重的背夫是如何通过悬崖上的羊肠小道，民国时期怒俅殖边队驮着辎重的骡马是如何通过的。巉岩栈道，如果不是亲历，我无法体会耄耋老人向我讲述当年他们当背夫行走碧罗雪山鸟道的艰险。当通过最危险的路段后，自我安慰地想，或许是“新路”拓展后，“老路”再也没有马帮的踪影，经风雨剥蚀，我已经看不到民国初年殖边队进入怒江时修整过的“老路”原貌。现今走在上面，当年马帮在“老路”上所经历的一切对于我来说更是不可思议的传奇。

“西当太白有鸟道，可以横绝峨眉巅。”走在碧罗雪山鸟道上，脑海里闪出李白的诗句。碧罗雪山鸟道不仅崎岖险峻，而且气候恶劣莫测，长虫出没，匪患不绝。新中国成立后，随着公路建设的不断深入，怒江州的交通四通八达，碧罗雪山鸟道退出历史舞台，沉寂在时光深处。随着户外运动的兴起，碧罗雪山鸟道备受户外运动爱好者青睐，不时有人结伴前往。但无论是走小桥村到猴子岩村这条线，或是走恩罗村到弥罗烟村那条线，都避开了碧罗雪山鸟道中“最穷剥的路”。

我们穿过一片灌木和松树林后，路突然变陡，直往山顶通去，这是碧罗雪山首站一台坡。一台坡地势陡峭，路就像羊肠子挂在峰峦上。山路紧贴悬崖，没有什么可以攀附的植物，仅容一人勉强通过。我时常停下脚步喘息，但不敢往悬崖下瞅。走着走着，视线看不到猴子岩，松树杂木密集，间有竹林，路边有遗弃的竹子。走碧罗雪山鸟道，有个不成文的规矩：翻越雪山走到一台坡，背夫会砍些竹子当拄拐，通过雪山风口时，把拄拐当礼物留下，由衷感谢山神保佑自己安全通过碧罗雪山。

一台坡和二台坡交界处有一座公棚。越接近公棚，树木越稀疏，实心竹多了起来。公棚由木头板搭建而成，棚顶钉着塑料布。火塘边分列着床，铺盖、炊具俱全。火塘里有烧红的柴块火炭，一吹就燃。铁三角上架着锅，煮着香喷喷的火腿野菜，火塘边有一锅饭，一壶烧开的水，这是雀山保的叔叔给我们做好的早饭。他和两个哥哥搭建了这个公棚，并住在这里放牛牧羊，他给我们做好早饭后查看羊群去了。公棚周边是竹林，几棵高大的冷杉点缀其间。五月骄阳似火，竹竿泛着金黄。碧罗雪山积雪在不远处招手，云在雪峰上甩着衣袖。

我们离开公棚前往二台坡，已是上午十一点多。二台坡山路比一台坡相对缓和一些。高大的冷杉耸立眼前，一蓬蓬箭竹顶着枯黄的盖子伫立在路两边，山黛青，雪洁白，野花零零星星开放，或黄或红或紫或白，在一地枯黄里显得格外耀眼。走到一个开阔的山坡上，枯黄的草地泛起新绿。捕鹰人住过的木棚已坍塌，令人想起扑杀老鹰的情景：坡地上摆放显目的肉块，离肉块不远的树桩，拴着一只驯养过的鹰，在陷阱周围悠然走动。盘旋在雪山上空的山鹰，见地上的同类优哉游哉，再也经不起诱惑，俯冲下来叼肉块，随即落入捕鹰人布下的罗网。

路倾斜向前，山峦一层叠着一层，颜色由深到浅，涌向天边。山与天接榫处，雾霭重重。云如潮水般一波接着一波向碧罗雪山涌来。越往前走，冷杉越来越矮，竹子越来越细。有的路段挂在岩嘴上，周边只有枯黄的草，令人不得不小心翼翼。我贪拍一些景色落在后面，无意间抬头看，恍惚在攀登天梯，走在前面的雀山保立在天地间，手可摘星。碧罗雪山上的云连片升起，太阳露着笑脸，但空气越来越冷。

中午十二点十五分，我们到了二台坡和三台坡交界处。竹子变得细细的，可以扎成扫把扫地。冷杉不知何时躲了起来，一路上再也没有遇到大树，只有细竹枝在风中摇曳。三台坡处在碧罗雪山峰巅，山路横着向前，比二台坡好走，不用担心悬崖。随着山路延伸，竹子渐渐稀少，直到消失。路愈加平坦，路上边，枯草稀疏，倾伏在地，其间开着淡紫色的花。路下边，成片的杜鹃灌木向着山谷倾伏，也有不知名的植物，成片打着花苞。山脊上皑皑素裹，欧德嘚落啵（傈僳话，意为恩罗村与猴子岩村交界山的湖）依山而卧，犹如一面圆镜，映衬着雪山神容。山脊上隆起一座石峰，石峰上耸立电线塔，我国海拔高差最大的220千伏输电线路——兰福线跨过碧罗雪山，这条全长100多千米的输电线路，连接兰坪县和福贡县，横跨澜沧江峡谷和怒江大峡谷。

周边的山峰渺小如蚁，以膜拜的姿态簇拥碧罗雪山。行走在雪山峰巅，感觉自己是皇冠上一颗移动的宝石。接近风口，地表上再也找不到一朵小花，矮脚杜鹃的枝干粗糙得就像百岁老人脸上的皱纹。海拔已近4000米，我的手冻得僵硬。风口耸立着高压线塔，旁边有大风吹倒高压塔留下的痕迹。高压塔旁有石堆，石堆边凌乱丢弃着竹拐杖。雀山保捡了一块石头丢向乱石堆，我也学着照做。路上听他说，凡是通过风口的人，都把拄着的竹拐杖留在风口，或者捡一块石头丢在风口石堆上，除了感谢山神外，也有为镇住狂风出点力的意思。

无名小花开在路边，我就像恋花的蝶，停停飞飞向着碧罗雪山峰顶攀登。走过一台坡、二台坡、三台坡，到达峰顶时，正是风口起风时间，可山上却没有一丝风。营盘镇近两年来干旱较严重，碧罗雪山上的积雪基本融化了，眼前所见的雪不多。已是五月，置身碧罗雪山之巅，仍是寒气逼人。

碧罗雪山峰顶比较平坦，仍有一片片没有融化的雪，在一地荒凉里格外显眼。矮状杜鹃往一个方向倾伏，枝头挂着花蕾，枝干没皮，就像裸露的白骨，给人怪异的感觉。枯草紧贴地皮，倾伏的方向与杜鹃一致，向着深谷。石头泛白，有的像骷髅。雪山上的景致，沧桑悲凉。

在风口处俯瞰，鸟道直下山谷，感觉路就像突然掉入山神口袋里一样。碧罗雪山鸟道未改建成五尺马帮道时，从风口下山到九道弯，这段路异常凶险，处在光秃秃的岩石上，无草无树，走在悬崖峭壁上，令人头晕目眩。且这段路暴露在狂风肆虐之下，走在上面真可谓提心吊胆，触目惊魂。

碧罗雪山鸟道由风口直下山谷，九曲十八弯避风而行。“九道弯，人相见，叫不开”，背盐人中流传着这样的话。九道弯的路其实就是避风的路，在一个山坡上转来转去。从九道弯经打洛村，过打洛河。打洛河上架着的桥是一根独木。背着货物的人走独木桥，手牵着河里涉水的马。有时赶不到知子罗，背盐人和马帮就住在大岩房。大岩房是山岩天然形成的大房子，可住得下 80 多人。人在一边住，马驮子和背子卸在另一边。大岩房中间住人，两边流淌清泉水，方便人马饮用和埋锅造饭。碧罗雪山鸟道过大岩房，经头道水、二道水、三道水，到达知子罗。

天空阴着脸，云卷云舒。已经过了起风时间，风口没有刮起雀山保所担忧的大风。

四

听老人讲，翻越碧罗雪山要有经验，每年农历九月到翌年二月这半年，天晴时才可以翻越碧罗雪山，而且必须在早上七点至九点这三个钟头内翻山，十点以后，碧罗雪山风很大，同时也会下雪。风挟积雪冲天而起，雪有齐腰深。这几个月里，天阴下雨，碧罗雪山走不通。农历二月到八月份，天阴下雨也可以翻越碧罗雪山，但要在中午十二点以前翻山，十二点以后，风口便会起风。风口起风，就像风婆婆打开风口袋，狂风卷起雪块石头，呼啸着从碧罗雪山峰顶往澜沧江西岸小桥村一带的山谷飞去。以前的背盐人，在碧罗雪山风口遭遇风暴时，往往被暴风吞噬，也有的踩在雪窝下面的杜鹃树上，陷入杜鹃树枝空隙里再也出不来。还有的被风裹着走，迷了路，活活困死在雪山上。即便没遇到大风，但有的人背着盐走到雪山峰顶，累得走不动，歇下背子喘口气，一口气上不来，背板绳还在头上，人靠着背箩再也起不来了。

受采访对象的影响，在我心目中，碧罗雪山风口不是一个可爱的风婆婆，而是一个狰狞的魔鬼。翻越碧罗雪山因季节不同有一个安全越过风口的时间段，如果违背这个时间段过山，风口必会吐出恶风，裹挟着人不知去向，难以生还。眼下正是风口起风时间，但没有风。站在风口处，我忘记了危险，极想沿鸟道下山谷看看，走走背盐人称作“叫不开”的九道弯，但时间不容许我任性，我们还要返回猴子岩村。我在风口极目张望，想看看挡风墙，了解挡风墙被风雨损坏到啥程度，遗憾的是啥也看不到。

碧罗雪山风口是盐马古道历史血泪凝结的风口，伤痛盘结在一代人的心中，结痂在一代人的记忆里。当年的背夫，无论从怒江大峡谷来，或是从澜沧江峡谷来，都要赶在风口起风前过碧罗雪山，不然风会刮起漫天大雪，还裹着小石头，把人刮到山谷里。碧罗雪山上，鸟道两边时常见到倒毙的尸体，或者没见到尸身，却见到杜鹃树枝挂着的背篓。

1939 年，兰坪县雪灾，颗粒无收，知子罗一带玉米却是罕见的大丰收。家住石登的一对母女为躲避饥荒，想到知子罗投奔亲戚。母女溜索渡过澜沧江，经过猴子岩村翻越碧罗雪山，赶到风口时，恰逢风口刮大风，饥寒交迫的母亲倒毙在路边，孩子才一岁半，在母亲怀里含着奶头哭。从知子罗方向来了一伙人，过风口时听到孩子哭声，把孩子抱回村里抚养。有一个怒族老阿妈，从知子罗翻越碧罗雪山，要到猴子岩村看望出嫁的女儿。老阿妈刚过风口，就被大风刮往黑白龙潭的方向，活活冻死在白龙潭附近。

从小桥村到猴子岩村，我耳朵里灌满了昔日乡民翻越碧罗雪山所遭遇的悲苦。碧罗雪山上不仅有夺命风口，还有匪患。土匪劫掠财物，奸淫妇女。我到猴子岩村时，村民雀正华已经去世，他的女儿给我讲她阿爸的故事，令我感同身受怒江人走夷方不易。有一次，雀正华和同村人到拉井背私盐。为避开缉私队，他们在晚上从拉井偷偷地背出私盐，翻山越岭，渡过澜沧江到达猴子岩村家里，第二天一早背着盐巴翻越碧罗雪山。翻越碧罗雪山，与雀正华他们同行的还有从怒江大峡谷的贡山、福贡一带来兰坪背盐巴的人。在碧罗雪山垭口，他们遭到土匪抢劫。背夫们奋起反抗。猴子岩村的人胆子小不敢杀人，来自怒江大峡谷的背夫杀死了一个土匪头子。背夫们到达知子罗后，杀匪的背夫受到碧江县政府嘉奖。

有时，雀正华他们把盐巴背到知子罗后，过怒江大峡谷，出境到缅甸出售。背夫苦，穿着草鞋上路。一件蓑衣是背夫的宝物，遇到下雨，蓑衣披在背篓上为盐巴挡雨。睡觉时，蓑衣垫在身下成了睡床。雀正华他们辛辛苦苦地把盐巴背到缅甸，缅甸人买盐巴前，你尝一口我尝一口，甚至有的人光尝不买。盐巴金贵，雀正华他们眼睁睁看着盐巴被缅甸人的舌头舔舐，心里肉疼，但不敢制止，唯恐缅甸人恼羞成怒，在异国他乡出事，雀正华他们怕自己吃亏。盐巴全部出手时，比他们背来时的斤两少好多。

前辈人走夷方不易，我的感慨落入火塘里，引得燃烧的柴块共鸣，“哔剥”，“哔剥”。

碧罗雪山风口处，高压线塔“嗡嗡”响，为竹拄拐供奉的乱石堆吹箫。关于乱石堆，民间流传是花石女的坟墓。花石女夫妇靠打柴卖柴过日子。她的丈夫像《儒林外史》中描述的范进一样，食不裹腹还捧着书本死啃，一门心思做中举的美梦。花石女实在熬不住吃了上顿没下顿的日子，在一个屠夫的一碗肉引诱下，委身屠夫成为其妻子。花石女的丈夫为此出走，几年没有音信。花石女以为前夫死在外地了，谁知他发迹做了大官，带着大批随从衣锦还乡。大队人马经过碧罗雪山风口时，花石女拦住前夫轿子，恳求原谅。已成新贵的前夫，让她做一些馒头，说随从们饿了。他向前妻许诺，他的人吃了多少馒头就答谢她多少银两。人多，花石女做不过来那么多馒头。想到银两，她贪心地把馒头捏得比核桃还小。新贵带着随从由花石女面前过风口，每人从花石女的背箩里拿起一个小馒头，丢给花石女一个银锭。人流如云，数不清的银锭飞向花石女，渐渐地埋住了她，把她压死在银锭堆里了。花石女成了不贞不洁的代名词，不仅嫌贫爱富，还贪婪成性。她不知羞耻，就像一条被打断骨头的癞皮狗般令人厌恶。居住在澜沧江东岸一带的人，在翻越碧罗雪山风口时，男人会往花石女坟上放上一块石头，表示嫌弃，女人同情花石女，会从花石女坟头上拿掉一块石头。花石女的故事还被编成歌谣，曾作为兰坪县城广场舞中白族霸王鞭舞曲之一。歌谣开头两句意译：“劝你们姊妹后辈，富人上不要巴结，穷人上不要看不起。”

登上碧罗雪山前，我不知道花石女的故事，入乡随俗，学着雀山保往花石女坟头上丢了一块石头。以石头为礼，敬献山神，答谢山神保佑让自己平安到达雪山峰巅，安全通过风口。人们无法破解碧罗雪山上的自然神力，对山神充满敬畏。多年后，我到碧罗雪山深处的拉古村采访，听到花石女的另一个版本，这个故事富有人性化和真实性，给予花石女同情。碧罗雪山鸟道的苦难岁月，衍生花石女的不同版本故事，不能不说这是复杂的民生情愫所致。

五

盘坐悬崖边看风景，千山万壑卧伏脚下。置身千山之上看山，山已经不是山，犹如波动的海浪，连绵不绝地涌向天边。置身碧罗雪山峰巅，眼光高远开阔，豪情万丈满襟怀，情不自禁吟咏杜甫诗句，“荡胸生层云，绝眦入归鸟。会当凌绝顶，一览众山小。”兀自陶醉碧罗雪山巍峨气势里，突然，眼球被黏住，一圈光晕从谷底往山上走，就像空气中隐藏着巨人，倒立着，自下而上如履平地般行走在山峰上，我甚至感觉到巨人走路的衣袂飘飘。太阳出来了么？我本能地往天上看，天空风云际会，云层翻滚，无声警告我，赶快返回吧，就要下雨了。天阴霾，不见太阳踪影。我困惑地望着快速往山上走的光晕，以为自己恍惚中的错觉，咬了一下嘴唇，生疼。

我想看个究竟，沿着悬崖追赶光晕。苔衣斑驳的石头挽留追赶的脚步，紧贴地表裸露如骨的杜鹃树枝挽留追赶的脚步，唯恐我掉落悬崖。追着追着，想起脖子上挂着相机，我停下脚步，赶紧取下相机抓拍，手忙脚乱，生怕错过这一自然奇观，不由得在心里默祷，等我一下啊！令人奇怪的事情发生了，光晕居然停了下来。我不敢相信自己的眼睛，来不及多想，急忙连拍了三张照片，光晕又走动了。我边抓拍边与光晕对话，慢些走啊，让我拍照好吗？光晕应声放缓脚步。一旦我的拍摄停顿下来，光晕又快速走了起来。我紧追两步，再次抓拍，光晕干脆停下脚步等我。“咔嚓”“咔嚓”，我尽情按动快门，顾不及想别的。拍摄够了，我感激地在心里对光晕说，你走吧，我已经拍好了。光晕又“唰唰”往山上走了，眼看就要走上碧罗雪山峰顶上隆起如手掌的山峰，我莫名其妙地心疼起来，光晕如此走路够辛苦的。我在心里说道，不要再往上走了，你也够累的了，休息吧。

光晕居然听话地往垭口拐去。出垭口，山不再是同一座山。雪隐藏在云雾里，光晕突然降临，令雪线陡然亮起来，呈现金色。峰峦或远或近，色彩或淡或浓。

默默祈祷，碧罗雪山应验了我的请求。就在那一刻，我相信万物有灵，盐马古道之行得到雪山神祝福。依依难舍地望着光圈远去，我不知道危险，全然不觉得冷，没发觉手冻得僵硬，手指头就像红萝卜。悬崖边，我没有思想，坐定在一片空白里。

光晕在山坳里消失后，阴云四起，忽明忽暗。像个调皮的孩子，云在雪山上空展露各种各样的姿态。渐渐地，天空破开一个洞，露出蓝莹莹的天色。无形的钓竿从“洞”里钓起遗忘的诗句，唐诗宋词从脑海浮起，纷呈杂乱。一句接着一句，诗句就像钓竿摔落到唇齿间的水珠，口吐若兰般散落峰峦上。我不知所措，眼光不敢凝视“洞口”，扭头望向来时路，但见荒草萋萋，一地苍凉，雀山保不知在何处。远处三台坡，枯黄的细竹枝与蓝天相连。蓝黄之间出现一个身影，凌波踏浪般从细竹枝上走来，走到由杜鹃树、石头、枯草、残雪织成的“地毯”上，向着我走来，眼光犀利而又温和，流露无尽的疼惜。

“赛伍嘉！”

就像闪电划过黑暗，我冲口叫道。

从一地荒凉里向我走来的影子，是兰坪县盐马古道馈赠给我的文学形象，集日月大地精气后，在我心灵里孕育的爱与美。我对兰坪大地与生俱来的热爱，对盐马古道的情有独钟，具象在赛伍嘉这个虚构的人物形象上。

2007 年 5 月，我开启了盐马古道之旅，在阿明五加植物发现者赵荫孙向导引导下，我们从拉井街出发，进入四十里箐，向着富和山弥勒坝走去。赵荫孙是兰坪县拉井医院的退休医生，在植物领域颇有成就，一路上给我介绍植物，讲解与植物有关的故事。四十里箐植物绞杀现象令我惊叹不已。五加科乔本植物和卫茅科藤本植物绞缠攀树生长，把寄主树杀死，藤本植物变成藤木植物，作为新生的树耸立在森林里。植物绞杀现象与人生的某些现象类似，缠绵爱情有残酷的牺牲作铺垫，令人唏嘘。赵医生多次深入富和山考察植物，在考证五加属种中，与弥勒坝的彝族人结下了深厚情谊。

在植物绞杀再生的大树下，他言辞恳切，说富和山的彝族人值得一写，要我答应为那里的彝族人写一部小说。

富和山背依碧罗雪山，山上居住的彝族是白彝人，由大小凉山迁入。他们离开世居地，由四川搬迁到云南，最后落脚在怒江州兰坪县拉井镇富和山，原因有三种：不堪忍受黑彝奴隶主的统治，逃避奴役；民国时期四川和西康著名军政人员邓秀廷统治彝族聚居区时战火不断，逃避战乱；还有部分人是逃避强迫婚姻。

富和山的彝族人在杨玉科路哨卡上担任哨长，护送过往马帮和背夫，在盐马古道历史中留下印痕。

随着徒步盐马古道的深入采访，我一次又一次来到富和山彝族人家木板房做客，一次又一次到富和山下的期井白族人家火塘边听故事，被同依一座山的两个民族水乳交融的民族情感打动，我这个白族作家渐渐融入彝族人的精神世界。三番五次去富和山，与彝家交往日深，内心不知不觉驻扎吉尔（彝族话，意译“神灵”），遵循吉尔呼唤，触摸怒江往事。躬耕文学园地，追风逐梦路上，吉尔与我形影不离，源源不断给我战胜困难的勇气和力量。我在盐马古道行走中，不由自主地构想富和山的小说，赛伍嘉的形象由无到有，犹如搭积木般渐渐清晰。滚滚红尘里，我不由自主维护彝家美好，为此招惹风雨，文字颇受考验。我的痴，我的愚，无人能理解，这与在盐马古道之旅中的富和山行有关。

坐在碧罗雪山峰顶回首坎坷人生，我把头埋在双膝间低声哭了起来。风雨剥蚀，我的思想处在裂变中，内心隐忍委屈和不平，迷迷糊糊地失去吉尔。一个内心没有了热爱的人，就像丢失了相依的影子，赛伍嘉的故事搁浅在时光流逝里。白族拉玛人认为，人有三魂七魄，如果没有影子，魂魄不附体，生命就会走向衰落。坐在碧罗雪山上，看到从一地荒凉中走来的影子，百感交集，貌似坚强的人竟在碧罗雪山上压抑着声痛泣。我是个极其普通的女子，凡胎肉心重，脱离不了女儿娇态，人在路上，吉尔给予我一个安全倾诉的地盘，我却在前行路上把他丢失了。在碧罗雪山博大的胸怀里，我直视自己的软弱，任眼泪溃堤。

天空中没有飞翔的鹰，我分明听到鹰的叫声，来自云层之上。起身离开悬崖，我走到开阔的地带。踩在地衣上，脚旁零散开着淡紫色的花。影子消失了，吉尔藏在心底，藏在灵魂深处。僵化的思绪就像鹰振动的双翼，在碧罗雪山上翱翔。际遇的心酸，爱的深沉，痛入骨髓的无言，打碎牙往肚里吞的屈辱，文人相轻里玩弄的卑劣伎俩，一切的一切，在碧罗雪山上显得无足轻重。

碧罗雪山鸟道在身后曼延，风口离我不远。眼光再次抚摸鸟道，盐马古道历史在眼里显得异常凝重。

不知雀山保从何处冒出来。

“你听到老鹰的叫声么？”

“没有，好多年没见过老鹰了，碧罗雪山上没有鹰。”

他告诉我，一只鹰的羽毛可以卖到500元甚至更多，利益驱使捕鹰人不惜一切手段，在碧罗雪山上捕杀老鹰，其中最令人不齿的行为是用幼鹰诱捕老鹰。滥捕滥杀的结果，导致碧罗雪山上再也看不到鹰的影子了。

闻听此言，心口一阵痛。临水而居，我自幼膜拜碧罗雪山和老鹰。我在澜沧江峡谷长大，祖辈父辈行走碧罗雪山鸟道，鸟道的艰辛、雪山上变幻莫测的天气、风口扬起的大风，对于无法战胜自然神力的人们来说，这是神在主宰碧罗雪山，他们相信雪山上居住神灵。我在口口相传的碧罗雪山神话故事中长大，碧罗雪山在我心目中是神山。我的童年追着老鹰身影长大，记忆里，鹰击长空是何等的气魄，俯冲大地是何等的勇猛。老鹰收获其地盘中的猎物，天地间没有什么比鹰更潇洒而更具有神力的大鸟了。在我心目中，老鹰是神鹰。神山和神鹰令人敬畏和爱戴，不容许人去亵渎和伤害。

因工作等原因，长大后我离开澜沧江峡谷，定居怒江畔。好多年了，我在怒江峡谷没看到鹰的踪影，在澜沧江峡谷同样也没看到，但我坚信碧罗雪山上栖息着老鹰，神鹰只能住在神山上。料想不到，我来到碧罗雪山上，居然看不到鹰的踪影，势利的魔爪伸到神山上来了，神鹰逃脱不了被灭绝的命运。

何以听到鹰的叫声？何以看到一地荒凉里走来的影子？

怅然若失地看着天空，问云朵。浮云无语，回答不了这个问题。

“刚才，你坐在悬崖边想什么呢？”雀山保不无后怕地说，“我不敢喊你，怕一喊你反而吓着你，可是又担心风起，只要有一丝风从风口吹起，你就会如一片落叶掉入崖底。你知道吗，风口在起风时，会裹挟石头雪粒吹往山谷，碧罗雪山就发生过把人吹往黑白龙潭的事件，待人们找到被风卷去的人时，已经死了。幸好，你离开悬崖，自己走到安全地带了。”

“你看到会走路的光晕了吗？”我问。

“没有。”他答。

我不再言语，心想，如果自己像一片落叶从悬崖上飘然落下，或者被风卷往黑白龙潭，长眠在碧罗雪山怀抱里，灵魂与三星做伴，何尝不是美事。

六

首次到富和山，我与赵荫孙医生走完四十里箐，在垭口遇到一位扎着绑腿的彝族老人，手抱牧羊鞭席地而坐。老人见了我们高兴地笑了起来，脸上密布的皱纹向鬓角舒展。他大声向赵医生打招呼，声如洪钟，“山上难遇千年树，世上难遇百岁人。”随之讲了一句彝族话，赵医生抱歉地说没带着。我不懂彝族话，问赵医生，老人说了什么。赵医生说，老人跟我要酒。他告诉我，这位彝族老人已经 70 多岁了，有句老话“人生七十古来稀”，故老人才说“世上难遇百岁人”。我们走远了，老人爽朗的笑声在身后撵着来。

我再次见到这位老人时，已是 5 年后。这次盐马古道之旅，起点站是期井，终点站是碧罗雪山。我从期井到富和山弥勒坝，特意观看从香格里拉来的毕摩做法事。毕摩叫吉克阿甲，是凉山州彝族文化研究所特邀研究员。在彝家火塘边，我乘毕摩做法事的间隙，向他讨教一些彝学知识。在彝山观看毕摩做法事和道场的三天三夜里，我读到的是信念虔诚和情怀高洁，以及无为修持和爱的弥弥。我不敢说自己禅透人生悟透爱，但彝山馈赠给我的东西，对于我来说弥足珍贵。

阴雨蒙蒙，雾气笼罩原始森林。我和年树发大哥、毕摩以及他的助手一起下山，在四十里箐垭口分手。毕摩带着助手到沘江河畔的金顶镇，那里的彝族人等着他做法事。我和年树发大哥往四十里箐走去，他去拉井镇政府办事，顺便送我。在四十里箐植物绞杀再生的一棵大树下，我们又遇到打着绑腿的彝族老人。他披着破旧的披毡，戴着毡帽，手里拿着牧羊鞭，坐地休息。年大哥与老人用彝族话交谈，我听不懂他们说什么，不好意思问年大哥。老人笑声爽朗，脸上皱纹舒展。听着牧羊老人爽朗的笑声，我有点恍惚，时光好像停滞不前，多年过去了，老人没显老，声音洪亮如初。

牧羊老人、植物绞杀再生的树、四十里箐，物依旧。不由想起首次走彝山的向导赵荫孙医生。赵医生用医术无私地救护和帮助富和山彝族人，备受富和山彝族人敬爱。我与他走在富和山上，所到之处，彝族人老远就冲着他大声打招呼，尊敬地叫“三哥”（赵医生在家中同辈中排行第三），热情邀请他到家里玩。所到彝族人家，无不盛情款待。彝族人年树发与赵医生交往甚好，我首次到富和山，就被赵医生带到弥勒坝年树发家。此后，我每次到弥勒坝，都借宿在年树发大哥家。

年树发是富和山 20 世纪 50 年代彝族人中少有的读书人，从怒江师范毕业后，又到云南民族学院深造，对民族历史了解较深。再次走在四十里箐，他就像当年赵医生给我补植物学课一样，一路上给我补彝学课。

彝人称碧罗雪山为“碧罗火普”，澜沧江的彝语意思是老虎掉入水里。典故与南诏国有关。南诏国疆域内有一只老虎伤害百姓，国王调兵遣将，把老虎赶到江边，最后老虎掉入江里，故名澜沧江。南诏国使者奉命巡查疆域，来到营盘，被碧罗雪山挡住去路，正值大雪封山，无法前进。从鸟道翻越雪山到怒江大峡谷再到缅甸，使者听当地人讲起走夷方之路的艰辛，深有感触，于是他把碧罗雪山命名“碧罗火普”，意为使者无法翻越、文书信件无法到达的地方。

碧罗雪山上有老虎，虎啸震撼澜沧江峡谷，这是不争的事实。碧罗雪山鸟道拓宽成人马驿道后，前哨房就发生过深夜老虎叩门的事。在前哨房值班的是一位白族拉玛人，隔着厚重的木门与老虎对峙。老虎被挡在门外，扑腾大半夜后，带着怒吼离开了。

置身碧罗雪山峰顶，坐看千山万壑奔涌脚底，眼光徘徊碧罗雪山鸟道，由“碧罗火普”的典故想起行走在碧罗雪山上的先辈们，情思万千。

背盐巴的背篓挂在记忆的墙壁上，碧罗雪山鸟道上的盐渍消失在历史长河里，倒塌的哨房和救命房成了沉默的石头，虎啸匪患成了过往。小桥村到猴子岩村之间还有两个小组，雀山保最大的心愿就是两村的公路早日修通。这条公路曾经破土动工过，但不知道为何，修了一多半便停工。

我给雀山保出点子，可以考虑发展家庭旅游业，把家与一台坡、二台坡之间的公棚利用起来，开设民宿客栈。在营盘街、拉井街上张贴告示，在网络上发布消息，多渠道招徕游客。若有人联系来碧罗雪山观光，他可以根据游客需要到小桥村或者营盘街迎接，当晚住在家里，第二天一早带他们去游览碧罗雪山风口，返回公棚住一晚，第三天一早游览碧罗雪山黑白龙潭群，再返回猴子岩村。如果游客需要，他可以充当向导带游客去知子罗。我告诉他，兰坪县沉淀厚重的盐马古道文化，发展旅游业，盐马古道是很瞩目的品牌。家庭旅游业发展起来了，加上地里的劳作、核桃树的收入等，他妻子用不着到外地去打工了。碧罗雪山上的石头会说话，你若听得懂石头的语言，就会是一个非常合格的导游，前提条件是要懂得盐马古道历史。

雀山保听得心动。

七

营盘街上，风雨剥蚀的盐店就像一件古董。风吹檐头草，营盘镇百多年历史浓缩在这座不起眼的四合院里。火塘夜话，父亲给讲我家三代人走鸟道翻越碧罗雪山的经历，讲边纵七支队的故事。

追溯滇西边纵七支队的革命史，我慕名到大理州剑川县古城拜访了一位边纵七支队的老战士，他给我讲述了其革命史，尤其在兰坪县打土匪的经历让我的心弦轻拨，赛伍嘉的故事在月色迷离里构思成熟。实际上，当我真正意义上完成对赛伍嘉这个形象的认知，是在从碧罗雪山回来后的第六年，写作情怀就像凤凰涅槃。从第一次踏上盐马古道，与阿明五加植物发现者赵医生谈论写小说，到赛伍嘉形象丰满在头脑里，成了有血有肉的人物出现在眼前，令浮躁的心安静地做写作前的准备工作，时间整整 11 年！此为后话。

碧罗雪山上人马驿道修成后，物资从内地由盐路山进入金顶镇，经拉井镇到达营盘镇，从沧东桥过澜沧江，翻越碧罗雪山，源源不断运送到知子罗，再运送到怒江大峡谷各个边境县。从丽江、大理等地来怒江支边的人，随着马帮和背夫由碧罗雪山鸟道进入怒江工作。

怒江州建州初期，为支援州府和边境县建设，兰坪县组建支边马帮和背夫队伍，运送物资到知子罗。10 多岁的父亲跟着父辈们，踏上盐马古道。他们从西营村走到兰坪县城，背上粮食、盐巴等物资，回到营盘。路过西营村，他们为赶时间不入家门，从沧东桥过澜沧江，夜宿江西岸的村庄。他们背着国家物资外，还背着干粮，一口做饭用的小锅，路上避风寒的毯子。第二天，他们早早地起床上路，走上碧罗雪山鸟道，赶在风口起风前翻越碧罗雪山，把物资安全背到知子罗。第一次领到背物资的报酬，父亲别提多高兴了。他与同家族的一位叔叔合资，在知子罗买了一把口琴。回家路上，两人轮流吹口琴。古道悠悠，琴声飞扬，西营村背夫们跋涉碧罗雪山鸟道，有口琴声相伴，路再长再险，也不觉艰辛。

父亲这辈人走碧罗雪山鸟道时，鸟道已得到拓宽，成了人马驿道。人马驿道经过碧罗雪山，不仅有前哨房、后哨房，还有救命房。而爷爷这辈人翻越碧罗雪山就没有这样幸运，人马驿道对于爷爷辈祖父辈的人来说，那是做梦也不敢想的事，更不敢奢想碧罗雪山上建盖哨房、救命房，且有人当值，给遇到困难的背夫救助。背夫汗渍和血泪铺成碧罗雪山鸟道，烙印怒江州的辛酸往事。为了糊口，爷爷、祖父和西营村人往返碧罗雪山鸟道上，他们带着六七双草鞋离开家门，回到家时，脚上仅剩的一双已烂得不成样，一踏入家门就扔入废坑里。有时，他们所带的草鞋不够用，半路上休息时还得抓紧时间打草鞋。

我的祖父来自滇东北，他是昭通大关县人。因家谱遗失，难以在大关县寻亲，作为后人，我无从考证祖父为何携子（即我的爷爷）离别所在的村庄，在五尺道上讨生活。他从西南丝绸之路到达昆明，后辗转到滇西北，在营盘街做药材生意，娶当地人为妻。祖父时常走上碧罗雪山鸟道，翻越碧罗雪山到知子罗收购药材。渐渐地，祖父积累了资金，在营盘街购置铺面，建盖房屋，成了营盘街上有头有脸的生意人。

我的爷爷是独生子，作为营盘街的富商，祖父再次娶妻却再也没有生养过孩子。爷爷自小被祖父送到私塾读书。爷爷年长后，又被祖父送到丽江求学。祖父去世后，家道日渐中落。爷爷把营盘街上的铺面处理后，举家从营盘街迁往西营村，与岳母生活在一起。迫于生活，爷爷告别妻儿，走上碧罗雪山鸟道，翻越碧罗雪山到达知子罗，在民国时期的碧江县政府做事。他在怒江边遭遇瘴气，加之在知子罗水土不服得了疟疾。他虽然躲过碧罗雪山峰顶如龙卷风般的风雪袭击，躲过雪山垭口匪患，却逃不脱死亡之神魔爪。那个年代缺医少药，疟疾在当地来说是绝症，爷爷靠吃鸦片治病，回家给岳母奔丧时，不幸英年早逝。

我到西营村走亲戚，倍感新农村建设步伐飞跃发展，村里的房子都是两层楼房，青瓦白墙，水泥抹墙角。水泥铺的村路通向家家户户大门口，自来水流到自家水缸里，村里变得干净整洁。人文精神面貌焕然一新，村文化活动丰富多彩。村里有户人家，致富不忘报恩，在当地传为佳话。

经过一栋房屋旁，我仿佛看到和六全老人手里拿着紫砂小茶壶，一脚跨过堂屋门槛，侧身跟我说话的情景。背夫到拉井盐厂背盐巴，如果是公盐，必须给盐厂砍柴，砍多少斤柴就背多少斤盐巴。为了赚取公盐与私盐间差价，和六全和西营村伙伴偷偷背私盐，想法躲避缉私队盘查，不走大道走小路，在深山老林里钻来钻去。他们遭遇缉私队，打得赢就打，打不赢就丢下背篓逃跑。有一次，他们乘雪未封山时翻越碧罗雪山，想不到山头风大，一位怒族人在营盘街上买的羊被风吹落悬崖。他们在雪山上小憩，风吹来一块头盖骨，停在和六全脚边。对此，和六全见惯不惊。从营盘走上鸟道，翻越碧罗雪山到达知子罗，再沿着怒江溯流而上到达福贡，往返一趟，往往需要十天半月，在碧罗雪山峰顶，突如其来的大风裹挟背夫不知去向，冻死饿死在雪山上的事时常发生。

寻着父辈祖辈足迹，我走上碧罗雪山鸟道。盘坐碧罗雪山峰顶，眼光触摸着从风口跌入山谷的鸟道，祖父、爷爷、父亲及村里人行走古道的背影，从一地荒凉里向我走来。我们一家四代人走碧罗雪山鸟道，浓缩营盘镇不同阶段的历史，延续西营村人对路的记忆，佐证怒江州不同时期的经济发展。

走在碧罗雪山鸟道上，道不尽内心深深的古道情结。故土文化因子和人文情怀流淌笔端，希冀通过书写盐马古道的今昔，让更多人了解地处滇西北的怒江州在历史变迁中所呈现的民族风貌，感触怒江人坚毅如山的品格。

多年来，我利用假期行走兰坪县境内的盐马古道，脚不知被磨起了多少个泡，脚底板留下了一层厚厚的老茧。我的行为让很多人不理解，盘桓在内心深处的情愫，又有多少人能懂？我与古道的情缘，碧罗雪山上的神灵清楚，才有我在碧罗雪山峰巅的顿悟，使得此行在山顶风口处涂抹完美的一笔。心在行走中磨炼，前行中不断成熟。群山锻打意志，如山石般坚毅。对于我来说，没有什么比石头作为敬献给山神的更好礼物。

离开碧罗雪山，从三台坡下山返回一台坡，我被冻得红红的手又麻又痒，直到在公棚小憩，双手才恢复正常。我很想留在公棚过夜，第二天早上再爬碧罗雪山到黑白龙潭群看看，秀美的风景诱惑着我。实际上，我已经疲累到极点，20 多天时间里，我没有停歇地走在崇山峻岭里，不间断乡村采访工作。要到黑白龙潭，意味着我得再次行走碧罗雪山鸟道，体力已不允许我这样做。几经考量，我最终选择放弃。我们回到猴子岩村时，恰好晚上七点，回头望，碧罗雪山雾霭蒙蒙。雀山保对我说，明天雪山肯定下大雨，一下大雨，山上就走不通了，你放弃到黑白龙潭的决定是对的。我不禁感叹，今天爬碧罗雪山真幸运，天气如此好，风口居然不刮风，想来也许是碧罗雪山的山神感受到我的虔诚，庇佑于我吧！

碧罗雪山上最美的季节是端午节，雪山上开满了杜鹃花和不知名的花，红的、白的、黄的、紫的、蓝的、青的、橙的，各色花儿就像彩虹般艳丽，碧罗雪山成了花的海洋，这般美景可持续一个多月。可惜我是在端午节前翻越碧罗雪山，与雪山上的花仙子们失之交臂，擦肩而过。

我在澜沧江峡谷仰望碧罗雪山，雪山就像巨人，与天相接，可当我爬上巨人的肩膀，才知碧罗雪山在天空下只是一个小小的标点符号，我在雪山上渺小得连一只蚂蚁也称不上。在碧罗雪山上，我没有找到三星陨落的痕迹，灌木杜鹃、陈年积雪、大小不一的龙潭、峰峦叠嶂，都有可能是三星栖息地。山外有山无尽头，天外有天无堤岸，不知何处觅三星。

无处寻觅三星，眼眸抚摸碧罗雪山上的石头，我落泪了。石头是山的语言，历经风雨雷电锤炼。陨石是宇宙的语言，记载宇宙洪荒的传说。在时间的长河里，犹如三星同升同落的人，必然具有石头的坚韧，有包容天地的胸怀，还有如日月浇铸的忠贞。我在营盘街夜色里看到的三星，那是星际景观，那是自然现象，肉眼所见落入碧罗雪山上，实际上不一定落脚在此。追风逐梦的路上，意念里的三星是人生轨迹的写照，也是理想王国的境界。在碧罗雪山上，神灵通过幻觉里的赛伍嘉，告知我灵魂栖息的三星所在，注定我在今后的行走里饱受孤独。

碧罗雪山是一部天书，写满无声的石语，山风翻开书页，任我品读。

天底下，有谁能用诗句写尽山石之语，告慰哭泣的魂灵。

情如沧江长流水

沧江书院门前，我正在与几位穿着民族服装的白族拉玛人闲聊。黄梅拉玛协会会长和华元微笑着走了过来，手里拿着拉玛人女子上衣、围腰、帽子，要我穿上。我穿着短袖衫，接过拉玛人服装套了上去。他帮我正了正帽子和围腰带，打量着，眼光满是长辈对晚辈的慈爱，满意地说，“这才像个拉玛人”。穿着民族服装站在会员们中间合影，作为一名白族拉玛人支系的作家，我有点激动，故土难离，每每回到兰坪县营盘镇，融入乡亲们中，我才感到自己是真正意义上的拉玛人。

认识和华元由来已久，我在营盘中学读书时，他当教务员。他留给我印象最深刻的事，可以边走路边与人聊天，同时双手飞快地编织毛衣，眼光不瞟一眼手里忙着的活，毛衣针脚不会出错。男人编织毛衣少见，何况他具有这样编织毛衣的本领。当知道他经历苦难，亲手埋葬了 6 位亲人，养育大了 11 个孩子，这已是 2018 年暑假里的事，对年少时记忆里他编织毛衣的场景感到释然，处在艰苦年代里养育 10 多个孩子，他巧手织毛衣，就像我的母亲在煤油灯光里为儿女们赶做布鞋一样，都是一份令人难以忘怀的养育之情。

黄梅村地处澜沧江东岸，与西岸的黄柏村隔江对望。10 年前，我曾在黄柏村采选厂听拉玛人唱开益。开益是怒江州境内白族拉玛人的民歌总称。居住在澜沧江两岸的拉玛人，喜怒哀乐通过开益来表达，开益是拉玛人对大山的恋歌，对大江的爱情。行走黄梅村，沉醉在黄登小组民间艺人演唱的开益里，天籁之音让时光变得娇嫩或沧桑，山水滋润的人生在开益里或快乐或悲伤，拉玛人在澜沧江峡谷中笑谈沧海桑田。从江西到江东，又从江东到江西，在一条江流上阅读被世人称为白族“活化石”的拉玛文化，对于一位本民族的作家来说，不能不说是一种亲近。苍茫澜沧江，悠扬开益调，大江两岸淳朴善良的拉玛人，山高水长的情谊令脚步眷恋红土地。作为黄梅村拉玛人协会会长，和华元的才艺展示及组织活动，令我对退休后的他有了全新的认识。在黄登小组，与村民们一起推磨、打草鞋、编背箩、舂碓，恍惚回到了童年时代。与他们用拉玛话闲聊，感动于黄梅拉玛人协会会员们的民族文化情结里，因为热爱，才有发自内心的凝聚力。

和华元从营盘中学退休后，参加了沧江书院老中青艺术协会，担任副会长。这个把家安置在营盘街上的黄梅村子弟，为了更好地传承和发掘拉玛文化，滋生了成立黄梅拉玛协会的想法。他找到了家族兄弟和瑞肥，希望两人把拉玛协会创办起来。拉玛人能歌善舞，和瑞肥自然不例外，他因病在家休养，也想为拉玛文化做点事情，与和华元的想法不谋而合，两人一拍即合。和华云拿出积蓄 3.6 万元，从兰坪县城订购拉玛人服装，从网络上订购各民族服装、音响设备、狮龙等道具，这些东西陆续到达营盘街和华元家里后，在黄梅村两位跑农村客运的村民帮忙下拉回到村里。2013 年农历十月，黄梅拉玛协会成立，和华元担任会长，和瑞肥担任副会长，活动地点在村小学。和华元成立拉玛协会，挖掘和传承拉玛文化，得到村里人响应，参与活动的有 100 多人。和华元担心拉玛协会的活动影响村小学及周边村民，把拉玛协会活动地点迁到黄登小组自家的院子里，老屋中的一间房子作了存放演出服装和道具的保管室。孩子们无法理解老爹的行为，认为老爹发疯了，但他们爱老爹，只要他开心和快乐的事，孩子们孝顺地不干涉。随着拉玛协会的成长，孩子们也渐渐地理解了老爹对拉玛文化的痴情和心志，支持老爹的事业。

2014 年 1 月 8 日，从农历上来说，这天是旧年腊月初八。黄梅拉玛协会举办首届腊八节，在黄梅水库演示祭天牛仪式。腊八节是白族拉玛人的一个传统节日，主要内容是祭天牛。每当发生灾荒、瘟疫或者干旱之年，拉玛人杀天牛祭天神，以求天神保佑，消灾祛邪，能够风调雨顺，村人安康。黄梅村已经好多年不过腊八节了，对于年轻人来说“祭天牛”是一个陌生的名词。黄梅村拉玛协会举办腊八节，再现祭天牛仪式，这不仅仅是抢救民族文化的行动，这也是尝试打造乡村旅游的一个招牌。

黄梅村有个口口相传的故事。有一年，黄梅村大旱，百姓日子艰苦。黄登小组有个名叫和富义的富人，他家牛多，雇两个小工放牛。有一天，两个小工把牛群赶到现今的黄梅水库附近放牧，那时没有水库，但有个洞，水从地下往上冒，这个洞被村里人称为“黑伍补”（拉玛话，直译：天目潭）。天空中没有一丝云，天阳热辣辣地照晒着大地，大地焦渴得皮肤爆裂。头牛去天目潭喝水，不慎掉入水里不见踪影。突然间，电闪雷鸣，下起了暴雨。两个放牛人哭着把牛群赶回家。和富义问清楚缘由后，对两个放牛人说，别哭了，这是好事，头牛是天牛，牺牲了自己，讨来了雨水。这一天，正好是农历腊月初八。和富义牵头，发动村里人到天目潭祭祀天牛，腊八节祭天牛仪式从此在拉玛人中流传，成为拉玛人特有的节日。祭天牛的牛，巫师打卦选定后，由村里人集资购买。在祭祀前，没人放牧天牛，任其自由自在地在大地上行走。天牛吃庄稼，没人驱赶。天牛到家里，受到主人家礼遇。天牛吃庄稼也好，到家里也好，都被村里人视作吉利事。黄梅水库于20世纪50年代修建，70年代扩建，80年代初竣工。天目潭被黄梅水库淹没，成了水库出水处。当年祭天牛所在的位置，有个大梨树，因为修建水库被伐掉了。于时代变迁里展读民族文化，品味时空不曾消弭的民族情感，这便是在黄梅村过腊八节，站在黄梅水库前观看祭天牛仪式的感受。

黄梅拉玛协会的宗旨是传承与挖掘拉玛文化，表现在他们编排的《祭天牛》节目。《祭天牛》是黄梅拉玛协会歌舞表演中的压轴节目，他们把祭天牛仪式与拉玛人在澜沧江两岸的农耕文明结合起来，通过舞台，艺术性地再现了白族拉玛人日常生活中两个经典仪式：祭天牛和开秧门。黄梅拉玛协会的宗旨，还可以从他们编排的另一个经典节目《赶马调》管中窥豹。《赶马调》是弦子舞，来源于一个马锅头的经历。马锅头赶着马帮，有时从营盘镇经过拉井镇到达金顶镇，有时从营盘镇翻越碧罗雪山到达知子罗。

赶马帮路上，马锅头的日子颇为艰辛，尤其走碧罗雪山鸟道，三山两箐说不完“处处留下冷火塘”的辛酸，不期而遇的大雪把他与马帮困在雪山上一天一夜。这位马锅头随身携带一把三弦琴，走在盐马古道上有琴作伴。休憩时，他弹三弦琴，唱开益，内心的忧伤与快乐通过弹拨弦子表达，与碧罗雪山神倾诉，与大自然交流。说起采编马锅头的经历，副会长和瑞肥感慨万分，如果他们挖掘得再晚一些，就不能在舞台上再现《赶马调》了，因为九旬高龄的马锅头瘫痪在床，已说不出话来了。提起一位已经去世的开益演唱高手，和瑞肥叹息不止。他们得知这位老人住在和平村，前往采访，谁知老人已经去世。抢救民族文化遗产刻不容缓，和瑞肥的讲述令人共鸣。

黄梅拉玛协会还编排了一些教育意义较深的小品，颇受好评。如《如此村官》《如何脱贫致富》《赌醉回春》《要不得》……内容涉及反腐败、脱贫攻坚、乡村文明建设等。

“拉玛协会不仅是营盘镇黄梅村的，而是整个民族的。”和华元这样想，也是这样去努力。在黄梅村成立拉玛协会后，翌年二月，和华元带着和瑞肥及四个村民，到营盘镇政府开了介绍信和证明，到兰坪县城相关部门申请办理手续。他们在县城奔波了一星期，办理了成立黄梅村拉玛协会的合法手续。黄梅拉玛协会受到相关部门认可和扶持，县里举办的罗古箐情人节和二月会、营盘镇举办的活动都通知黄梅拉玛协会参加，这给黄梅拉玛协会的发展带来机遇和磨炼。黄梅拉玛协会的成长过程，可以概括为“在机遇里接受挑战，在挑战中拥抱机遇”。黄梅拉玛协会获得的荣誉：2014 年，黄梅拉玛协会参加兰坪县举办的二月会，会员和山花在白调大赛中荣获二等奖。同年，和华元口述的拉玛人历史作为重要的档案资料，被云南省博物馆收藏，为此特意授予他荣誉证书；2015 年，兰坪县举办二月会，营盘镇黄梅拉玛协会获得开益二等奖、白调大赛二等奖、拉玛天牛调一等奖；2016 年 11 月，兰坪县政府命名和华元为县级非物质保护遗产保护名录白族（拉玛人）传统歌、舞、乐代表性传承人；2017 年，兰坪县举办的二月会，黄梅拉玛协会获得舞蹈三等奖。同年五月，黄梅拉玛协会受云南粤港澳文化传播有限公司邀请，到深圳演出，并到香港、澳门、珠海、广州参观。此行，黄梅拉玛协会被香港民间舞蹈家协会授予2017中国·云南首届国际民族民间文化艺术节二等奖。会长和华元被授予2017中国云南省首届国际民族民间文化艺术节最佳组织奖；2018年，黄梅拉玛协会受邀参加云南少数民族非遗文化录制展演。2018年云南非遗印象进京巡演暨“各族人民心向党”大型文艺汇演中，黄梅拉玛协会获得一等奖，会长和华元获得民族民间文化传承奖。会长和华元与副会长和瑞肥因《拉玛天牛调》展演获得优秀个人奖。

黄梅拉玛协会的影响越来越大，受到澜沧江两岸的白族拉玛人认可和欢迎。发扬光大拉玛文化，社会各界参与黄梅拉玛文化的人越来越多。目前，石登乡、营盘镇以及县城成立了拉玛协会。营盘街上的个体户刘冬梅、和凤梅及退休教师程海莲参加黄梅拉玛协会，我问及她们的感受，她们说因为热爱拉玛文化而参加黄梅拉玛协会，因为热爱拉玛文化而支持黄梅拉玛协会，为宣传自己的民族出力，让全国人民知道生活在滇西北怒江州兰坪县的白族拉玛人的人文情怀。家乡情结以及故园文化因子，在大时代文化熏陶里，成就了黄梅拉玛协会的今生。

和华元与和瑞肥是黄梅拉玛协会的灵魂性人物。和瑞肥患上胃癌，到昆明动手术，胃被切除了三分之二。他说自己要喜喜欢欢地活着，央求同去照顾他做手术的弟兄隐瞒病情，不让村里人知道。回到村里后，他的病没有康复，在家休养。机缘巧合，他受人指点种植了一块两面针地，采集两面针叶子当茶水泡着喝。和瑞肥胃癌手术两年后，和华元退休回到村里，动员养病的和瑞肥参加创办黄梅拉玛协会。参加黄梅拉玛协会后，和瑞肥不仅任副会长，还兼任会计。他在积极参与协会的工作时，任劳任怨，不计较个人得失。“只要活着，只要快乐”，朴实无华的话语，道出了和瑞肥的生活态度和处世哲学。农民经济收入有限，一出门就花钱，参与创办黄梅拉玛协会并任职以来，活动费用不够时，会长和华元垫支，副会长和瑞肥也在垫支。和瑞肥在舞台上，可以跳拉玛人男子舞蹈，也可以跳拉玛人女子舞蹈，他乐呵呵地说，哪边人不够，我就补上去了。这个淳朴的拉玛人，从心里流淌出来的话就像澜沧江水般没有粉饰，他说想也没想过传承拉玛文化找点钱，做自己喜欢做的事，只要身体好，只要欢乐就行了。和瑞肥到昆明动手术后，近10年时光过去了，他去下关、昆明等地复查，病居然好了，令医生感到不可思议。

习近平总书记指出，文化是一个国家、一个民族的灵魂。在现今文化扶贫中，就如何加强民族自身文化建设，黄梅拉玛协会从文化自觉到文化自信，可以说是一个典型的范例。

穿着拉玛人民族服装，站在沧江书院前与黄梅拉玛协会会员合影，我想起了泰戈尔的话，“爱就是充实了的生命，正如盛满了酒的酒杯。”黄梅拉玛协会的爱就像澜沧江长流水，盛满了拉玛文化的酒杯。

绿之梦

参加营盘镇拉古村民委员会山不坝安置点宅基地抽签仪式后，我决定到拉古村一趟，看看安置点的住户在村里的生活原貌。对于这个地处澜沧江西岸的碧罗雪山脚下的村庄，我最初的印象来自在营盘中学读书时，有一天上晚自习时停电，教室里人声喧哗，突然响起摆时。摆时是傈僳族民歌曲调名，班里的几位拉古村同学唱响傈僳族民歌，犹如天籁之音的歌谣令教室里嘈杂声消失了；我对拉古村的第二个印象，来自一把大火和一块菜园地。多年前，拉古村遭遇火灾，参加灭火的人曾给我讲过这场大火中人心不古的事。拉古村的村民到州府附近的村镇租地种菜，我曾听一位村民给我讲述新辟一个天地的经历；我对拉古村的第三个印象，那里有一条盐马古道，由拉古村往碧罗雪山走，翻越雪山可以到达泸水市古登乡。在山的另一边，我走过古登乡到碧罗雪山这段路，而在山的这一边，我走过小桥村到碧罗雪山这段路，唯独没有走过拉古村到碧罗雪山的这段路。

山不坝安置点坐落在澜沧江西岸，形状就像一把躺椅，面向碧罗雪山，背靠澜沧江。山不坝安置点的住户，有拉古村火灾中的受灾户和黄登及大华桥水电站淹没影响区移民户，共有 161 户，其中参加宅基地抽签仪式的有 90 户（第一批第二批已经分到宅基地的不再参与）。从拉古村居高临下看澜沧江峡谷，以前狂放不羁的澜沧江变成了一江湖水，苍茫的澜沧江峡谷另有一番野性的温柔。雾从山的一边涌过来，慢慢地笼盖了拉古村，又一点点从拉古村退出，消失在山的另一边。

拉古村的路边有开挖不久坑塘。驻村工作队员告诉我，拉古村生态修复迫在眉睫，从村委会到猴子岩小组，共打了 1017 个坑塘，要栽行道树，种雪松、云南松、清香木，间杂叶子花作为点缀。工作队员动情地说，在拉古山与拉古交界处，有一片退耕还林后的人工造林，有 1100 亩，里面长着菌类。每年菌子收获季节。老百姓到这片人工造林里找菌子，颇有获益，深知植树造林的好处。工作队计划下一步再推广种植 1000 亩的树林。针对行道树种植、针对云南松种植、针对杂木林种植、针对生态补偿脱贫一批的庭院经济种植……听着工作队员介绍拉古村生态建设的前景规划，行程里更多的是期待和祝福。我决定走访老书记余江贤，他数十年来坚持不懈植树造林，在村外自家山地里种植了一片树林。

土坯和木头参半的房子，里面陈设简陋，七旬老人余江贤坐在火塘边给我们讲起了他的植树史。他参过军，在部队入党。从部队复员回到村里后，他当过大队干事、测量、副支部书记、支部书记，共当了 21 年的村干部，被村里人亲切地称为老书记。老书记当村支书时，拉古村只有房前屋后屈指可数的秋木树、柿子树。在州县乡各级政府扶持下，拉古村民在房前屋后种下树，并在荒山、自留山上集中造林。县林业局培育树苗，发给村里的老百姓种植。老百姓在山上种树，政府部门除免费发给树苗外，还补助他们工钱。种树挖坑塘，坑塘挖多大有标准。拉古村有三个苗圃基地，县林业局和镇林业站派人到苗圃里技术指导。在拉古村植树造林，以桉树为主，桉树林长得密密麻麻。2008 年，一场全国性雪灾，拉古村也不能幸免，桉树死掉了一些，这些枯死的桉树被拉古村民忍痛砍掉了。后来，又遭遇大旱，桉树又死掉了一些，村民们只好砍掉枯死的桉树。现今，这片桉树林只留下了稀稀落落的几棵。

我在拉古村委会及村民家里，看到用自来水方便，但听他们说缺水，这不由让我想起营盘镇政府所在地营盘街也是缺水，曾经发生过街道上的人买水喝的事。守着澜沧江却闹水饥荒，这是现代黄土高坡的澜沧江峡谷给人们开的尴尬玩笑。余江贤老人说起植树造林，一肚子感慨。他在自留地里植树，栽的果木换了好几个品种。原先，林业部门发给村民栽枇杷苗。

枇杷死了，又发给核桃苗让村民种。现今，他的果园里品种较多。他栽种了100多棵枇杷苗，因缺水而大批死掉了，只存活了10多棵，但因缺水没结枇杷果。有水时，枇杷树结果，可以卖果实200多斤。

他的果林离村子不远，有3亩左右，被公路分成了两片。两片树林有一部分处在坡地上，有一部分处在梯田上。走在通向果园的路上，老书记给我们讲述果林的来龙去脉。当年划分自留地和责任田，他是村干部，等村民挑选完后再轮到自己，村里人不要的自留地才是他这个书记家的。果林所处的自留地不是肥田，没被村里人看好，成了没人愿意挑选的地。紧挨着村子的梯田，有个村民嫌弃这是房边地，容易受牲畜糟蹋，作为村官，他把所分到的大田换给了这个村民。2001年，他开始在这些不被看好的土地上种果树。多年时光过去了，他在缺水的拉古村里创造了一个奇迹，郁郁葱葱的两片树林撑起绿色童话故事。

走在浓荫蔽天的树林里，我对走在前面带路的老书记充满敬意。果园里，有的树木高大粗壮，有的树木挺起身躯努力生长。有的树木嫁接时间不长，也有才培植的果苗。果树品种杂多，除枇杷外，还有核桃、梨子、李子、桃子、香椿等。公路上方的树林，给我印象最深的是香椿。已经过了采摘季节，香椿树枝繁叶茂。他自豪地说，今年卖香椿收入2650元。“1991年，我就开始种香椿，现今大大小小的香椿树有四五百棵，受益的有两三百棵。”香椿栽种在土地边角及田埂上。香椿不愁销售，有人跟他预定。每年采摘了香椿，他搭村里人的三轮车到营盘街送货。香椿树苗带到兰坪县城卖，一两元钱一苗，卖得最好的时候，三元一苗。村里有人要香椿苗，他免费赠送。公路上边的这片树林，外围是桉树，桉树边缘是光秃秃的山脊。我们没有见到桉树林的鼎盛时期，但从粗壮的树干上不难看出，在时间长河里存活至今的桉树，用顽强生命力抒写绿色之歌。老书记抱住一棵桉树的树干，合抱不过来。他乐呵呵地说，1990年，我家就在承包地里种桉树。工程造林时，别人栽不了的或不要的桉树苗，我捡回来栽下。10多年来，我在树林里削枝打杈，足够供应家里用的柴火。

公路下边的树林没有上片陡。树林里有简陋房屋。三两棵黄皮梨树，累累果实压弯了树枝。李子树上挂着零星的果子。老书记无奈地说，二三月份不下雨，干旱的土地上枇杷不结果。后来雨水多了起来，梨子、李子的果子结得压断了树枝，可有啥用啊，每斤五角钱，我把李子树砍掉一些了。听他这么一说，我忍不住摘了一个李子品尝，甜中带酸，口感极好。这么好吃的果子，砍掉李子树太可惜了。他不以为然，说李子树的果子价格太低了，没意思，要种别的果树。他带我们去看他嫁接的新疆核桃。他说，这是好品种泡核桃。2008 年，有关部门发放果苗给老百姓种植，余江贤领到了五棵新疆核桃苗，结果种活了两棵。而之前曾发放过核桃苗，发苗的说是泡核桃，结果种出来是铁核桃。新疆泡核桃苗种活两棵后，他把泡核桃嫁接到铁核桃树上，嫁接成功了两棵，当年就结了 6 个泡核桃。这个新疆泡核桃是好品种，栽活的两棵树成了老人的宝贝，除了在铁核桃树上嫁接外，他还育苗了 20 棵。

置身果林，听着果农讲述果树经，看着脚底下风平浪静的澜沧江，情不自禁想道，如果有办法让澜沧江水由低往高处流淌，那该多好啊！我突发奇想，能否在拉古村建个水库，把江水抽调到水库里，方便村民用来植树造林呢？

第二天一早，我与两位驻村工作队员同行，我们从拉古村穿村而过，要到白水谷小组。昨天下午，拉古村召开低保工作推进会，工作队员再次走村入户精准识别。通往白水谷的路不算难走，盐马古道从拉古村经白水谷小组往碧罗雪山进发，最后抵达的村庄叫猴子岩村。这个猴子岩村不是多年前我走碧罗雪山鸟道时投宿的猴子岩村。碧罗雪山深处有相同的村名“猴子岩”，令人不难想象横看成岭侧成峰的景致。白水谷小组有一位植树造林的前辈，他栽种的松树已经成林。一路上，驻村工作队员给我简介这位植树造林的村民。光秃秃的山峰上有一小片绿树，尤其显得可贵，我滋生了采访植树老人的欲望。

盐马古道沉默在历史时光里，迷幻在一代老人目光里。顺着盐马古道而行，白水河东岸，有个村子叫仙人沟，处在一片绿意盎然的水田地里，就像缀在澜沧江畔的一颗绿珍珠。仙人沟属于金满村民委员会辖地，与拉古村毗邻。仙人沟给我的感觉就像世外桃源，我不由想起澜沧江畔淘金史。当年的淘金人已经作古，而今我行走盐马古道，就像淘金人一样，掏取沉落在时间长河里的盐马古道文化。淘金人跟江河淘取金子，我的行走是跟时光淘取盐马古道文化，抢救和挖掘盐马古道文化刻不容缓。走在盐马古道上，抢救盐马古道文化的情怀就像田野里的向日葵，朵朵绽放温馨。

进入白水谷小组，视线里见不到澜沧江了。我们紧张有序地走访建档立卡户，其中包括植树老人的家庭。植树大叔褚华林75岁了，坐在屋门外看着子古山。同行人告诉我，老人时常坐在屋门外看他的树林，别小看他年老，眼睛可好使了，子古山上松树林一有风吹草动，就会触动老人的心，那些想悄悄地进入松林里的人，别逃得过老人的眼睛。我有点表示怀疑，我这个近视眼，戴着眼镜尚看不清子古山上的松林，褚华林老人的一双眯缝眼会看得清楚？询问地望向老人，他笑眯眯地没反驳也没肯定，一脸受用的样子。

老妻不在家，儿子一家三口在营盘街上租房住，儿子打工，儿媳照料在营盘幼儿园读节的孩子。儿媳户口还在婆家，孙儿也随母落户在亲家户口本里，所以褚华林家的户口本上只有3人。说起自家的松树林，老人的眼神亮亮的。

松树林长在子古山的坡地上，大约有十五六亩。20世纪80年代末期，褚华林夫妇开始种树。夫妻俩到山上找松树种子，一去9天。松树种子找回来后，他们先在子古山自留地上挖坑塘，坑塘挖好后，夫妻俩从家里一桶桶地背水，把水浇在坑塘上。给坑塘浇水两三天后，他们就像种苞谷一样把松树籽种在坑塘里。劳累了10多天，才把他们找来的松树籽种完。种下松树籽种后，他们又从家里把水一桶桶地背到坑塘边，浇水在松树籽种上。松树籽种全发芽了，从土里冒出嫩嫩的绿色苗子，挺起小小的头。夫妻俩欣慰地笑了。可不多几天，夫妻的笑变成了哭，耗子袭击了这些可爱的松树苗，大多数的树苗被耗子吃掉了，侥幸存活下来的松树苗只有他们栽种树苗的35%左右。第二年，夫妻俩又上山找松树籽种，一去3天。把松树籽种找回来后，夫妻俩补种在坑塘里。夫妻俩又从家里背水，一桶桶地浇水。第三年，夫妻俩又上山找松树籽种，补种，浇水，直到松树苗全活了才停止下来。夫妻俩这种愚公移山般的植树造林，令在场听褚华林故事的人唏嘘和感佩不已。

子古山土地贫瘠，为了让松树林长得更好，这片由夫妻俩辛勤汗水和艰苦劳作铸成的绿色园林，褚华林看护非常上心，坚决不允许任何人进入这片松树林，古怪得不近情理。自由自在成长的松树，共有十五六亩，成了子古山上别树一帜的绿色旗帜。子古山上，除这片松树林外，眼目所见的都是红色土地和光裸山岩。松树林是褚华林与妻子的绿色梦想，待到松树苗长到一定高度后，夫妻俩不必浇水了，夫妻俩再也不涉足其中一步。在褚华林的精心看护下，松苗渐渐长成大树了，成了一片树木密集的松林。松林里菌子多，但没人涉足，于是引来了野兔，松林成了兔子的安乐窝。兔子在松林里安居扎寨，繁育子孙。有人想偷猎野兔，遭到褚华林的严厉呵斥。对于这片松林的看护，他的准则就是人们休想踏入林子里一步，他认为人进入里面就会影响松树的成长。那些想吃兔子肉的，对不起，褚华林不认亲戚不认交情，想进入松树林，一切免谈。曾经有人把扣子下在松树林里，褚华林发现后，破坏扣子，把坏扣子丢得离松树林远远的。他回到村里，生气地大骂，说这样做会让松林的土地不肥，不让人进入松林且不打野兔，就是要保持地肥来养护松树的。他几次在村里骂人后，谁也不想招惹这位油盐不进的松树林主子，没入再进入过。

松林下边是双米地稻田。说起种植松树林的原因，老人说，就是为了双米地稻田。双米地稻田不仅有他家的地，也有村里人的地。没有种植松树林前，每当雨季，子古山坡地就会发生泥石流，冲入双米地稻田里，稻田受灾。因稻田地挨近子古山坡地，首当其冲受泥石流灾害，村民被迫改种苞谷。褚华林夫妻种植松树林，目的是固土，保护村里的稻田地不受泥石流侵犯。松树成林后，子古山坡地再也没有发生过泥石流。每当雨季，双米地稻田安然无恙，有些村民因不堪泥石流之苦，把稻田地改种成苞谷地，又改回种稻谷了。

30 年时光弹指一挥间。褚华林老人微笑着说，种这片松树林，他们老夫妻没有享受过农林补助和退耕还林补助。褚华林拥有一片树林，却舍不得砍一棵树打一只野兔找一朵菌子。他最大的心愿就是有关部门给予一些树苗补助和一点工价补助，把洼地里荒废了的苞谷地种上树，与松树林连成一片。他希愿连片种树，把子古山坡地绿化起来。他与妻子老了，种不动树了，当年愚公移山般种松树已经成了记忆。他说，连片成林的愿望实现不了，他的生命会留下遗憾，但愿去见老祖宗前，能够见到这一天的到来。

拉古村除了两位老人都拥有一片树林外，中年人褚田发、褚仕昌种植果树也有小成效。褚田发、褚仕昌是大电开发移民搬迁户，植树造林的发展理念与两位老人有所不同。褚田发是拉古二组人，拉古二组处在大电开发滑坡地带，整个小组整体搬迁，他搬迁到澜沧江东岸六兰公路边的鸿尤新农村，在女婿家的地基上建盖了楼房。2013 年，他在自家田地上建设枇杷和核桃林基地。大华电站蓄水后，他的果木基地下滑了两亩多；褚仕昌是拉古村 11 组的人，搬离滑坡地带一公里左右。他没搬离拉古的原因是舍不得丢下他辛苦建立起来的种养殖基地。他的种养殖基地从 2010 年开始建设。2015 年，兰坪县市场监督管理局挂钩扶贫拉古村以后，扶持褚仕昌发展养殖业，帮他办理了独资经营执照，还帮他贷款。意想不到他买的这批猪里有瘟猪，养了 20 多天后就死掉了，还把原先家里养的小猪传染了，小猪全死掉了。侥幸的事，原先家里养着的 5 头母猪逃过一劫。经此打击后，他不敢扩大养猪规模了，精心饲养幸存的母猪，出售猪仔。现今，他主要发展种植业，曾与侄子去大理宾川县购买橘子品种矮丝晚露，这个品种的橘子在每年二三月间挂果，可以避开水果旺季，在水果淡季上市，利于销售。矮丝晚露橘子基地发展较好。他打算扩大橘子基地，把周围闲置的土地流转过来，种植冬桃和杧果。

从拉古到白水谷的乡村公路边，坑塘绵延，静等树木落窝。想象村道树木成荫时，会是怎样一番景象。看着澜沧江峡谷泛起的点点绿色，欣慰拉古村民植树所做的努力。人人心中都有绿色的梦，建设生态家园的理念，对亟待恢复植被的澜沧江峡谷来说，是一股无比澎湃的动力。

在山的另一边

雨水带着肃杀，冷冰冰地钻进脖领。原先走得汗湿，经不期而遇的山雨热情拥抱，衣服变得又硬又冷，紧贴着脊背。漫天涌过来的雾，把千脚落地的村庄拥抱怀里。我们路过村庄，目标向上，向上。进入原始森林，山势渐行渐高，路弯弯曲曲。拄棍是徒步者的难兄难弟，扶持在雨水中艰难行走的脚步。不知走了多少路，终于到达露宿地。天暗了下来，大伙忙着扎寨安营。火堆燃起来了，烤热了后背，前胸太冷，只好烤前胸，后背又冷。已经是冬月了，山上的气候就是这样，说不清楚哪里冷，总之怎么烤也烤不暖身子。我们把带着的备用衣服换上，拿着被雨水和汗水弄湿了的衣服，一点点地烤，烤干了后再加衣，身子才暖和了过来。

躺在帐篷里听夜语，担心下暴雨，明天就无法攀登碧罗雪山。暴雨没有如期而至，提着的心放了下来。从塑料布搭建的天棚望向苍穹，但见三两颗星星闪着眼，天空露出蓝色。感觉天空的蓝色一点点增多，星星渐渐多了起来。天要晴了，明天可以上碧罗雪山了。心一旦放松了下来，困意弥漫夜色。我在睡袋里缩了缩身子，不觉失笑。再看了看天空，这一看居然是另一个景象，天空全蓝色的了，星星多且耀眼。感觉星星对着自己笑，不由对星星笑了。默默地向星星道声晚安，侧转身，很快睡着了。

晨起，才看清楚了周边景色。营地正前方和右边是一片白桦林，营地后方和左边是杂木林。营地处在一块平凹的草地上，被树林包围着。草金黄，映衬得白桦林更加清秀。太阳初升，云海的景致别有一番风韵，但我们的目的是去碧罗雪山上看高山湖，当天还要返回营地，所以我放弃了拍摄云海，与一位女队友先上路了。走出白桦林，向上攀行。山峰一座又一座，连绵不尽。山路曲折，在森林里迂回而上。一路上，但见草枯黄，间杂不知名的灰白花朵，枯蕨菜不时擦过裤脚。原始森林色泽丰富，红色、黄色、绿色与墨色、灰色杂糅，树有树的语言，石头有石头的语言，大山的语言活泼俏皮。

我们行走的小路是一条盐马古道。这条盐马古道两头连接着两个县两个乡镇两个村，中间要翻越碧罗雪山。山的这边是泸水市古登乡俄夺罗村，山的另一边是兰坪县营盘镇拉古村。行走在山的这一边，目标是山的另一边。山的这一边有怒江，山的另一边有澜沧江。山的这一边有阿妈的火塘和傈僳歌谣，山的另一边也有阿妈的火塘和傈僳歌谣。攀登碧罗雪山，不断抵达山峦，又不断把山峦抛弃身后，这一抵达和抛弃的过程，就像大山唱响高亢激越的曲调。我们所行走的山路，原本是一条背夫行走的小道，在 20 世纪 50 年代初期得到拓宽，成了一条人马驿道。盐马古道上林密草深，背夫苦歌早就消散在大山皱褶里，山间铃响马帮来成了过往传奇。怒江大峡谷里四通八达的公路，让大山深处的盐马古道淡出了人们茶余饭后的话题。耄耋老人越来越稀少，有关盐马古道的记忆越来越稀薄。12 年时光里，我多次深入盐马古道进行田野调查，随着老人们相继辞世，在盐马古道上挖掘到的东西少了起来。有的地方，我走到那里时，挖掘和抢救盐马古道文化成了一纸空文，作为盐马古道历史中熊猫宝贝般的人物，等不到我的到来就被被山神召唤，成了神的子民。后人对前辈的故事知之甚少，有的听过前辈人讲过盐马古道的经历，但记忆模糊，甚至彻底遗忘。与一肚子盐马古道故事的老背夫失之交臂，不能不说是遗憾。走在盐马古道上，看到人为修砌的路基，令我颇多感慨。有的路段，因山体塌掉而无法行走马匹，我们的行走，实际上在体验当年的背夫路径。

爬上山脊，但见碧罗雪山上的雪线耀眼。昨天，老天考验向着碧罗雪山而来的一伙旅者，让他们一路接受山雨洗礼，却慷慨馈赠给碧罗雪山丰厚的雪，专门为这伙旅者准备了美丽的雪景。太阳温和地照射着大地，使得远处的雪更加耀眼。在我看来，如果碧罗雪山上没有雪，就枉为碧罗雪山。听向导说，这是今年里雪山上下的第一场雪，在我们来前，碧罗雪山上没有雪线。向着碧罗雪山进发，古道右边是荒草及悬崖，古道左边是色彩斑斓的低矮树林和悬崖。伫立山脊，回顾四周，大地是山的世界，山峰连绵起伏。每棵树盈盈一握，树干上有青苔，树枝上挂着松萝，树皮粗糙得就像老农手上的老茧。松萝是树的胡须，从树皮上可以看出，这些站在古道左边长不大长不粗的树已经有一把年龄了。

通往碧罗雪山的山就像一只努力向上飞行的蜻蜓，山脊是蜻蜓的脊背，雪线是蜻蜓张开的翅膀，山脊与雪线交汇处是蜻蜓的头。行走天地间，我们就像坐在蜻蜓翅膀上飞行的小矮人。“翅膀”“雪”，头脑闪过一道灵光，不知不觉间眼角潮湿，感受到碧罗雪山在不远处亲切呼唤。摊开天地间的是一对“雪的翅膀”，那不是什么“蜻蜓”的翅膀，那是碧罗雪山神送给我的礼物。

6 年前，在山的另一边，置身碧罗雪山峰巅，我就像一只小小鸟，追逐着会走路的光圈。一地荒凉里，海市蜃楼的幻景再现一个人的英雄审美观。雪山上少雪，东一点西一点，就像一座山的被子上补着几块白色补丁。坐看千山万壑奔涌的景致，灵魂捧读“雪的翅膀”。有些东西，刻意遗忘，却刻骨铭心；有些东西，想永远记住，却容易忘记。碧罗雪山上一对“雪的翅膀”，那是我无法忘怀的梦想。

碧罗雪山，我又来了！

感觉走了好长时间，怎么也走不出荒草控制的领域，难以抵达碧罗雪山。正当我感到疲累，想坐地休憩时，但见荒草里坐着一个人，不断向我招手。前行路上，谁会这么有耐心地等待落在队伍后头的人，给予鼓励性的召唤？我只好向前走去，向着这个古道热肠的背影走去。近前，再近前，但见荒草里坐着一个焦炭树桩。是这个焦黑的树桩向我招手吗？我不可思议地打量树桩，在前、在后、在左，绕着树桩的三面查看。树桩右面紧挨悬崖，无法查看。树桩稳稳地坐在山岩上，安静地看着远方，虽已成炭，却不失树的尊严。我坐在树桩旁边，顺着树桩给我打招呼的方向望过去，视觉里除了山还是山。不觉臆想，人在路上，树桩无私地温暖了我这个行者，但愿在别人的风景里，当我坐立成树桩时，也能如此无私地温暖着他人的旅程。

盘座千山之上，我打量树桩。树桩紧傍盐马古道，背后是海拔四千多米的碧罗雪山，这令我的想象发挥到极致，在头脑里还原其作为树时的伟岸，该是何等的气势。望着飞向碧罗雪山的“蜻蜓”，“雪的翅膀”召唤强烈。告别树桩，我继续上路。碧罗雪山上有一对“雪的翅膀”，翅膀上有我难以卸载的梦想，多年时光里，我一直做着同一个梦，未曾醒过。

山路越来越陡，空气越来越冷。越挨近雪山，心的叩问越浓。走上碧罗雪山峰巅，视野变得开阔。我没有见到记忆里犹如白骨般的石头，石头都穿上了美丽的雪外衣。岩石上的雪，有的变成了冰花，有着各式各样的造型，就像能工巧匠在窗棂上雕刻出精美图案。我想，这些冰花是碧罗雪山神灵的窗格子花，虽然见不到神灵，神灵却以自己的方式欢迎我们的到来。我们想去到孤儿湖和蜘蛛湖，拜访孤儿湖边的孤儿峰。有位孤儿到兰坪县给财主背盐巴，返回时又渴又累，在碧罗雪山上坐化成了孤儿峰，眼泪化成了孤儿湖。孤儿峰有个山洞，可以出借碗筷给路人，因为有路人贪婪而把碗筷占据已有。有借无还的结果，导致神灵发怒，从此山洞再也不出借碗筷给路人了。无论在兰坪县行走或是在泸水市行走，有关碧罗雪山高山湖，都有神灵借给凡人碗筷的传说，但神灵的这点关爱之情都被凡人的贪婪打碎。神话传说的内容不一样，但故事版本的框架大体如此。盐马古道从孤儿湖和蜘蛛湖中间穿过，到达拉古村。因当天要返回宿营地，我们无法到达孤儿湖和蜘蛛湖。看不到碧罗雪山上的两个高山湖，一片白茫茫的冰雪世界里，遗憾可想而知。

“孤儿被龙女看中了，他不是死了，而是成了龙神中的一员。”从碧罗雪山下山返回古登途中，我在罗马乃村采访建档立卡户，在傈僳族人家温暖的火塘边，村里人跟我讲起了孤儿湖的神话故事时，都说孤儿被龙女招了快门女婿。76 岁的老阿妈普仲妞从门背后拉出一个背篓，背篓里装满苞谷皮。她在苞谷皮里翻找，找出两包苞谷递给我，指指炭火，热情地让我烤着吃。老人家里没有啥东西可以招待来客，她从地里找来了一背篓嫩苞谷，不撕皮，藏在房门背后，亲戚朋友来访，老人家就从背篓里拿出苞谷招待客人，让客人自己撕开苞谷皮烤苞谷吃，这是她家最好的招待客人的东西。她讲起了在盐马古道上当背夫的经历，十二三岁及十五六岁时，她背过盐巴。往返兰坪县营盘镇及泸水市古登镇，同村人结伴前行。她的脚走得起泡，实在背不动了。在孤儿湖旁边小憩，大伙互相安慰，互相鼓劲，一定要回到家。“一定要回到家”，这是盐马古道上最大的信念。

有一次，普仲妞和村里人又到营盘街上背盐巴。在翻越碧罗雪山时，有个同伴生病了，同行人互相帮忙，你五斤我两斤地分担了病人背箩里的盐巴，连拖带拉地鼓励病人前行。好不容易到了孤儿湖，他们实在走不动了，一伙人坐倒在湖边，流着眼泪互相安慰。吃了点东西，体力得到补充，几个人互相帮忙着，硬是挣扎着起身，背上盐巴又上路了。行走盐马古道，如果同伴中有病人，在碧罗雪山上过夜很危险，所以他们尽量赶路，不在雪山上过夜。在伙伴们的努力下，不仅病人安全回到了家，病人的那背箩盐巴也被安全地送到了家。

曾有这样的事发生，几位背盐人结伴同行碧罗雪山盐马古道，大伙露宿山上，待到早起，才知睡在一起的同伴中有人死掉了。“半夜里，睡在身边的人死掉了也不知道。早上醒来，才知道身边的人死掉了。”“背盐人死在碧罗雪山上的较多。”无论在泸水市古登乡采访，或者是在兰坪县营盘镇采访，给我摆古的老人这样感慨。走在雪山古道上，生命不是掌握在自己手里，而是听天由命。背着盐巴从兰坪过来，翻越碧罗雪山，从蜻蜓形状的山脊一路下山，就像从鬼门关里回来了一般。山一程水一程地靠人力从兰坪县背运而来的盐巴，价格昂贵。所以，生活在怒江两岸的泸水县各族人民，把人死了称作“背盐巴去了”。

普仲妞有两个女儿两个儿子，一个女儿嫁到腾冲，一个女儿嫁到山东，大儿子入赘到别人家，小儿子叫哈斯益，已是五旬知天命年纪，但无妻无儿女，也无一技之长，不会说汉话。他们家拥有退耕还林地 8 亩。母子享受低保外，生活靠民政救济和两个女儿接济，属于政府和罗妈乃村党支部的扶贫对象。在脱贫攻坚战中，怒江有 10 万人口的易地搬迁安置，哈斯益和母亲报名上江镇大练地村安置点，这个安置点离怒江州府所在地六库城 13 公里，离上江镇政府所在地 13 公里。普仲妞告诉我，他们母子报名大练地村安置点，主要是考虑到两个出嫁到的女儿回娘家方便一些，尤其嫁到腾冲的女儿可以时常回娘家了。我们此行碧罗雪山，请的三个向导兼背夫里，哈斯益是其一。我与一位女伴在露天宿营地与之交流，吃惊地得知，哈斯益居然不会做白米锣锅饭，他说自己只会做苞谷砂稀饭，极少吃白米。

从碧罗雪山返回的当天，我们连夜拔营，投宿在来时路过的那个千脚落地的小村庄里，在傈僳人家的火塘边，得知这个村庄整体易地搬迁。村里种植中药材土木香，采用“公司＋农户”的方式经营，由公司提供土木香种苗，并培训农户种植，公司按照当地的市场价格收购土木香。

我们徒步泸水市古登乡盐马古道并攀登碧罗雪山前四个月，我到兰坪县进行盐马古道田野调查，兰坪县城易地搬迁安置点以及营盘镇大水塘易地安置点建设如火如荼，我参加了营盘镇拉古村山不坝安置点的宅基地抽签仪式，深入拉古村采访，一路所见，农危改房屋建设有条不紊地进行。村民们有的报名到州府六库附近的易地搬迁安置点，有的报名县城的易地搬迁安置点，有的报名营盘镇的大水塘易地搬迁安置点，没有报名易地搬迁的拉古村民，对美丽乡村建设满怀信心。

在拉古村傈僳人家的火塘边，耄耋老人跟我讲述了从拉古村背着盐巴到古登乡的经历，说起了背盐巴走夷方的历史。以拉古村为中心，在山的这一边，有三条盐马古道从营盘街而来，翻越碧罗雪山到山的另一边去：拉古村北面，盐马古道经过梭罗寨到达恩照村，翻越碧罗雪山到达怒江州著名的废城知子罗；盐马古道从拉古村通往碧罗雪山，翻越雪山到达泸水市古登乡；拉古村南面是兔峨乡，盐马古道从兔峨乡翻越碧罗雪山到达泸水市大兴地乡。在山的这一边到山的另一边，盐马古道连接着大理州永平县的博南古道，连接着怒江州边三县的茶马古道，连接着保山市境内的古西南丝绸之路。行走盐马古道，“在山的另一边”这个地域理念，构成了蜿蜒起伏的盐马古道记忆，抒写了“一带一路”沿线变革，展现了一方水土一方人文魅力。

民国时期，拉古村民到营盘街盐店或者到古盐镇拉井背盐巴，从营盘到保山、腾冲、芒市、瑞丽、盈江、缅甸，从盐马古道到古西南丝绸之路或者茶马古道，辗转古道，穷苦背夫拉古人被富有人轻视地称作“毛驴”。

从营盘出发到腾冲，来回一趟需要一个月。古道上匪患多，拉古人背着盐巴出远门，带着弩弓和长刀。澜沧江东岸，一间简陋的木楞房前，91 岁的褚茂华老人给我讲述了一段难忘的往事。他有个哥哥叫褚福林，比他大 5 岁。父母离世早，两兄弟是孤儿。民国时期拉夫抓壮丁现象严重，“两丁抽一”，兄弟俩里必须有一个去当国民党兵。两兄弟都不愿意当国民党兵，决定逃难，逃避抓壮丁。弟兄俩拿着弩弓、砍刀离开了拉古村。山路弯弯，白天他们不敢走，躲着睡大觉养足精力，晚上才走。弟兄俩不怕黑夜路难行，不怕毒虫挡道，就怕贼人抢道。这一逃难过程，老人没能跟我讲述清楚。他的思路跳跃性较大，但对他儿时经历的一件事却记得特别清晰。褚茂华 9 岁那年，跟着哥哥到拉井，弟兄俩背着盐巴走上盐马古道，他们的任务是把盐巴背到保山去。两兄弟都没有鞋，光着脚板走在崎岖的山路上。长期光着脚板走山路，兄弟俩的脚底板上已经结了一层厚厚的老茧。走到一个山坡地，弟弟不慎跌了一跤，背着的东西滚落到山箐里，他们找不到了。弟弟坐在坡地上，伤心地哭了起来。哥哥搂住弟弟，给他擦眼泪，安慰弟弟说，别怕，东西丢了就丢了，不要哭。兄弟俩到了保山后，只有哥哥背着的盐巴可以交货。兄弟俩没有了回家的路费，在保山帮人砍柴。他们砍柴的报酬是每天 5 元，除了生活花销外，兄弟俩从牙缝里积攒钱。帮人砍了半年柴后，终于积攒够了回家的路费，两兄弟得以从保山回到拉古村。哥哥于 1998 年去世，享年 76 岁。褚茂华老人背后的木楞房是临时安居房。他们家在拉古村山不坝安置点抽取了宅基地，正在宅基地上盖新房。而今，兄弟俩儿孙满堂。褚茂华老人享受老年保险金。能过上现今丰衣足食的安宁幸福生活，老了还能拿保险金，老人话语里充满了对新时代的感恩。

澜沧江大电开发，因此受到影响的拉古村民，有一部分被安置在山不坝，有一部分自行安置。我到澜沧江东岸新落成的拉古新村拜访 84 岁的褚义华老人，他家属于大电开发后自行安置户，水泥楼房的新居就在六（库）兰（坪）公路旁边，与营盘镇政府所在地营盘街同处一条线上，交通便利，褚义华老人的儿子开着电毛驴往返拉古与营盘街这条线上，来回拉客，干起了运输行业。褚义华老人的一只眼坏了，戴着墨镜。今昔变迁就像一首韵味十足的歌，在老人家的记忆里唱响，在我的思绪里激昂。

民国时期，澜沧江上只有一座人马吊桥沧东桥，沧东桥处在梭罗寨村下方。从拉古到沧东桥，要走比较远的山路。褚义华 3 岁时，父亲去世。当时，兵患猛如虎，五丁抽一、三丁抽二，两丁抽一。抓兵捆人，没有道理可讲，弄得村里鸡犬不宁。有一次，大哥被抓兵，其余的三个哥哥跑掉了，没被抓住。一年后，大哥从国民党部队里跑回拉古村，看望父母及兄弟姊妹后，上了拉古山做了倒插门女婿。国民党兵来到拉古村抓大哥及兄弟们。为了躲抓壮丁，褚义华家卖掉牲畜，举家搬迁到兔峨乡花坪村。搬迁到花坪村那年，褚义华 7 岁。举家搬到兔峨乡生活后，褚义华帮村里人放牛，放牛时间长达 8 年。

有位朋友告知褚义华的三哥，知子罗有户人家有两个儿子，为了逃避抓壮丁，愿意出钱买兵丁。三哥听说这消息后，与朋友商量，决定把小弟褚义华卖给这户人家当兵丁。三哥与朋友到知子罗找到买兵丁的人家，把小弟褚义华卖给这户人家充壮丁。拿到兵丁钱后，三哥和同伴把钱瓜分了。两人回到兔峨村，想不到共产党的部队来到了兔峨，兰坪县得到和平解放，褚义华来不及当国民党兵。穷苦农民翻身做主人，褚义华家从兔峨乡花坪村搬回营盘镇拉古村。褚义华成了新时代的一名积极分子，参与土地复查等工作。1956 年，22 岁的褚义华自愿报名参加了中国人民解放军，成了一名炮兵班长，曾参加过西藏平叛，翻越过喜马拉雅山。1961 年，褚义华从部队复员，在昆明集训。等待就地安排工作的日子里，他想念 70 多岁的老母亲，好多年不见，不知道老母亲身体怎样了？褚义华在部队里学会识字，他写了一个请假条，要求回家探望母亲，得到批准。他背上简单的行李，踏上了徒步回乡的路。从昆明到大理州剑川县城，他走了 10 天。从剑川县城出发，翻越盐路山进入兰坪县地界，走上兰坪县盐马古道中最著名的杨玉科路，经过古盐镇拉井，回到营盘镇拉古村，他走了 8 天。

“阿妈——”进入日思夜想的拉古村，褚义华激动地奔向家里，人尚未进屋，就激动地喊了起来。

小儿子参军成了一名解放军战士后，一去多年杳无音信，母亲以为再也见不到小儿子了，想不到他突然回来了。母亲抱住小儿子，百感交集地哭了起来。

探亲时间短暂，眨眼间就到了他启程回昆明的日子。老母亲紧紧地抱住小儿子，说什么也不放手，流泪恳求小儿子不要离开她，态度坚决地不让小儿子离开拉古，希望小儿子留在她身边当农民。褚义华探亲后不回昆明报到，失去了在昆明工作的机会。有一天，褚义华砍柴归来，在院坝里破柴火，想不到柴块弹跳起来，打瞎了他的右眼。褚义华老人享受国家补贴。说起从拉古村到古登乡的盐马古道，他曾经走过。我虽然到了拉古村采访，但没有走过拉古村到碧罗雪山这段古道，不曾料想，会在4个月后走了古登到碧罗雪山这段古道。无论从山的哪一边起步，盐马古道总是到达山的另一边。

怒江州地处滇西横断山脉纵谷地带，境内奔腾怒江、澜沧江、独龙江三条大江，高耸担当力卡山、高黎贡山、碧罗雪山、云岭四大山脉。中华人民共和国成立70年来，作为“直过民族”聚居区的怒江州发生了翻天覆地的变化，从1950年开始大规模整修驿道，发展人畜运输，到1956年8月，怒江州第一条公路瓦（窑）碧（江）公路开工，1958年建成怒江州第一座跨江大桥跃进钢索大桥，宣告了怒江州没有公路和跨江桥的历史一去不复返。而今，怒江州四个县之间公路畅通，且村村通公路。一座又一座桥梁飞架怒江、澜沧江，溜索、猪槽船渐渐淡出怒江人视线。尤其最近几年，怒江的交通建设更上一层楼。在兰坪县境内，从营盘到福贡县匹河乡知子罗的兰福四级公路正在修建，六库到兰坪的二级公路正在修建，古盐都隧道正在修建，从兰坪县通甸镇到迪庆州维西县的二级公路正在修建，兰坪县的飞机场正在修建。而在山的另一头，在泸水市境内，美丽公路在修建，从保山市到六库的高速公路在修建，泸水市飞机场正在修建。四通八达的公路、桥梁，使得怒江天堑变通途。当我走上拉古桥，漫步这座横跨澜沧江的连续钢构公路桥，从碧罗雪山的这一边想到碧罗雪山的另一边，歌声飞出心窝窝。“在山的另一边”，对于新时代中的怒江人不再是梦想而是通途。

徒步泸水市古登乡碧罗雪山盐马古道，当地人文变化令我文思飞扬。告别老阿妈普仲妞，我们离开罗马乃村，去了俄夺罗村。在村委会院坝里，意外地见到了一位熟人，她在州林业局工作，作为工作队员奋战在怒江脱贫攻坚前线。我向她了解村里的产业发展情况，尤其对中蜂养殖印象深刻。昨夜，我与同伴们连夜拔营投宿在千脚落地的小山村里，在傈僳人家的火塘边铺开睡袋前，与村里的中蜂养殖户闲聊过。第二天早上，我们去拜访养殖中蜂的村民，参观他的养殖基地。站在蜂箱旁，看着蜜蜂飞进飞出，听村民讲述他的蜂蜜生意已经打入了六库市场，他送蜂蜜到六库城里订单客户家的情景，同行中的人当场就跟村民预订了 10 多斤蜂蜜。听着当驻村工作队员的朋友推介俄夺罗村的优质蜂蜜，我欣慰地笑了起来。“脱贫攻坚 一不等 二不看 干部带着群众干”，村委会办公楼上横挂的标语显目。

回首碧罗雪山，重峦叠嶂，云朵飘逸，雪线隐隐约约。公路顺着大怒江激流向着州府所在地六库城延伸，大江两岸易地搬迁安置点的现代化建筑瞩目，怒江风景增添了新内容。江风从车窗外涌进来，热情地拥抱徒步碧罗雪山盐马古道的归客。

金顶记

山一程水一程——兰坪县盐马古道文化探薮

漫步老姆井

一

老姆河两岸，山色青青，苹果羞红脸站在枝头招手。石板路坑坑洼洼，沿着老姆河蜿蜒。“叮咚叮咚”，马铃铛声渐近，山民赶着马走在古驿道上。一个孔桥洞横跨路上，桥洞上草萋萋。魁阁何在？魁星点笔，脚踏鳌头，身环北斗的塑像风化在翻过去的日历里。草色深处，雕花条石沉寂。乾隆二年（1737）开井，1953封井，历时216年的老姆井，古村落陨坠尘埃，村庄遗址上除了草还是草，村庄遗址周围除了树还是树。井口乱石错立，地表汪结水，盐渍淡淡。

老姆井是国家级文化遗址。清乾隆二年（1737），开办老姆井盐井，称丽江老姆井。翌年，增建老姆井官房，重建白地坪桥。清政府时期，老姆井设立盐大使。民国时期设立盐场，有场长、管理人员、缉私小分队等，机构齐全。1946年至1949年，老姆井由官办改为民营，共有32灶，每月生产盐共有24849担（一担盐为100斤），由灶长负责管理。进进出出老姆河谷的马帮络绎不绝，呼声满道，市场闹热。而今，老姆井繁华不见，山箐寂静，只有小鸟叫声和着河水欢唱。

撩起清冽的河水，恍惚看到戴着黑色头帕，穿着蓝色长衣，外罩黑色斜衣襟纽褂，腰系白色围腰，蓝色围腰带上绣着花的老姆，赶着羊群悠悠走向盐井。她脚穿绣花布鞋，轻盈地踩在草地上。牧羊鞭划过草尖，山歌飞溅，箐谷回声。

古老的时候，
天地分家，
人间不知天上事，
神仙不知人间事。
不知哪一天，
天神打开了天门，
欣赏到人间和谐幸福的生活，
从此再也没关上天门……

老姆井原先是荒无人烟的山谷，当地一个牧羊老姆，贪恋这里水草茂盛，时常赶着羊群进入河谷吃草。羊群不到河边喝水，总爱跑到河岸一个地方喝水。从地下浸出细流，两边结满白霜。羊群挨挨挤挤，任老姆挥着牧羊鞭驱赶，就是不肯离去，只顾舔舐细流和白霜。老姆好奇地品尝带霜的水，咸的，才知这是盐水。她回到村里后，把发现盐水一事告诉村里人。村里人带着工具前往取盐水，背回家食用。开办盐井时，因盐水是牧羊老姆发现，便命名老姆井。随着盐井开办，盐井周围渐渐聚集成了村落，盐大使及盐场机构设立，集市拓展，使得这个地处沘江河流域的山箐，用特有的方式抒写盐源富集地的风采。

山风携带老姆气息，任我的思绪在老姆井自由飞翔。天空蓝得炫目，朵朵白云飘逸，犹如老姆衣裙飘飘，赶着她的羊群在天际漫游。

我们去本主庙。庙门一把锁，难见本主真容。一地疯长草，石香炉显得孤寂。香茬抚慰日子缺失，风来来往往传送祈福。本主是白族特有的宗教信仰，是“本境福主”，一个村或者几个村的保护神。时光埋没了老姆井古村落，但本主还不时享受周围村庄拜祭。从杂草丛生及本主庙供奉痕迹来看，本主受冷落的时间不算长。其实也不是真正地冷落，是节令性所致，这时节不是拜祭本主的日子。老姆井本主云游何处？摸着锁，我痴问白云。

文昌宫在高处，也是铁将军把门。老姆井的文昌宫建筑群修缮一新，与温庄那座破旧得在风中摇摇欲坠的文昌宫情形相反。文昌帝君是道教尊奉的掌管士人功名禄位之神，在金顶受到尊崇，由此可以追溯当地乡学渊源。老姆井文昌宫建盖在台地上，鸟瞰金顶坝。站在文昌宫后围墙前观景，眼目舒爽。沘江河两岸，田畴青青，大山围护的平坝令视野开阔高远。村庄星星点点散落在沘江河两岸。新兴城镇金顶高楼林立，与兰坪县城衔接，渐渐淡没在雾锁烟岚处。矮处的山就像窝窝头，不经意地搁在田畴边。高处的山峻峭挺拔，连绵不绝。沘江河在田畴间穿行，向着大理州云龙县方向流去。沘江河是滇西盐源富集地，兰坪县境内沘江河流域的金顶镇，就有老姆井、下井、温井、小盐井等古盐井遗址，随着时代变迁，大多数盐井就像老姆井一样荡然无存，悄然退出历史舞台，遗忘在人们记忆里。

老姆井所产的盐，因含碘量不高，所以本地患聋哑病、地甲病的人较多。老姆井村的老人们，提起一天走三县的往事，感慨深深。所谓一天走三县，指盐马古登从兰坪县的老姆井到云龙县、剑川县，一天里转悠的地盘涉及三个县辖地。以老姆井为中心，散射出去的盐马古道有若干条，或到达兔峨乡，或到达怒江州府所在地六库城，或到达大理州乔后、云龙县城、剑川县城等地，或到达保山市。

老姆井村有位贡生叫杨瑞鹏，他的儿子杨运宏到昆明考取了县宰。返回家时，杨运宏在大理寺算卦，算命先生说他的命不长，于是杨运宏放弃了赴任机会。他卒于 36 岁。杨运宏辞世那年，其儿子杨润生才 9 岁。不幸的是，杨润生的母亲和爷爷杨瑞鹏也相继辞世，杨润生由二爷抚养长大。杨润生长大后成了木匠。村里有个姓肖的大户人家，肖家有 4 个女儿。杨润生到肖家做农活，被肖妻看中，让杨润生入赘当了三女婿。肖家老夫妇与三女儿家生活在一起，让三女儿家继承房产、地产。杨润生当上老姆井的灶长后，他在管理老姆井期间，重视文化教育。虽然文昌宫不是杨润生手里建盖起来的，但文昌宫的文字是他请人帮忙刻上去的。老姆井学校由杨润生牵头创办，钱由盐务局出。杨润生亲笔题写了学校牌匾“泽润民生”，亲手挂在学校门首，以自己名字勉励做事。老姆井学校请了两位教书先生，一位是剑川县金华镇人，一位是马登镇人。马登镇来的教书先生叫张云。张云先生到老姆井教书后，在箐门当了倒插门女婿。他挥毫为学校写了一副对联：三民主义仰中山，万字文章中泗水。对联制成匾挂在学校大门两侧，杨润生题写的“泽润民生”成了对联横批。老姆井学校入学免交费用。兰坪解放后，老姆井盐务管理不再设灶长，改称为老姆井盐务分局，杨润生当了盐业社经理。1953 年，老姆井封井，他举家搬迁到箐门村杏花小组，当了农民。1958 年，老姆井废除盐厂拆除小学办食堂，对联和横批不知下落。同年，杨润生家搬到仁和小组居住。杨润生于 1984 年去世，享年 74 岁。

老姆井悠悠往事，伴随着山风在河谷里回荡。行走老姆井，感觉自己就像一个渔翁，在历史长河里撒网，打捞沉淀在盐马古道上的文化珍珠。

二

品茗的雅兴被盐马古道上的故事勾起，我饶有兴趣地拿起两袋良旺茶、青刺尖茶打量，眼球被商标“老姆井”三个字深深吸引。兰坪润民农产品有限责任公司（简称润民公司）开发的良旺茶、青刺尖茶叶以“老姆井”注册商标，定然与老姆井有渊源关系。

前往大石桥，脑海里浮现多年前行走盐马古道的情景。当年，我在表弟的带领下，从兰坪县城徒步到金顶大石桥，穿越原始森林，走上中哨房盐马古道，这段路是兰坪县盐马古道中著名的杨玉科路中的一段。我们在雪地里蹒跚前行，寻找时光深处马蹄凹槽的故事。林海雪域的风光虽然旖旎，石板上遗留的马蹄凹槽令人感受盐马古道上马帮、背夫艰辛，思绪在古道文化里潜行。印象中，大石桥附近是一块荒地。而今，当我走上大石桥，但见荒草萋萋的坡地上已建盖起一片厂房。这片平凡的厂区里，润民公司创造奇迹，把兰坪大山上不起眼的两种植物青刺尖、良旺茶的叶子变成饮后齿颊留香、回味甘甜的茶叶。蕴含当地人文精神与文化品位，良旺茶作为兰坪农产品的品牌礼物，在兰坪县庆 30 年中备受州内外嘉宾好评。兰坪良旺茶、青刺尖茶曾两次亮相中央电视台：2016 年，央视每日农经栏目以《大山深处寻“神草”》为题目对良旺茶进行详细深入的报道；2017 年，央视乡土栏目再次报道。

怒江州是古西南丝绸之路的重要通道，在没有公路的以往，马帮铃响和背夫歌谣组成了茶马古道历史记事的原始版本。金顶镇地处沘江河畔，处在盐源富集地带，拥有多个盐井，其中的老姆井是国家级文化遗址。李加迅从怒江州农校毕业，被老百姓亲切地称为“土专家”，他的老家就在老姆井附近，其祖辈在盐井上做事。他从小就耳濡父辈口述老姆井的故事，头脑里早就浸透了老姆井盐文化，对老姆井有着与生俱来的情结。所以，以他为核心的润民公司开发的良旺茶和青刺尖茶，注册商标名为“老姆井”。

兰坪县地处横断山脉纵谷地带，对于二十世纪六七十年代出生的农家子弟来说，童年记忆中最好的糖果就是摆在供销社里的硬糖、牛奶糖。但这个很奢侈，生活窘迫的农家子弟极少有人有钱去供销社买糖果吃。“口香糖”，箐门村里的孩子们不知道这个词汇。跟着父母时常走山道去干活的李加迅，走得口干舌燥，学着父母的做法，随手摘下良旺树上的嫩叶放进嘴里咀嚼，初时有点苦，但越嚼越感到回甘回甜。嚼过良旺茶，在溪边蹲下来，掬起溪水喝上几口，那甘甜直沁心脾，不仅解渴解乏还消暑。李加迅自豪地说，他的童年也有口香糖可嚼。他所说的口香糖，是指良旺树枝的里皮。他和小伙伴们上山找菌子、放牛或者找柴火，他们把良旺树枝的外皮剥掉，扒下里皮嚼了起来。嚼吃良旺树枝里皮，不习惯的人还真适应不了初嚼时的苦涩，随之而来的是浓浓的薄荷与生姜混合的味道，而后是淡淡的甘甜味。箐门村的孩子们嚼着属于自己的“口香糖”，越嚼越来劲，他们喜欢大山馈赠的口感。“嚼口香糖与嚼良旺树枝的里皮是同样的原理”，提起童年嚼“口香糖”一事，李加迅笑着对我说。

吃过良旺树鲜叶后喝溪水时舌尖上的回甘，让李加迅心里萌发出把乡土记忆转化到茶饮中的心愿。驮载盐马古道文化记忆的良旺茶、青刺尖，从大山上的植物变成寻常百姓家的茶饮，并走出大山流向远方大都市，引发山外各方游客来兰坪观光旅行，感受古西南丝绸之路沿线的风土魅力，那该是多么美妙的事啊！

2012 年 6 月，李加迅和同村伙伴李水生带着在金顶收购的五六百斤良旺树叶，放在泡沫塑料箱里，从兰坪县城出发了，直达临沧云县大仓镇。在李水生亲戚帮忙下，他们把良旺树叶拉到茶厂加工成 200 斤左右的茶叶。良旺茶加工出来后，李加迅随即泡了一杯试喝。水气袅袅上升，他端起杯子细闻，清香扑鼻。喝了一口，忍不住再喝一口，甘甜清肺。这杯茶，更加坚定了他开发良旺茶的决心。决心已下，但他的心还是悬着，因为兰坪县金顶镇处在铅锌矿床区。作为茶叶，良旺茶里的重金属及有害物质含量怎样？两人拉着加工好的茶叶，马不停蹄从临沧赶往省城昆明，到省农科院找人进行化验。省农科院国家农产品检测中心的工作人员看到良旺茶，都感到稀奇。检测中心化验了 30 多份良旺茶，干的、湿的都有。检测结果一时半会出不来，李加迅和李水生先回了兰坪。20 多天后，接到了省农科院邮寄来的化验结果，化验报告写得明明白白，良旺茶里没有重金属和有害物质及农药残药等。李加迅悬着的心放了下来，随即着手贷款，落实加工良旺茶厂房租地及签定协议，一切手续齐全后，开始建盖厂。这个认准了事就毫不含糊去做的白族汉子，在亲友和乡亲们的鼎力支持下，在金顶镇大石桥边建起了毛坯彩钢瓦铁皮房，既是润民公司最初的办公地，也是公司最初的茶叶加工厂。一年多后，润民公司破土动工现今所见的良旺茶加工厂房和公司办公楼。

李加迅带着李水生、张照全到普洱考察茶厂和茶叶加工，参观产品采收、制作过程。昆钢中层干部张智在金顶镇担任新农村工作队队长，他对李加迅挖掘地方特色生物产业，带动乡亲致富的想法和做法赞赏有加。因业务关系，张智认识思茅茶叶加工机器的厂家，并介绍给李加迅。张智与李加迅一起到思茅，购回生产良旺茶的机器。机器买回来了，但如何加工良旺茶，这是李加迅面临的又一大难题。2013 年清明节前，润民公司请来了福贡县老姆登茶厂的一位资深师傅，前来指导制作良旺茶、青刺尖茶。老姆登茶是怒江州开发较早且久负盛名的茶叶品牌，师傅是富有经验的制茶能匠，对于加工制作良旺茶、青刺尖茶满怀信心。福贡县老姆登茶是一种绿茶，它与兰坪县的青刺尖、良旺茶叶质叶形都不一样。师傅凭借其制作老姆登茶的经验来加工良旺茶，于是出现了很多问题，比如粘锅、加工后的茶叶在视觉上不像茶叶、把良旺茶炒碎了、茶叶卷不起来……师傅想尽一切办法，研究了一段时间后，制作出来的良旺茶还是失败了。10 多天过去了，面对机器，师傅感到束手无策，只好辞别润民公司，离开大石桥，满怀遗憾地回到福贡县老姆登村。

李加迅和张照全没有放弃制作良旺茶的试验，他们从箐花村收购鲜茶叶，以便试验所用。润民公司是第一家制作良旺茶的公司，没有前例参考。他们不断总结、调整工序。李加迅专程到昆明茶叶研究所，请所里的专家到兰坪金顶大石桥来。经过不断研制，终于把茶叶做出来了。良旺茶加工出来后，李加迅又琢磨上了青刺尖。古书记载，良旺茶别名白鸡骨头树、金刚散、山槟榔。药用全株，甘，微苦，凉。清热解毒，止痛，主治急性咽炎，急性结膜炎，骨折、风湿腰腿痛，消化不良，腹痛，月经不调等。青刺尖药用叶，淡，微辛，平，活血散瘀，接骨消肿，补虚，主治骨折、枪伤、贫血。良旺茶可以入茶，青刺尖能否亦可入茶呢？有了做良旺茶的经验，开发青刺尖茶就顺畅多了。从请老姆登师傅，到昆明茶叶研究所专家教授前来帮助，直到良旺茶、青刺尖茶做出来，这一过程，耗时耗人工不算，光消耗掉的良旺茶、青刺尖鲜叶就有 5 万多元。

每年五六月是采摘良旺茶鲜叶的季节，而四五月是采摘青刺尖鲜叶的季节，两种鲜叶可以连续采摘三个月。呈现在消费者面前的良旺茶，需要经过的工序有清洗、控水、杀青、揉捻、解块、两遍烘干、翻炒、一遍烘干、冷却、装袋入库、分拣、包装、上市。这么多工序！捧起一袋良旺茶，倍感箇中分量，其中有着多少人的辛苦汗水。制作良旺茶比制作青刺尖茶难，杀青、揉捻各个环节要把控精准，稍有不慎，便功亏一篑。入锅及炒制掌握不当，就容易造成粘锅、结块，成不了茶叶形状。翻炒时间过短，茶叶形状不佳，翻炒时间过长，就容易造成碎茶，所以掌握好翻炒良旺茶的时间至关重要。严苛的制茶工序，对于润民公司来说，是其创业时的含泪记忆。

润民公司收购的良旺茶鲜叶，主要来自金顶镇箐门，部分来自金顶镇干竹河、拉井镇、通甸镇、大理州云龙县。青刺尖鲜叶每斤 7 元，良旺茶鲜叶每斤 10 元。良旺茶开发上市后，润民公司的茶叶出产逐年增多。2018 年，公司收购青刺尖鲜叶两万八千多斤，收购良旺茶鲜叶四万多斤。目前，良旺茶已销售到北京、上海、珠海、韩国等地。通过电子商务，良旺茶、青刺尖茶除青海、西藏、内蒙古没有人买过外，在淘宝上的销售已涵盖全国，散装良旺茶每斤价格 300 元，散装青刺尖茶每斤价格 200 元。

润民公司开发良旺茶、青刺尖茶，在六个年头里经历了三代产品的研发，可谓荆棘满途，步步惊心。三代良旺茶、青刺尖茶礼品盒的细微变化，可以看到这家地处滇西北的民营公司其产品不断改进的过程，从中体现出经营者敏锐的市场触角和不懈的开拓精神。良旺茶和青刺尖茶参加省农博会展销，受到好评。尤其值得一提的是 2016 年，润民公司申报良旺茶、青刺尖茶专利得到批准，获得专利号。作为良旺茶产业的开发者，李加迅于 2014 年被评为怒江州劳动模范。

良旺树和青刺尖树都是常绿灌木，也是可持续发展的再生资源，属于退耕还林中的一个树种。润民公司开发良旺茶、青刺尖茶受到了多方关注扶持，兰坪县各级领导多次亲临良旺茶厂房和基地视察。良旺茶的开发也受到了挂钩扶贫的上海交通大学和珠海的帮助。上海交通大学协助研发的良旺茶手工皂、精油已上市。珠海帮扶注入润民公司资金，用于良旺茶基地建设。目前，帮助公司收购良旺茶，以及在公司做事的建档立卡户有 32 户。2019 年兰坪县脱贫出列，在后续产业发展中，润民公司可以解决兰坪县易地搬迁户部分就业。新时代赋予农业科技工作者展开追梦的翅膀，良旺茶故事是古道变迁中的精彩一笔，谱写出兰坪县盐马古道崭新的精神风貌和文化风采。

荣誉证书对于一家公司来说，是其发展足迹和事迹认可。润民公司的项目“怒江野生青刺尖和良旺茶深加工产品开发示范”获州农业局颁发 2013—2014 年度怒江州农业科技奖二等奖。2015 年 1 月，润民公司荣获云南省科学技术厅颁发的云南省科技型中小企业认定书 。同年 12 月，荣获怒江州农业产业化经营协调领导小组颁发的农业产业化经营州级重点龙头企业证书。2016 年 9 月，荣获云南省工业和信息化委员会、云南省财政厅授予的云南省省级成长型中小企业称号。

俗话说，成功的男人背后站着一位不平凡的女性，而在李加迅身上，更确切一点应该说，成功的李加迅背后站着一位不平凡的父亲。这位令人尊敬的父亲名叫杨继文，是兰坪县金顶镇仁和种植专业合作社（以下简称仁和合作社）的社长。

从大石桥到老姆井村再到仁和小组，行走金顶镇箐门村，我明白了为何良旺茶、青刺尖茶注册商标名为“老姆井”，杨继文竟是老姆井村一代盐场灶长杨润生的儿子，而李加迅是杨继文的儿子。“老姆井”是一个村庄的名字，也是一口盐井的名称，更是一个产业的标识。

“老姆井”不是单纯意义上的盐井和村庄的名称，更多意义是一种文化元素，承载乡愁。

三

金鼎镇箐门村仁和小组，一座普通的农家小院里，绣球花开得灿烂。两位 70 多岁的老人正在忙碌着。老阿妈在东屋走廊上收拾背箩，旁边有一箩苞谷，青青的苞谷皮还没剥开。老阿妈脸上挂着汗珠，身后是一小堆洋芋。平房里酒香扑鼻，老阿爸正专心地接住从甑子里流淌出来的酒液，他身边立着大大小小的酒坛。走进这个农家小院，感觉就像回到澜沧江畔的老屋一样。这座开满鲜花的农家小院正是李加迅的老家，两位慈眉善目的老人正是李加迅的父母。

2011 年 7 月，67 岁老人杨继文创建兰坪县金顶镇仁和种植专业合作社，其社员有 11 户。仁和合作社收购菌类、豆类、中草药，种植重楼、金铁锁等中药材。成立合作社以前，杨继文老人在村里是有名的养猪和种植中药材的能手，也精于酿酒。当时，箐门村的农作物比较多，时常出现农产品滞销的情况。杨继文成立合作社后，给社员们搭建了一个互帮互利、资源共享的平台。仁和合作社抱团取暖的方式，得到李加迅的赞赏和支持，他不知不觉地参与进来，一心要为乡亲们做点事。他弄来了桔梗种苗，赠给合作社种植，待药材收成时，他找药材商来村里收购。第二年，他又弄来附子种苗，提供给社员们种植，叮嘱社员们要保留种子，结果却被社员们卖掉了。附子价钱便宜，合作社的社员们种了一年后，没有再种下去。次年伊始，合作社的社员们只种重楼、金铁锁。金铁锁俗称独定子，种了两年后，也没有再种下去，而重楼一直到现在还种着。在李加迅的指导下，有的社员留着重楼籽种再繁殖扩大种植，通过李加迅的搭桥卖了好价钱，每年出售重楼籽种收入一万多元。作为合作社的社长，杨继文种植重楼已有多年经验。我到仁和小组采访杨继文老人时，正是 2018 年暑假。老人家告诉我，去年他家光重楼一项收入就有 8 万元。

金顶镇推广种植油牡丹后，土地流转给油牡丹公司，箐门村的乡亲们因此不再种芸豆、苞谷、洋芋等农产品。他们种植油牡丹以前，所种农产品遇到销售困难时，村里人就找李加迅。李加迅总是想法设法为村民解决燃眉之急。为乡亲们做事，为贫困户解决实际困难，能够用自己的技术优势帮助并带动乡亲们脱贫致富，一直是李加迅的心愿。他一直在琢磨和寻找着合适的产业，这个在大山里长大的农家孩子，这个与大山不断打交道的农学士专家，这个自幼被盐马古道文化浸润的金顶箐门人，在我深入兰坪县八个乡镇做盐马古道课题研究的旅途中，给了我深刻的感触。当我去查看老姆井遗址，走进老姆井村，深入基地观察良旺树，与建档立卡户坐在小溪边交谈时，我感慨地想，新时代给予李加迅施展抱负的平台，他开发良旺茶、青刺尖茶，这是天生注定的缘分。

作为仁和合作社社长，为了做好示范，杨继文老人特地前往大理州宾川县学习种植中草药技术，当了 5 天学徒。说起发展产业及做生意，杨继文老人感慨不已，当农民不仅会种植，还需要了解市场行情。可市场这个，谁也不好预料，没有精准的预测专家，在箐门村民心目中的能人李加迅也有马失前蹄的时候。杨继文从电视上看到金铁锁的报道，吩咐儿子李加迅买这个药材籽种。李加迅从迪庆州维西县买来金铁锁种子，2000 元一斤。杨继文老人栽种了两亩地，当年收获 70 斤金铁锁种子。不料，金铁锁种子价格在市场上居然一落千丈，暴跌到500元一斤。杨继文老人已投入成本近4万元，成本收不回，还倒贴亏损，这一年的劳动白辛苦了。父子俩没有抱怨一句话，反而互相给力，在田地上尝试种植中药材，想寻找到最适合的产业发展路子，他们都有个心愿，那就是带动乡亲们一起致富。“做生意有垫本，投资有风险，做坏事付出代价，借钱要还。”这是杨继文教育孩子们做人的道理。种植中药材，附子价格偏低遭到抛弃，金铁锁虽然丰收但在市场波动中惨遭损失，最终选定并坚持种植重楼而赚了一桶金，对于父子俩来说，这些经历都是正常的事。发展产业，李加迅有一块最好的实验地，这块试验地就像一艘希望之舟，满载着他的梦想。无论狂风暴雨或者风和日丽，希望之舟都稳稳当当地破浪向前，因为这艘船的掌舵人是李加迅那可亲可敬的父亲。

箐门村仁和小组背靠金鸡寺，晨钟暮鼓，一代又一代箐门人讲述着老姆井的历史。20世纪90年代，杨继文在金鸡寺管理委员会当副主任兼会计，这个职位一做就是10年。金鸡寺庙祝段祖德的孩子反应迟钝，段祖德担心孩子，叮嘱杨继文“以后我死了，帮我娃娃安排庙子上的活”。一年后，庙祝去世了。杨继文后来离开了金鸡寺，一心养猪、酿酒以及种中药材，发展家庭经济，但他没有忘记庙祝的嘱托。他决定成立仁和合作社，把贫困户、困难户、残疾户吸收到合作社里。这并不是培养他们等靠要，而是引导并示范他们种植，通过合作社的报团取暖给予他们人性关怀，鼓励他们身残志坚。李加迅出任润民公司老总后，开发良旺茶产业，也考虑到金顶镇箐门村有一部分因残疾致贫的家庭，这些残疾人可以干活，给予他们就业机会，帮助他们的家庭走出贫困，父子俩的想法不谋而合。仁和合作社里，有一半左右是残疾人。庙祝有6个孩子，其中两个患残疾，他们在合作社里受到较好的关照。李加迅在金顶农技站工作时，挂钩扶贫村里最困难的李润才家，李润才家也成了合作社中的一员。

春节期间，人们到金鸡寺游览，但见路边有茶摊，杨继文老人冲泡了良旺茶，免费招待路人游客。口渴疲累的行人，坐在茶摊前，喝上一杯香茗，甘甜驻心。曾经在金鸡寺任职的杨继文老人，他慈善的笑容就像清香的热茶，温暖往来金鸡寺的记忆。

润民公司成功开发良旺茶、青刺尖茶后，惠及箐门村民，乃至金顶镇百姓。拉井镇、通甸镇这两个乡镇适合良旺树生长，当地老百姓采摘了良旺树、青刺尖嫩叶，带到金顶大石桥卖给润民公司茶厂。同样，大理州云龙县的百姓，他们也将采摘到的良旺树、青刺尖嫩叶带到金顶大石桥，增加搞副业的收入。

每年收购良旺树、青刺尖嫩叶，加工制茶，仁和合作社成了强有力的根据地。收购鲜叶时，老社长杨继文和他的老妻成了挑选鲜叶嫩叶的带头兵。他们坐在大簸箕前耐心地挑选。以前，良旺茶、青刺尖出现在箐门人的餐桌上外，还用于祭祀活动。良旺茶用于退口舌仪式，青刺尖用于驱鬼。而今，良旺茶、青刺尖茶就像一个灰姑娘变成高贵的公主，从乡野登上了大雅之堂。代表着兰坪的品牌名片，成了茶文化中一道亮丽风景。在录音机里放上一盘白族调，挑选良旺树、青刺尖嫩叶的箐门人，喜悦发自内心，溢于言表。清香扑鼻的茶叶呈现在众人面前，良旺茶颜色较浅、显得轻盈，青刺尖颜色较深、显得厚重。良旺茶、青刺尖茶放在精品盒里，成了兰坪特产中高大上的礼品。

2013 年 12 月，仁和专业合作社被认定为云南省林农专业合作社省级示范社，云南省林业厅、省财政厅、省供销社颁发荣誉证书。现今，仁和合作社的社员已发展到了 117 户，带动建档立卡户 35 户。

顺着马踏箐河逆流而上，我们前往陡箐山良旺茶基地。正巧碰到几个背着茶树苗的箐门人，他们开心地告诉我，良旺茶基地要扩大种植。山青林密，岩石嶙峋，山路蜿蜒。溪水潺潺，小鸟啁啾。不知走了多少路，到了一个较为开阔的地方，但见几只鸡正在寻觅草虫，河畔一座简陋的石棉瓦房映入眼帘。房子周围，蜂箱分布有序，顺着山势延伸。这座简陋的石棉瓦房就是良旺茶基地的核心，是仁和合作社的另一个战场。基地负责人李家雄，他是合作社社长杨继文的小儿子。

良旺茶是常绿小灌木，属于五加科，生长在海拔 2400 米至 2700 米的山坡上，生于阴凉、潮湿的灌木丛中。掌状复叶虽然相似，但叶片数目不同，有三至六片，没有固定。叶片两头尖尖，边缘有稀疏的锯齿，形状有点像柳叶。基地上的良旺茶长势良好，山风吹拂，青青叶子频频向我们点头问好。李家雄裤脚上沾满泥土，忙前忙后。放下背上的东西，在石棉瓦房旁边小憩，村民告诉我，他们背来的良旺茶树苗来自大理州云龙县。昨天，李加雄带着他们去云龙山上收购种苗。作为良旺茶基地负责人，李家雄从云龙回来，顾不上休息，顾不上拍打沾满裤脚的泥巴，马不停蹄地忙乎起来。

马踏箐河有段人工修建的水塘，可以看见鱼儿在清澈的水里游动。陡箐山上，山花若隐若现，沿河进入基地的路边种满月季及其他花卉。李家雄向我们介绍基地发展状况，这个朴实的庄户人，讲起他的基地梦，平静的表情难以掩盖自信。待条件再成熟一些，李家雄打算在基地上搞简易农家乐，让县城百姓在周末有个好去处。品味良旺茶香，也品尝佐伴良旺茶的菜肴。尤其通过采摘良旺茶，让城里人亲身体验采茶的乐趣，领会建设生态家园的意义。如果不做深入采访，是无法理解金顶人如何爱护良旺树。为了再生回收良旺茶和保护茶树，人们在采茶时，会用一只手轻轻捏住叶柄，另一只手一片一片地摘下嫩叶。

极目风景怡人的良旺茶基地，不由追溯基地建设的过程。兰坪县大力发展高原中药材、花卉、核桃、漆树、青刺尖茶、良旺茶等特色生物产品，润民公司以此为契机，结合兰坪县打造绿色品牌策略而大胆创新。2013 年，润民公司与仁和合作社建立了合作关系，以“公司 + 合作社 + 基地 + 贫困农户 + 产品”模式，流转宜林地 1102 亩。润民公司将仁和合作社社员的林地整合流转发展生物产业，仁和合作社主要负责基地建设及提供良旺茶、青刺尖茶原料。基地建设需要大量的劳动力，润民公司统筹产业发展全局，大量吸收农村剩余及贫困人口的劳动力。仅以良旺茶种植一项为例，每年可以安排困难户参与种植 8 个月，人数达到 120 人；安排贫困户采集良旺茶鲜叶、青刺尖茶鲜叶 5 个多月，人数达 150 人；安排贫困户参与加工茶叶 5 个月，人数达 35 人。参与良旺茶、青刺尖茶采集、加工的贫困户平均每天每人劳动收入约 120 元，带动建档立卡贫困户 77 户。良旺茶基地被县残联授予兰坪县残疾人种植示范基地。

怒江州打响了脱贫攻坚战，怒江人众志成城，为确保如期实现脱贫摘帽的目标任务而努力奋斗。润民公司与仁和合作社针对周边贫困人口比较集中及致贫类型，依托产业扶贫、技术扶贫，安排贫困人口就业，建立多种扶贫方式，积极投入到兰坪县的脱贫攻坚战中。润民公司主动联系贫困户，积极动员贫困户参与基地种植、茶叶采集和加工；对于没有劳动力的贫困户，润民公司优先租用该类农户的林地，或折入股份，令其靠租金、股金增加收入。因身体残疾致贫的贫困户，润民公司根据其残疾程度，鼓励安排其就业，积极投入相应资金保障其劳动收入。同时开展实用技术培训，通过技术扶贫，让贫困户提高劳动技能，增加收入。

参观陡箐山良旺茶基地，从一棵茶树到另一棵茶树，让我体会到生态家园建设中的火热情怀。与在基地里干活的几位建档立卡户促膝交谈，他们如数家珍，说起自家的情况，对润民公司与仁和合作社开发良旺茶给他们带来的就业实惠充满感激。暖暖良旺茶，悠悠仁和情。沘江河畔，兰坪人打响脱贫攻坚战，演绎上阵不离父子兵。

从良旺茶基地到老姆井，漫步古驿道，再次打量孔桥，骤然觉得，眼前一切就像无极限的线条，洋溢老姆井子弟的人文情怀。漫步老姆河畔，青青草丛中传来悠长的呼唤，“收购良旺茶啰——”

“十分水”遐思

离老姆井不远，一股小溪如蛇穿行山箐。竹管引溪水到路边。有个山民在竹管下接水，待两个水桶接满水后，挑上水，脚步轻盈地向我们走来。同行的两位朋友是当地人，介绍说，这股水叫“十分水”，水质清甜，是阴间水。闻言，我迎上去跟村民打招呼。村民告诉我，老人临死前，若能喝“十分水”上路，意味着在阳间活一世没留下遗憾，人生圆满，后人必得福报。而活在阳世的人，时常喝“十分水”，祛病除灾，人生清洁，周边村庄的老百姓喜欢到这里取水喝。

阴间水昂贵，何况是“十分水”！

白族拉玛人送魂调中，对死魂灵叮嘱，“你前面有三潭水，上边那潭莫喝，下边那潭莫喝，上边那潭水深，下边那潭水脏，要喝中间的那潭。你前面有三条路，上边那条莫走，下边那条莫走，上边有虎，下边有豹；上边有刺，下边有签，要走中间的那条路，直到爷爷奶奶的住处……”喝了“十分水”，魂灵去往祖宗地的路上，对前面的三潭水，还有喝的欲望么？ 200多年时光过去了，老姆轮回转世，所居之地，是否也拥有“十分水”？

沘江河畔，何处还有如老姆井“十分水”那样流淌的阴间水？

从老姆井回到兰坪县城后，我再次到金顶镇，犹如淘金人用筛子筛河沙般，在沘江河畔走访已是耄耋之年的马锅头，其中，居住杏花村的杨建忠老人给我的印象尤其深刻。2009 年 2 月 11 日，我跨入杏花村一个典型的白族建筑风格院落，一树粉色杏花灿烂地迎接我。戴着棉帽，脸清瘦，眼神慈祥，83 岁的杨建忠老人坐在火塘边煨茶。他是兰坪县民族贸易公司的退休职工。

民国时期，杨建忠往返兰坪县和保山地区之间做盐生意。从老姆井或期井到大理州云龙县窖州，人和盐驮子坐筏子过怒江，马泅水过怒江，经灰坡山到保山地带卖盐巴。灰坡山位于怒江州泸水县蛮云乡以西高黎贡山东麓，二战时期，日军在此建立据点。“灰坡山遗留的子弹壳最多”，杨建忠老人感慨地说。一筒盐 4 斤，在期井买一筒盐巴 4 角钱，到保山可以卖到两元一筒。盐马古道匪患不绝，往返兰坪和保山做生意颇多艰辛。兰坪县人民政府建立初期，行走这条线路做生意，需要通行证，没有通行证，就会被民兵抓起来。杨建忠和同村做盐生意的没有通行证，就拿盐票抵通行证。后经兰坪县几次剿匪，匪患绝迹，一路上不必担心遭贼伏击。丢失的东西没人要，人们在半路上拾到东西，往往把东西挂在树上，以方便失主寻找。

杨建忠当上了承包商，他雇佣马帮，从拉井驮盐业公司的锅底盐到大栗树，从保山市区来的车到大栗树运盐巴，他从中赚取一点运费。马帮驮上锅底盐，过拉井西关桥，经过营盘，从功果桥过澜沧江，经石门到达大栗树。石门到大栗树的这段路，马帮驿道绕山 100 多公里，要经过永平，经过“三一二”老滇缅公路（直到 20 世纪 80 年代，公路从永平修通到功果桥，这条绕山百多里的马帮路才弃之不用）。杨建忠雇佣石门马帮，这是一个大马帮，有一百多匹马，每次从拉井驮盐 100 担（一担盐有 100 斤）到大栗树。在拉井，一担盐价钱 10 万元（10 块钱），运到石门价钱翻两倍，变成一担盐价钱 20 万元，运到保山城里，价钱翻三倍，变成一担盐价钱 30 万元。石门马帮驮盐业公司的盐巴，用承包商杨建忠的话来说，驮公司盐。公司盐都是锅底盐，公司盐的买卖由盐业公司负责上税。

马帮驮公司盐到石门，杨建忠拿着拉井公司盐的票在石门公司买相应的生意盐。生意盐是筒盐，可由杨建忠自由支配卖盐。当然，如果马帮不驮公司盐，没有拉井公司开的票，就不会在石门买到生意盐。在拉井公司驮盐时，公司把从拉井到保山城的马帮运费 1000 万元付给杨建忠，他先支付给马锅头 500 万元，说好另 500 万元到保山城交割清楚盐斤后再支付。在石门，杨建忠支用 50 万元买生意盐作为周转。当时生意好做，五六角钱就能买到一斤麂子肉，米肉吃不完。后来，做生意的要累计上税，生意不好做后，杨建忠放弃当承包商，改行当了马锅头。

杨建忠当马锅头，赶的是自家马帮的马。他不当承包商后，买了 6 匹叫骡，每匹叫骡价钱 40 万元。性口和人一样有脾气，马锅头要懂得自己马帮的骡子脾气。马锅头站在驮子边上叫唤，叫骡闻声过来了。拥有五六匹马的马帮，其中叫骡最起码有三四匹，这样就不用马锅头一匹一匹地牵马过来驮东西。马帮驮盐，也分软驮和硬驮。如果是软驮，马匹上只有马鞍一副，皮囊绳也短一些。如果是硬驮，要给马配备马鞍一副，盖垫一床，苦荞皮一床，皮囊绳要长一些。当时，杏花村如杨建忠一样当马锅头的人多，整个村庄共有 100 多匹马。杏花村成立合作社时，杨建忠赶着 6 匹叫骡加入合作社。他在合作社当过马锅头也当过农民，后来参加工作，在县委会、商业局呆过，直到退休。

杏花村行半年后，我接到来自兰坪的电话，杨建忠老人突然得脑梗，经子女们及时救治和多方医治，老人生命保住了，还是不可避免地患上老年痴呆。杨建忠老人 86 岁那年，我从六库到兰坪县城探亲，顺便到杏花村看望他。杨老就像孩子般乖乖地坐在妻子身边。同村玩长大的人来看他，问他多少岁了，他说 96 岁。伙伴逗他，你 96 岁了，那我就是 100 岁了。“哦”，杨建忠老人呆呆地答应，呆呆地沉入一个人的世界里。杨妻告诉我，他只记得自己的年龄，其余啥也记不起。他为何把自己的年龄记错了，固执地说自己有 96 岁，对于这多出来的 10 岁，谁也理解不了。

到杏花村看望杨老前辈后，我返回六库，不出一个月就接到老人去世的消息。从州府六库城坐客车赶往兰坪县金顶镇杏花村，我到杨家奔丧。白族风俗，出灵这天，女的一律不上坟，只有第二天才能去坟地。杨氏家族的坟地颇有规模，白族风格浓郁，安葬的位置有严格的固定辈分，从坟墓埋葬格局上可以看出安息几代杨氏祖宗。坐在墓地前，想起火塘边给我讲述走盐马古道经历的杨老前辈，我难过地把目光投向盐路山。盐路山是白族指路经中提到的魂灵回归祖宗地必经路线，我睁大眼睛，希愿最后看一眼渐去渐远的灵魂。阴阳相隔，我这凡胎肉眼没有具备特异功能，只看到雪邦山上升起雾霭，青山寂寂。

人死后，灵魂回归祖宗地，白族拉玛人在送魂词中唱道，“直到阿爷阿奶的住处——东部傲宗丁。直到水牛和黄牛犁地的地方，直到放牧白牛和黑牛的地方，直到专造金银铜钱的地方，直到不动手也有饭吃的地方，直到听不到乌鸦叫的地方……”

杨建忠老人去世后，鬼节到了，我特意去杏花村他家看烧包。人死后第一年，农历七月十四鬼节这天，死者直系亲属和为死者戴孝帕的人，都要给亡灵烧包，包里大多装有冥币。包上写着杨老前辈的名字，落款送礼人名字，就像邮寄信件一样，信封上写明白收件人和寄件人。第二个第三个鬼节，只有直系亲属烧包，别的人不再参与。出殡祭日第三年这天，孝子孝女们要到死者坟前烧掉孝帕孝帽。

给杨老前辈烧包，包烧化瞬间，我突然想起老姆井“十分水”，好想悄悄地问身边忙着烧包的人，给杨老前辈喝的阴间水，是不是取自老姆井“十分水”？转念一想，人死了，最终不过一把土，人生就像一粒尘随风飘散，喝不喝“十分水”，今世已经画上句号，来世是未知数，即便再有十全十美的心意也是枉然。我没有问，与主人家一起默默烧包。心思随着烧包烟霭飘向隐没在时光深处的马帮，沿着马锅头杨建忠的足迹，从兰坪的盐马古道走向大理州永平的博南古道，走向保山的永昌道，触摸蜀身毒道的历史。

“十分水”，只不过是阴阳两界最后一点念想和祝愿，只不过是生命尽头流泻的人性温馨和关怀。关于死亡，头脑里难以挥去小说家郭敬明在《幻城》里的唯美描述。

我不知道死亡的时候，凝望苍穹竟然会那么凄凉，一声一声霰雪鸟的悲鸣，斜斜地掠天而去，我看到你的面容浮现在苍蓝色的天空之上，于是我笑了，因为我看到你，快乐得像个长不大的孩子。

兰 韵

一

怒江州作为世界自然遗产“三江并流”风景区，其兰坪县被誉为“三江之门”“兰花之坪”。时令进入7月，兰坪县气候宜人，兰坪人迎来了兰界盛事，中国三江龙维兰（兰坪）第四届兰友联谊会暨中国三江龙维兰第四届管理委员会（扩大）会议在兰坪举办，其间，兰花自由交易市场由芳韵兰花专业合作社的兰花基地无偿提供。

所谓龙维兰，是三江龙维兰友好兰花协会的简称，指大理州云龙县、迪庆州维西县、怒江州兰坪县三个县，龙维兰是一个文化名片，是在兰花资源区共建的一个兰文化圈，具体指金沙江、澜沧江、怒江三江并流区滇西三个地州三个县兰花协会友好共建的细叶莲瓣兰资源平台文化品牌，创建于2016年7月16日。龙维兰目的：资源共享，抱团聚力，互动、互通、互联，交流和学习。龙维兰宗旨：把兰花资源优势变为经济优势，带动产业发展，安排就业岗位，带动旅游。龙维兰立足三个县，在此基础上对外交流，学习外地的先进易兰经验、整顿环境的场所以及因地制宜的综合协调。龙维兰有章程，每年聚会一次，轮流在三个地州聚会。聚会的内容主要有座谈会、兰苑栽培环境的参观学习、兰花交易。

在兰坪县，一提起兰花，人们自然就会想到杨求宝，他是兰坪兰界的灵魂人物。杨求宝担任中国兰花协会常务理事、云南省兰花协会副秘书长、兰坪县兰花协会会长、金顶镇芳韵兰花专业合作社社长。20年前，他主持成立兰坪县兰花协会，担任常务副会长。兰坪兰花协会成立不多几年，他专门找到中国兰协、云南省兰协终身名誉会长潘光华教授，请他为兰坪兰花协会题字“兰坪兰花之坪”，切实带动兰坪县兰花产业，将兰花作为兰坪县名片，打造兰文化，着力宣传兰坪。2016年5月28日，由兰友提议，兰坪县兰花协会重组，商定成立三江源兰花协会。7月1日，三江源兰花协会成立大会上，经会员选举，杨求宝当选为会长。三江源兰花协会（以下用“县兰协”）成立15天后，三江龙维兰友好兰花协会（以下用“龙维兰”）成立，杨求宝成为龙维兰管理委员会成员之一。

杨求宝是金顶镇杏花村人。说起杨求宝与兰花的结缘，不得不提杨求宝的父亲。父亲是个马锅头，民国时期赶着马帮，往返兰坪县和保山地区做盐生意。兰坪解放后，父亲参加商业部门工作，于1980年退休，84岁时病故。马锅头父亲生前尤其钟爱兰花。父亲爱兰花，影响着母亲，母亲也钟爱兰花。父亲赶着马帮从远方回到家里，时常带回兰苗，当作礼物送给母亲，两人共同把兰花种在院子里。日久天长，院子里有着一片蓬勃生机的兰花园，花开满院幽香。赶马人时常走在崇山峻岭里，艰辛自不必说，漫漫长路中的孤独只有赶马人清楚，对妻子对儿女的那份深沉的思念只有赶马人清楚。每当看到深山有幽兰，花开自高洁，马锅头父亲惊喜得把马鞭插在后衣领里，近前细细观赏。看到花开得好看且家里没有的兰花品种，他就会带回种苗。父母对兰花的喜爱，潜移默化地感染了几个儿子，尤其对三儿子杨求宝影响特别深。

1984年，杨求宝从兰坪县拉井国营饭店调入县民贸公司，在县城供应点工作。这一年，兰坪市场上有兰花交易。两年后，兰坪县城整体搬迁到金顶，杨求宝开始盆栽兰花。1988年，兰花在兰坪市场上热销，买卖兰花的生意兴隆。杨求宝卖兰花收入第一桶金，异常兴奋。当时，他的工资才100多元，第一次在兰花市场上交易有所收入，使得他深受鼓舞，他把卖兰花的收入投入扩大兰花种植里。随着工资的增长和在兰花市场上的收入，他每月买兰花的投入也增加，有时每月几千元。他就在养兰花卖兰花中发展兰花品种，县城的家里摆满了一盆盆兰花，杏花村老屋里摆满了兰花，老家地里种植兰花。在他的带动下，大哥及其长子家、小兄弟、表弟及亲戚，还有周边的一些老百姓、下岗职工加入了爱兰养兰的行列里。

2007 年 1 月 26 日，党和国家领导人周铁农、迟浩田、王光英、彭珮云、万国权在人民大会堂国宴大厅亲切接见出席首届中国兰文化大展（德馨杯）系列活动的全体中国养兰名家代表、海内外著名兰科专家学者，怒江州只有杨求宝和张德才参加。

罗列以下足迹，可以一目了然杨求宝把家庭式的养兰发展到家族式的合作社，带动影响并成立兰坪县兰花协会，影响八个乡镇养兰爱好者加盟协会的人生足迹。

2009 年 4 月 22 日，杨求宝注册成立了兰坪县野生花卉有限责任公司，主要经营兰花、茶花、杜鹃花、鲜切花、苗木、盆景等生产和销售；同年 7 月，注册成立了兰坪县芳韵兰花专业合作社，业务范围为特色兰花品种种植、销售，合作社社员都是他的亲戚。芳韵兰花专业合作社成立 10 多天后，加盟兰坪县供销社；2010 年，兰发改委备案批复芳韵兰花专业合作社的花卉生产基地项目；2011 年，芳韵兰花专业合作社成为云南省供销社千社千品经贸股份有限公司股东、会员，同年 10 月，兰坪县林业局农业和科学技术局计划实施，芳韵兰花专业合作社的花卉生产基地为兰坪县农业特色花卉产业发展示范基地（产业园）；2012 年 5 月，兰发改委给兰坪县野生花卉有限责任公司批复投资项目备案证，扩建项目、基地建设、市场建设等；2013 年，芳韵兰花专业合作社加盟兰坪县工商联会员单位；2013 年 12 月 28 日，云南省林业厅、云南省财政厅、云南省供销社联合首批，转发州、县林业、财政、供销社联合文件，首批芳韵兰花专业合作社为林农业合作社、省级示范社，颁发牌匾和荣誉证书、工作手册；2014 年 7 月 21 日，县总工会批复兰坪县野生花卉有限责任公司成立工会委员会，杨求福任工会主席，杨求宝任组织委员。

公司 + 专业合作社 + 农户基地 + 市场发展运营模式，这是杨求宝经营兰花产业的模式。他用八个字概括兰坪县芳韵兰花专业合作社的理念和内涵：诚信、合法、共赢、互帮。他的创业感言：在艰苦中创业，在艰难中创伤，在奋斗中创商。

杨求宝有两个孩子，儿子杨秀彬受父亲影响，爱好花卉园艺，从昆明学院园艺专业毕业，职业鉴定等级为花卉园艺师。他接手父亲的公司，成了兰坪县野生花卉有限责任公司法人。我到杨求宝的兰花基地参观时，没见到杨秀彬，只见到张兴聪，他负责看护兰花基地且种养兰花。兰花基地由杨秀彬和张兴聪负责种兰花，承担具体的栽培管理事务。杨求宝投资兰花基地，占股份50%，杨秀彬和张兴聪各占股份25%。杨秀彬接手父亲的花卉公司，除做好公司的业务及基地种兰花外，他发展并拓宽公司业务，发展多肉绿植植物，并以“一鸣园艺”为牌子，拓展电商业务。他的电商业务，多肉植物供应本地市场，兰花养殖针对全国各地市场。通过电商（包括直播间的视频销售），有些客户直接到基地购买兰花，有的客户通过兰展购买兰花

2017年3月，龙维兰首届兰展在兰坪县城展出，浙江、四川、贵州等外省有人慕名来参加，杨求宝的兰花基地培育的兰花在这次兰展中斩获金奖、银奖、铜奖。2018年2月，第十三届云南省兰博会在兰坪举办，兰展虽然时间只有三天，但前后销售近一个星期，杨求宝的兰花基地上培育的兰花获奖了，卖出了一批兰花，但他又购买了一些兰花品种。

兰坪县芳韵兰花专业合作社培育的兰花品牌，通过中国兰协品种登录委员会登录的品种有四种：秀荷素、金顶蕊蝶、军荷、佛荷。未登录的品种有20多种。兰花种养植学问多，而兰花交易市场更是水深莫测。为何芳韵兰花专业合作社没有登录更多的兰花品种，亮相中国兰界，展示芳韵兰花专业合作社的实力，我没有问原因。

深入养兰户采访，我为他们对兰花的痴爱打动。芳韵兰花专业合作社带动周边的群众加入养兰爱兰的队伍里，可以改变人的审美情怀。养兰户虞晓东坦然跟我说起了他种养兰花的经历。

虞晓东是浙江义乌人，18岁就到兰坪做服装生意。他的服装铺子开在金顶街上，并与金顶白族女子结婚，把家安在金顶街上。做服装生意期间，他接触到芳韵兰花专业合作社种养植的兰花，喜欢上了兰花，因此与芳韵

兰花专业合作社的社长杨求宝接触多了起来。杨求宝是兰坪县兰花协会负责人，虞晓东尊敬地叫他杨会长。虞晓东不断与杨会长交流兰花种养植及市场行情，到杨会长家欣赏兰花。在杨会长的影响子下，不知不觉中，虞晓东也种植兰花了，有些不良嗜好也改掉了。起初，他压根没有想过做兰花生意，因他的服装生意较好，种植兰花纯粹出于喜欢，在家里放上几盆兰花作为观赏。他对兰花的喜爱没有间断过。兰花低迷时期，他没有想到趁机收购好品种，没有投入栽种，他只是出于爱好栽种，供自己和家里人欣赏。

虞晓东在金顶街做了 15 年的服装生意后，时代发展，淘宝等普及，服装生意不好做了。他种植兰花不再仅仅是爱好了，也加入兰花产业弄潮儿队伍里，种植兰花、买卖兰花，成了他的日常生活。妻子是金顶明贸公司下岗职工，在金顶街上开了早晚点铺子，虞晓东养兰之余，帮妻子做事。兰花成为虞晓东的希望之星、经济之花。在鹤庆，他与朋友共同投资阳台兰花，有 500 多盆，以大雪素为主，这项合作养大雪素的时间较长，2018 年他们以每苗 300 元的价格出售，卖了 6 万元。2017 年腊月，他在金顶妻子姐姐家的阳台上种养了 300 多盆兰花，以莲瓣兰、素心兰为主。

虞晓东爱兰花，呵护兰花心细如发。我去参观他在的阳台上种养的兰花，养兰环境干净，每盆花的叶子一点灰也没有。他说就像呵护自己娃娃一样地真心爱护兰花，才会得到兰花的回报。他反复强调，养兰人要发自内心喜欢兰草，有回报就回报，没有回报就当欣赏。杨求宝会长是个实诚人，说话一句是一句，话不多。虞晓东是个善谈之人，在与他的闲聊里，我知道了一些兰坪兰花的市场行情。

养兰有风险，好兰种养死了，等于几万元的投入打水漂，若养好了，只要种苗发苗，就有了回报。永怀素是大理下关人王永怀培育的兰花品种，故以其名字命名。永怀素是名兰，壮苗在市场上卖到每苗 8000 元至 1.2 万元。虞晓东买回种苗，养着发苗。兰坪县最有名气的兰花品牌是兰坪牡丹、兰坪荷蝶。兰坪牡丹市场价每苗 8000 元至 1.2 万元，兰坪荷蝶每苗 2 万元至 5 万元，最贵时卖到 10 万元。一盆花里有老苗、壮苗、幼苗，老苗发苗时间久，一般两年左右，且容易养死，但价钱便宜。壮苗价钱贵，但发苗时间短，容易养活。这么贵重的兰花品种，一旦投资但养死了的话，损失可真不少！无论老苗、壮苗发苗，他都觉得养好兰花不容易。投资兰花，玩的不仅仅是个人财力，还有胆量及养兰水平。

以前兰花市场没有规范化，投资风险大，现在规范化后，投资风险相对少一些。以前是炒作性的泡沫经济，现在是理性化。地域不同，条件不同，兰花玩法也不一样。真的好品种，别人没有，但你有好几百苗，可以控制时常价。比如心心相印这个兰花品种，价格每苗在 80 元至 120 元之间，昆明有几万苗，兰坪最多有千苗，昆明人敢提心心相印这棵兰花的市场价，但兰坪人不敢提。置身金顶兰花人之间，我是个啥也不懂的小学生，听着他们坦诚交流兰文化，令我大开眼界，深感兰花学问太大了。

说起兰坪协会杨求宝会长，虞晓东言语里颇多尊敬和感激。杨会长与兰友们交流时，建议大家那些兰花可以养可以进货，总是尽他所知提供给大家信息，毫无保留。

兰花除莲瓣兰赏花期稍短外，可到 4 个月，别的花最多赏花两个月。兰花叶子婀娜多姿，可以赏叶 10 个月甚至更久。兰花是植物界“四君子”之一，被比喻为圣人高尚的品德；以“兰章”喻诗文之美，以“兰交”喻友谊之真。我喜欢兰花的清雅馨香，喜欢兰叶的疏朗简洁。兰花生于幽谷，不与繁华争从。品鉴兰草，想起“兰为王者香，芬馥清风里。从来岩穴姿，不竞繁华美”，“一片空山石，数茎幽谷草。写寄风尘人，莫忘林泉好”这样的诗句，有一种“沉醉不知归路”的感觉。这样沉醉的感觉，我在参观杨求宝的花卉基地兰花大棚时有过，在金顶参观杨氏家族的兰花时有过，在走访一般村民的家庭兰花时有过。站在杨求宝的兰花基地里，望着葱绿的一片兰草，我甚至想，如果手持一本喜欢的书，身边放置一杯茶，就着兰花香，就着兰草美，安静地读书，该是怎样的惬意。

杨求宝的工作室里摆满了琳琅满目的奖杯奖状。有的奖杯上落着灰尘，不如兰草干净，由此可见他是个淡泊名利的人。他是个低调的人，我在与他的不断接触和采访里，没听到他讲获奖之事。我无法罗列他因为兰花事业所获得的奖项，县级、省级、国家级都有且量多，因为太多，因为即便罗列出来也无法概括他对兰花的情怀之深及带动兰花产业所产生的效应和影响。这位兰坪兰界的灵魂人物，对其成长中受到扶持的部门以及兰界的良师益友深怀感激。

不得不提的是，兰坪县芳韵兰花专业合作社于2012年被省林业厅、省财政厅、省供销合作社认定为云南省林农专业合作社省级示范社，同年，杨求宝被云南省创业精英人物编辑委员会授予云南创业精英人物称号。他在参加首届中国兰花大展（德馨杯）系列活动期间，向中华慈善总会捐款，捐助修建中国首所国兰慈善小学，还捐助希望之星（1+1）奖学金受助学生一名，为教育事业，帮助贫弱群体献上一份爱心。

静读杨求宝撰写的有关兰坪兰花的论文，摘录一段，以志兰坪兰花产业发展。

迄今为止，兰坪县先后发掘出来的兰花新品种并已在中国兰协注册登录的铭品有军荷、金鼎素梅、秀荷素、佛荷四种，此外还有天元、福菊、中华雪梅、万家乐、金鼎蕊蝶、三锦荷、宝荷、宝玉荷、龙袍、星蝶、三江星荷、三江麻荷素、三江红唇、紫玉荷、紫三星、黄素、永结同心等新品种兰花脱颖而出，还有正在驯化的各种莲瓣素兰、色花、奇花、瓣形花、叶艺、缟艺、奇景、水晶、矮种草等，也在蓄势待发。兰坪县兰科花卉拥有118种、兰花本科拥有11种的结论。

流失的精品兰花招回“娘家”，如碧龙红素、碧龙荷、碧龙宝荷、宝钗、桃园蝶、丽江星蝶、星海蝶、炎黄子孙、玉兔、黄金海岸、奇花素、点苍梅、剑阳蝶、滇梅、苍山奇蝶、水晶、梅瓣、墨兰素花、寒兰、蕙兰、春剑等品种。

引种驯化本区具有代表性的生物特种，尤其是珍稀物种，对这些物种进行迁地保护……

2019年5月，杨求宝应中央电视台特邀，参加央视“致富经”栏目一对一现场采访兰花产业发展。作为兰坪县兰花协会会长，杨求宝考虑到兰坪一年一度的“5·28”兰友联谊会，为了兰协的和谐团结因素，他顾全大局，放弃了难得机会，没去央视接受采访。杨求宝以协会为重任，以兰友为愿望，一心筹备兰友联谊会。我在为他惋惜之余，被他以兰协为己任的担当精神感动。

写作此文时，得知杨求宝向泸水市提出建议建立兰花协会。云南省唯一没有州级兰花协会的是怒江州，他希愿各县兰协建立起来后，怒江州兰协得以成立，通过州兰协、各县兰协为怒江州全州兰友搭建兰文化交流平台，利用各县丰富的兰花资源优势暨保护要发展的双重性协调政府与兰农之间的纽带宣传作用，造福兰农脱贫致富，建立兰花旅游小镇建设，带动兰花产业发展。目前，中国有些地方没有兰花资源优势，但是人家重视兰文化的传承宣传，发展规模化的兰花产业，带动了更多人就业和致富门路。怒江州，包括三江龙维兰有着云南滇西北特有的极为丰富的莲瓣兰资源，由于兰花文化和经济条件相对落后，政府及相关部门对兰花资源的保护意识和产业发展的重视程度不够，导致资源流失，产业得不到发展，更多的兰花资源财富优势被省内外无产兰区招引而发展，无产兰区化被动为主动优势。而产兰区，由于各种因素造成已有的资源优势变成无产业发展的被动局面。杨求宝以怒江人，以在兰界任中国兰协常务理事、云南省兰花协会副秘书长，三江龙维兰管理委员会委员、兰坪县三江源兰花协会会长的身份发出肺腑之言，提议州县各级政府及相关部门加以重视怒江州的兰花资源，具有保护意识，关心并支持、带动怒江州的兰花资源发展，使更多的兰农有就业岗位而得以脱贫致富，这也是结合怒江州脱贫攻坚战的一个实质性任务而可以做的事。利用新闻媒体宣传，加强兰花种植培训，加大提升对兰花文化的认识，加快兰花知识的科普力度。通过培训班等多种形式，促进兰花文化的精神文明建设，促进兰花产业发展的物质文明建设，以达到双重性发展建设的效果。脱贫攻坚无小事，牵动着每一位怒江人的心。杨求宝的建议和倡议，怒江赤子之心天地可鉴，日月可表。

“品兰之芬芳，赏兰之神韵。”杨求宝如是说，也如此做。

二

“建一座花房，从此不理尘嚣，只顾田园”。每次做客春光艺苑，我就会想起这句话。这句话出自何人之口，无从考证。参观完兰棚，转悠在梅花盆景里，欣赏满树红苹果，看围墙边翠竹点缀，感叹梅、兰、竹、菊“四君子”中有“三君子”落户春光艺苑，彰显园主人的心性与品味。坐在亭子里品茶，与雪邦山对视，回忆雪地里行走盐路山的日子。一枝苹果舒展身旁，果香裹挟花香，抚慰一个人的记忆。在兰坪县城，于繁华闹热处，有这么一个花果飘香的去处，令人感受如田园生活般惬意，品读园艺文化，实属难得。

此行春光艺苑，我不为别的，冲着兰文化而来，为着滇西三个地州三个县出现了一个兰花文化圈子龙维兰而来。作为中国兰花协会理事、云南省兰协副秘书长、三江龙维兰宣传部部长、兰坪县兰花协会副主席，春光艺苑主人张金翥热情地接待了我的来访。

“我泡着兰花酒，品尝一下吗？”张金翥问。

我不善酒，在本地文学艺术圈子里皆知。春光艺苑主人如此问，也是客随主便的意思。

为着兰文化而来拜访春光艺苑主人，虽然我对兰花不陌生，但兰花酒却是第一次听说。兰花酒入口是啥滋味？在好奇心驱使下，我不由点了点头。

他从屋子里抱来一个玻璃罐，里面有半罐酒，几朵兰花在酒里开放，花呈淡黄色，酒呈淡黄色。这份淡黄色透明、纯净。他打开盖子，一股醇香直往鼻孔里钻。酒入口，感觉与普通的酒不一样，酒香里有着兰花特有的清香。

慢慢品味兰花酒，安静地倾听张金翥讲述与兰结缘的故事。沉淀盐马古道文化的兰坪，不可不提兰花，因为兰坪是滇西莲瓣兰的故乡。有人说，兰坪兰坪，兰花之坪，尽管没有史学考证兰坪之名的由来，但从兰文化角度来考证兰坪，这说法有其道理。

初始，张金翥对兰花仅是单纯的喜欢。20 世纪 80 年代，他从新华书店购买有关全国名兰的书，通过读书对兰花有了一定的认识。张金翥与兰花结缘，除有关兰花的书指引外，与兰界的良师益友指点分不开。当时，省外炒作兰花比较厉害，台湾的墨兰品种达摩冠，于 1989 年在台中市达摩庙附近发现。达摩冠每苗市场价格 80 万元人民币至 200 万港币不等。云南文山州的文山佳龙，看起来很有神韵。文山佳龙由林清田栽培，市场无价。兰坪人对本地的兰资源关注不够，比如兰坪的莲瓣，对其认识不到位。大理剑川县的杨云对兰花有研究，出版了几本有关兰花的书。张金翥是先读杨云的书，后认识杨云的。张金翥在兰坪兰界有一席之位且在园艺方面有一定建树，他对杨云赞赏有加，杨云写的《滇兰初鉴》《莲瓣兰的栽培与管理》较为实用，颇受养兰人喜爱。张金翥认识杨云后，对兰花有了更进一步的认识。因了杨云写的《滇中幽芳录》一书，张金翥到大理考察古兰花，这是一盆有几百年历史的莲瓣。对大理古莲瓣兰的考察，使得张金翥对莲瓣有了一定的理解。中国兰界泰斗吴应祥写的《中国兰花》一书也提到了莲瓣兰。受杨云、吴应祥的影响，张金翥对莲瓣情有独钟，他尤其喜欢兰坪本地的莲瓣。莲瓣兰与别的兰花有区别，莲瓣兰的色、香、韵超越其他地方的兰花。

如果说，杨云的书以及两人间的交往吸引了张金翥，使他对兰花有了一定的认识，那么，读全国兰界泰斗潘光华的书《云南兰花的识别 鉴赏与收藏》《历代兰花诗选》，以及与之交往，对张金翥影响最大。潘光华教授居住在昆明，获得国家兰花协会终身成就奖。2006 年，潘光华教授来到兰坪，后来在兰坪举办的兰花展览他也来过。张金翥与潘光华教授相处较好，获赠教授的一些字画，其中一幅字“三江金翥 情系兰花”，这是对张金翥的高度评价。共同的兴趣爱好，使得两人成了忘年交。在潘光华教授的介绍下，张金翥加入中国兰协并担任理事。张金翥在与良师益友潘光华教授的交往中，无论兰文化修养，或是人品德行，都从潘教授身上学到了很多东西。潘光华教授家里只放着一盆兰花，从来不卖兰花。兰友们到潘教授家里玩，送给潘教授自己栽种的兰花，潘教授说啥也不要。他待人平易近人，无私地指点兰界人士，但不喜欢别人送给他东西，即便是兰花也不行。

我在采访兰坪县兰花协会会长杨求宝时，不止一次听到他提起潘光华教授，潘光华教授对兰坪县兰界领军人物的影响由此可见一斑。对于我而言，行走兰坪大地是一个学习过程，无论涉及啥领域，高手在民间，带引我走向陌生的领域，耳熟一些人与事，感受美好人文情怀。杨求宝会长曾发给我题为《老来只为两情痴——潘光华》的帖子，难忘在兰坪县举办的滇兰资源平台首届发展论坛讲座，德高望重的潘光华教授在讲台上展示了一幅他书写的书法作品，上书“知兰性、识兰品、习兰艺、修兰德”，这是潘老师对自己研修的要求也是对广大兰友寄予的希望。杨求宝会长发送给我的这个帖子，令我记住了对潘光华教授的诗歌“一生历练多少事 / 老来只为两情痴 // 愿将一心分两半 / 半属兰花半属诗”。

2016 年 5 月 28 日，居住在兰坪县城和金顶街及附近的部分兰友聚集春光艺苑。这次聚会，重新组建兰坪县兰花协会，决定成立三江源兰花协会。经过民主选举，三江源兰花协会的会长是杨求宝。同年，三江源兰花协会注册，开展一系列活动，兰友间进行兰花交流。6 月 19 日，大理州云龙县兰协负责人到兰坪县城交流。四天后，迪庆州维西县的兰协负责人来到兰坪县城交流。三个地州三个县的兰协交流后，大家达成共识，有个共同的愿望：成立三江龙维兰友好兰花协会（简称龙维兰），抱团取暖，减少资源流失。云龙县、维西县、兰坪县都属于莲瓣的主产地，但因财力、物力有限，都没能力运作，被外地人拿去运作，比如名为“星光灿烂”的兰花品种，被大理州巍山人熊祥带出兰坪，然后发扬光大。这棵被命名为“星光灿烂”的兰花品种出产地在兰坪，因兰界人士无经济实力作支撑，加之缺乏兰文化底蕴，出现卖资源现象，兰花资源流失严重。龙维兰的成立，颇有江湖三结义的味道。龙维兰交流地点就在春光艺苑，故在三县兰界文友间有一种说法，到兰坪但不到春光艺苑，就白来兰坪一趟。7 月 8 日，省兰协常务副会长钏志刚来调研，启动龙维兰协会的成立。7 月 16 日，三江龙维兰在云龙县石门“太极”边宣告成立。龙维兰协会成立的宣传由张金翥负责，他通过自媒体，文图并茂地在微信上推介龙维兰及活动，推介龙维兰的兰花品牌，引起全省乃至全国兰界的重视，龙维兰协会的成立，撬动了云南的兰市，波及全国兰界。龙维兰在三个县之间来回交流，令人产生共识。张金翥在兰界交流及活动中，不断增长见识，也不断为龙维兰的推介宣传默默付出心血。

新时代的进步也体现在兰花价格运作上。现今，网络发达，兰花价格透明，无法再像过往那样炒作了。

中国兰协、兰学会领导李映龙、刘忠贵、刘兴邦等来三江龙维兰调研，强调文化、经济一脉相承，才能发展兰文化。对此，张金翥深有体会。20世纪 80 年代末期，他家建盖新屋，靠贷款盖房子，为还贷款，工资、公积金全部扣完，致使生活陷入困难。对于张金翥而言，兰花是一种文化，喜欢便是兰花，不喜欢是一棵草。他对兰花单纯的喜欢，也许得到兰花神的回报，翌年初始，他卖了一盆兰花，这一盆兰花的收入较高，让张金翥还清了外债，他怀着感激的心情把剩余的资金全部投入购买兰花和种植里，取之于兰用之于兰。

说起兰花经，每个兰花人都有一部属于自己的心经和一肚子苦水，张金翥也不例外。他没有直接说自己在兰花领域的惨痛教训，但不否认自己是在兰花产业不断磕碰里成长。外地炒作兰花比兰坪时间早且先进，但也有悲有喜，仅以鹤庆领带花为例。鹤庆领带花价格最高时 20 多万元一苗，当地为支持这一兰花产业，向养兰农户倾斜政策，各银行为养兰人贷款开方便之门，当地老百姓卖牲畜种领带花，领带花成了鹤庆县花。谁知兰花市场变化莫测，价格一路下跌，狂跌到每苗 10 至 20 元。这次惨痛的教训，弄得鹤庆老百姓谈兰色变。仅此一例，足以让人理解兰花产业并不是一帆风顺。

兰花有时年。“时年”，一般人不知道。兰花是一种有灵性的植物，同一品种的兰花由不同的人栽培，会有不同的生长法。兰花与主人性情相随，这一年瓣型花开得好，另一年蝶花开得好，有一年追瓣型花，有一年追碟花，所以，兰花吻合市场的需求，就能产生效益，这便是兰花的“时年”。这些不足以表达“时年”一词的含意，唯有感悟才是深刻。“时年”是兰花的自身活动规律。相由心生，兰界高手能把握住兰花自身活动规律，预测兰花的“时年”。兰花的“时年”有轮回性，遇到“时年”，兰花就比平时贵。瓣型花和素型花是主流，代表兰花的高雅。“三千年读史，不外功名利禄，九万里悟道，总归诗酒田园”，这是养兰的归宿。养兰随缘，放平养兰的心态，发自内心热爱兰花，没有思想包袱地养护兰花，能兼顾兰花“时年”更好，兼顾不了也无所谓。总之，凡事随缘，这是养兰的最好心态。

栽植兰花的风险系数大，首先是偷盗，偷盗兰花现象没有消失过；其次是外界病虫害，最严重的一种病是茎腐病，这是兰花的癌症。病兰症状首先是叶子发黄，到后期叶子会变枯。发现兰花叶子发黄要及时处理，可以救治。处理方法可以跳草，就是与病兰相邻的兰草不要，隔几株后把好的分出来。兰花的外界病虫害严重的还有拜拉丝，一旦兰花患上此病，叶子拉丝，不会死，但是容易传染，通过虫子触碰传播；再次是市场风险，比如兰花的“时年”。化风险为平安，或者降低风险系数，最重要的是夯实自己，扩充人脉。俗话说“一个好汉三个帮”，平台对于个人来说很重要。兰友交流后互相启发，学习与自身悟性相结合。佛学六道轮回，对兰花的真挚付出，总有一天会得到回报。

张金翥从单位退出后，归隐田园生活，为人处世不争、不嗔、不怨。摆弄花草是一种享受，这份享受需要一定的沉淀，不带私人感情。心有寄托的东西，他在宣传推介龙维兰的过程中，感到写作及摄影是一种享受。

从古至今，梅、兰、竹、菊被称为“四君子”，松、竹、梅被称为“岁寒三友”。梅、兰、竹有着深厚的历史文化底蕴。牡丹和梅花是国花。张金翥除喜欢兰花外，还喜欢国花之一梅花。春光艺苑的盆景主要是梅花，但不走俏。迫于生计，他现在栽培的盆景不再局限梅花，还有松柏类、黄杨类（长青树）。2017 年，张金翥接受邀请，自费参加了台湾的国际盆景展。此次盆景展令张金翥大开眼界，内行人看盆景，盆景体现的是盆景制作人的内心世界、文化素养、社会阅历。2018 年 3 月，张金翥接受邀请，自费参加了上海 BCA 国际盆景大师作品展。与大师们零距离接触，参观他们的盆景园。学习和眼界，对于张金翥来说很重要。

为了拓宽视野，张金翥到过山东，参加第 28 届全国兰博会。这次全国性的兰博会在山东翁云县举办。山东兰花种植占全国的三分之二，有几百亩种植，几十块一棵兰花，不算贵，作为产业，山东兰花以量取胜。山东行让张金翥深思。从山东兰花产业可知，现在的兰花产业属于消费型，走向市场化，要规模化种植才能收益。翁云县兰花资源少，但种在那里的兰花品种占全国三分之二。

2018 年 3 月，张金翥直接向中国兰协注册了兰坪兰花品种三江麻荷素，目的是保护兰坪本地的兰花品种资源，树立了当地的品牌，打造了名片。张金翥加入中国兰协并成为理事，介绍人是中国兰协顾问潘光华。目前，怒江州加入中国兰协，只有兰坪县兰花协会会长杨求宝、副会长张金翥、秘书长李曙明。

2019 年，张金翥带着参展兰花，参加了贵州惠水第 29 届全国兰博会，取得了一些真经。

龙维兰成立后，通过举办活动以及宣传，影响力度大，好多兰协与龙维兰靠拢、联盟。龙维兰联谊会在云龙、维西、兰坪三个县轮流开。2016 年 3 月，第一届中国三江龙维兰兰花博览会在兰坪召开，邀请了省内外好多知名爱兰人士参加，其规模之大档次之高是前所未有的，活动震撼了兰界，得到好评。博览会请张金翥参与主要策划，担任总指挥，由他负责宣传。原常务副会长钏志刚创建了云南省滇兰资源平台，张金翥担任宣传总管，并进行图标设计。龙维兰出名后，图标图片被人抢先注册，为此，龙维兰友好兰花协会于 2017 年重新注册为“三江龙维兰”。2018 年 2 月 28 日，云南省兰博会在兰坪举办，为期一周，主要由张金翥制作图片和文字宣传，也担任展馆设计、宣传喷绘总指挥。2021 年，全国第 31 届兰博会举办所在地，维西县争取到了并获得批准。张金翥与兰坪县文联主席和四水共同创作了《世界之约 中国第三十一届 2021 年兰博会——维西》，为维西举办全国兰博会做了宣传。

从一个单纯的兰花爱好者成长为一个兰文化传播使者，从小我到大我的转变，张金翥的兰花情缘佐证了兰协发展中的兰坪人情怀。“兰花之坪”，潘光华教授写下这几个字时，这位兰界泰斗对兰坪的兰花产业及兰花人寄予深切厚望和深厚祝福。

兰坪，兰花之坪！

悲壮人生

青山依然叠翠，
绿水依然涟漪，
回望昨天，寻思黄昏，
竟是惊天号角红旗里！
此时此刻，
眼前却已经是明月千里。
哎！
好想再挽一挽这清晰的记忆，
好想再轻轻拥住那朦胧的醉意，
问漫天柔情你断在哪里？
你断在哪里？
只有余温还噙着别离，
只有余温还噙着别离，
只有余温还噙着别离。

阳光从门外照射进来，照亮了杨玉科将军功绩暨电视剧《悲壮英雄》拍摄道具展览馆（以下简称杨玉科展馆）一角。我默默朗读电视剧《悲壮英雄》主题歌，眼光抚摸四个版本的剧本《安南役》《霹雳广武军》《碧血南疆》《悲壮英雄》，在一个剧本创作的基础上几易其稿，经历4个版本，最终成就电视剧，把清代抗法民族英雄杨玉科的英雄故事搬上银幕，个中经历曲折，佐证了一个普通剧本到电视剧拍摄的艰辛过程，佐证了剧作家杨裕波创作这部电视剧的情怀。

馆内有个显目的黑底白字牌匾，上书："我一死不足以报国。汝等须努力同心，痛歼逆夷，早为国家除患。我虽死目亦瞑矣！"这段话下有一行小字注释"这是1885年2月23日法军全力进攻越南文渊清军阵地，杨玉科率领将士浴血奋战中敌炮坠马，甦醒后勉励部下的临终讫言。——《中法战争》三，P85"。牌匾旁边是仪仗威严的广武军将士塑胶群像。

有个展板引人注目，摘录《中国民族史人物辞典》对杨玉科将军简介。

杨玉科（1838—1885）清末白族将领，字云阶，云南兰坪县营盘街人。同治初，以义勇入清军滇营。1864年，擢为前锋、守备。次年署维西协，杀李祖裕。攻陷义军据点丽江、鹤庆，自是显名。后屡与杜文秀交兵，升游击、参将、总兵，清廷赐号"励勇巴图鲁"。1872年，掘隧道攻破义军首府大理城，迫杜文秀自杀，升提督，御赐黄马褂。光绪元年（1875），奉旨搜捕击毙英人马嘉里的边民，又奉命镇压邓川州（今洱源县邓川）、腾越（今腾冲）人民起义。三年，迁广东高州镇，署提督。1884年，中法战争爆发，率广武军出镇南关（今友谊关），进驻谅山，设伏大败万余法军，数战皆捷，毙伤大批法兵。因西线主将、广西巡抚潘鼎新不战自退，弃谷松、观音桥、车里和谅山，撤入关内，杨玉科孤军奋战，未能奏效。法军重兵北上，直抵镇南关。1885年初，誓死出关奋战，击退法军，乘胜追击，不幸中炮身亡，妻牛氏亦以身殉夫。清廷追赐太子少保，谥武愍，于大理、镇南关建祠祀之。亦涉足文事，从岑毓英研习春秋左氏传。于驻军处所捐资修浚河渠，改建书院。

在滇西兴办工商业。戎马之余，著《从军纪录》两卷。

兰坪县原为丽江辖地，1957年1月，兰坪县行政区划由丽江专区划入怒江傈僳族自治州。细细考究杨玉科的出生地，文史资料记载"原丽江县山后里吉尾汛日涧村（今兰坪县营盘镇西营村）”。营盘街是杨玉科手里开发出来的，所以《中国民族史人物辞典》对杨玉科的简介里他是“云南兰坪县营盘街人”这句话不准确，准确表述应为“云南兰坪县营盘镇西营村人”。可惜，杨玉科在西营村出生的老屋没能留下来，也不可能留下来，现今的营盘街上，杨玉科发迹后建盖的家祠建筑群也只保存着爵府照壁、家祠和沧江书院。杨玉科是妇孺皆知的人物，一代又一代兰坪人听着他的英雄故事成长。兰坪人除了叫杨玉科杨将军外，普遍叫他杨大人。在中法战争中，他的爱国情结和大无畏的民族英雄气节可歌可泣。杨玉科对滇西教育的最大贡献是开办沧江书院和西云书院。

在兰坪县，杨玉科除了创办沧江书院外，最大的贡献就是开辟了一条被当地人称作“杨玉科路”的盐马古道，这是兰坪县盐马古道中最著名的一条路。从盐业中心拉井去往大理、丽江的马帮、背夫不再经过缺水且容易雪封山的99台地，路程缩短了一半，带动了拉井盐业发展，拉井成为一个繁华热闹的去处。拉井街上虽然不见了当年的四方街和小平街，但从耄耋老人的讲述和文史资料记载里，管中窥豹过往因盐业而繁华的拉井风貌。杨玉科路从营盘街到拉井街再到金顶街，一律五尺官马道和石板路，从拉井到盐路山还设置了哨卡，保护过往马帮和背夫。我走过杨玉科路，其中，中哨房路段上的蕨菜坡及三岔河到山神庙路段的石板路至今仍保存完好。营盘街上，保存着杨玉科爵府建筑群及家祠，为云南省重点文物保护单位。

杨裕波出生在拉井街，且在拉井街长大。他小时候听说过杨大人，但不知道具体是谁。20世纪80年代，他在兰坪中学任教，业余时间翻读文史资料，才知道杨大人就是杨玉科，营盘镇西营村人。出于对盐马古道的情感，他研究杨大人的事迹。杨玉科将军曾是云南提督，参加中法战争时率领的广武军是滇军。他觉得把杨大人的事迹写成小说、报告文学，宣传面狭窄，把杨玉科的事迹写成剧本的话宣传力度大。为收集杨玉科小故事，杨裕波到过营盘好几次，到杨玉科的出生地采访，足迹留痕西营村。

“你倒睡得好，千年睡不饱。我要学你睡，江山何人保。”杨裕波吟咏杨玉科的诗，对这首诗赞赏不已。这首诗歌浅显易懂，平白朴实的语言将杨玉科的爱国情怀展露无遗。说起这首诗歌，不由让人想起怒江人民抗击英国侵略者的斗争。清光绪元年（1875），英国殖民主义者企图打通缅甸至长江上游的通道，派遣探查队在云南边界活动，马嘉里从缅甸进入腾越边界后被杀。杨玉科被云南布政使岑毓英派往腾越边界进行防务，严防英国入侵。杨玉科途经永昌时，在卧佛寺感慨地题了这首诗。英军武装入侵片马前，于光绪二十六年间（1900），武装侵略茨竹、滚马、派赖这些属于腾越明光土司领地的边疆村寨，土守备左孝臣壮烈殉国。片马危机四伏，清政府不派兵防备。清宣统三年（1911）元月，英军武装入侵片马，修建飞机场。片马管事勒墨多扒号令各寨头人组织民众抗英，得到响应，人们手拿大刀、弩弓等武器踊跃加入抗击英军的队伍……在杨玉科展馆回顾怒江人民抗英斗争历史，杨裕波说他尤其欣赏杨玉科题保山卧佛寺的这首诗歌，为此专程去保山卧佛寺寻访英雄足迹。

梳理杨裕波的简历，用“悲壮”两个字形容他的人生，形容他写作杨玉科剧本且搬上银幕的过程，都不为过。1954 年至 1958 年，他在兰坪县兔峨完小教书。1958 年到 1962 年，他在丽江劳动教养。1962 年至 1979 年，他在农机厂做过打铁、锻工、烧炭、金工等。农机厂又把他送到丽江学习汽车修理。在修车过程中，他发现汽车配件说明都是英文，自己看不懂，一怒之下就开始自学英语。40 岁才自学外语，会学得成功吗？没啥条件自学英语，他用兄弟给的收音机学。每天，云南广播电台教人学英语，从字母教起，从初中课本开始，杨裕波跟着学习。他这样自学英语一年后，邻家孩子上初中，他就拿这个孩子检验自学成绩怎样。杨裕波每天教邻家孩子学英语，邻家孩子很乐意跟着他学。第二天上课，邻家孩子把杨裕波所教的英语内容与课堂上老师教的比对。放学回到家，邻家孩子告诉杨裕波，其所教的都对，跟他们老师教的一样。杨裕波听邻家小孩这么说，开心极了。1981 年，手工业联社为盐厂工人子弟办补习班，聘请杨裕波教英语。1982 年 3 月，杨裕波复职调金顶中学教英语，同年 8 月调兰坪中学任高中英语老师。高中英语要求大学文凭，杨裕波调入兰坪中学后，还参加过四川函授大学英语专业（学时三年）的学习。校方要求邮寄函授作业，以邮戳为准，当天收到作业，必须次日寄出，逾期无效。杨裕波老老实实地完成每次作业。他能把多页的外语小说背下来，有时上课不用带课本。1986

年，兰坪县城从拉井搬迁到金顶，他留在兰坪中学分校二中（后改为拉井中学）教英语，直到1993年退休。他担任过学校总务主任、副校长（主持工作）、校长，直到退休。

杨裕波写过小说、报告文学、散文，写剧本是80年代开始的事。20世纪80年代，他看到北京电影学院与峨眉电影制片厂函授编剧班的招生广告，学制一年，便自己联系报名，参加函授编剧班学习。编剧班结业论文可以写一般的编剧论文，也可以写电影剧本，他选择写电影剧本。这是他写的第一本剧本，名叫《执着》。想不到他的处女作《执着》获得三等奖，奖金50元。当时，面对奖状和奖金，他惊呆了。参加编剧班学习，云南就只有他一个。此次评奖活动，获得一等奖、二等奖的剧本都拍成了电影，获得鼓励奖的也拍成电影了。杨裕波没钱投资，所以他获得三等奖的电影剧本《执着》没有拍成电影。尽管处女作没被拍成电影，但为杨裕波创作剧本奠定了基础。2000年，杨裕波出版《安南役》电影文学剧本。2005年，他的电影文学剧本《落叶无声》发表在《电影文学》上。在学校工作期间，他写过《魂牵梦萦普米山》，时任兰坪县委书记和润培把剧本拿给云南民族电影制片厂一个姓张的人，那人下海，这个剧本不了了之。退休后，杨裕波一直忙于剧本之事。

“一个没有英雄的民族是可悲的民族，一个拥有英雄而不知道爱戴他的民族则更为可悲”，杨裕波引用著名作家郁达夫名言，动情地向人们讲述杨玉科的事迹。杨玉科修建将军桥，因当地人只会讲白族拉玛话或者傈僳话，言语不通而发生一些纠纷。杨玉科在营盘街推广汉话，专门请先生来教本地人说汉话。教本地人学讲汉话，杨玉科采用金钱鼓励的方式，勉励本地人学习。杨玉科提倡植树造林，引进优良品种，率先垂范，在其爵府后面建起了香柏园，至今，杨玉科爵府旧址还遗留着一棵百年凤凰树，被当地人称为“将军树”，正是杨玉科引进的树种之一。在营盘开办了沧江书院，在大理开办了西云书院并捐赠了房产、盐灶等。杨裕波在上班时没时间研究，退休后，他沉入杨玉科的研究里，对杨玉科的事迹从感性认识上升到理性认识，认为杨玉科是一个好做善事且为国捐躯的人。2000年，杨裕波出版电影文学剧本《安南役》，正值兰坪县文联主席和四水参加全国文代会，于是委托和四水将剧本交给中央电视台。中央电视台让和四水转告杨裕波，拍成电影需动用好多军队，耗资巨大，建议拍成电视剧。从此，杨裕波走上了文学剧本修改成电视剧，与投资商及各方面人物打交道，且一次又一次告吹，难以如愿开机拍摄的艰难路。从立项到拍摄，中间闲置了 6 年，许可证做了 3 次。个中艰辛，一言难尽。

有人出资向杨裕波买剧本，他不卖剧本，原因是担心被人买走后就会修改剧本，改变原来的主题思想。杨裕波不贪钱，也看不上买剧本人给的价，杨裕波为这个剧本花的钱超过对方的开价。杨裕波说："我不为钱，只为宣传英雄做点事。"县委宣传部的李春为这部剧本能搬上银幕，陪同杨裕波一起上班了五年。县委宣传部领导曾陪杨裕波到丽江、大理等地取景。这部电视剧，经历了四任县委宣传部长，三任州委书记及州长，但没能与观众见面。面临问题太多，一把年纪的杨裕波不知哭过多少次，流了很多泪水。县里支持杨裕波的领导都调走了，杨裕波倍感自己是孤家寡人，心里很难过。杨裕波去县里申请，要求让李春帮忙。李春一直帮忙杨裕波，从没放弃过为这位耄耋老人的电视剧奔波。

杨裕波再次找到上海东方电影艺术学院姚晓蒙院长。姚院长是一个大度之人，因为一开始，兰坪这边就将剧本寄给他，却找别人协商。姚院长不计前嫌，他接这个剧本的原因：一是敬佩民族英雄。二是尊重杨裕波的为人，杨裕波一辈子为杨玉科做事。拍摄电视剧的费用，上海佳传公司出资四分之三，兰坪出资四分之一，兰坪占股份 30%。中兴公司、云南省巨幕影视公司、县工商联、杨裕波的剧本折算、州政府、县政府，集多方力量才筹齐了兰坪这边的出资款。

2015 年 6 月 16 日晚上 10 点，杨裕波与上海东方电影艺术学院院长姚晓蒙教授在兰坪三江花园酒店签订合拍协议。姚院长接手这个剧本，改名《悲壮英雄》。协议商定兰坪出资部分负责拍摄时的吃住行。姚院长修改剧本，耗时近一年。杨裕波他们写了 36 集，二度创作变为 40 集，成片为 36 集。2016 年 1 月 29 日，剧目组在兰坪驻昆办事处召开新闻发布会，全国 100 多家媒体做了宣传报道，宣告《悲壮英雄》摄制组成立。2016 年 10 月 24 日，在兰坪县民族中学体育场正式开机，直至 2017 年 2 月拍摄结束。

《悲壮英雄》拍摄兰坪和剑川（外景）450多场，上海80多场。拍摄结束后，一直到现在都在后期制作：剪辑（初剪、精剪）、配音、调色、动效、特效等。把所有素材重新整理调整一遍。

姚院长跟杨裕波讲，这个电视剧的特色在于：一是现代与近代穿插手法。二是用拍电影的手法来拍电视剧。三是加入商业元素。电视剧《悲壮英雄》里植入商业元素，目的：不但吸引人来兰坪旅游，还要让旅游的人来兰坪寻宝，还可以让史学者来考古。

拍摄过程不省心，从兰坪到大理，与杨玉科相关的东西都要拍摄在电视剧《悲壮英雄》里。拍摄期间，杨裕波一直监工。《悲壮英雄》在拍摄过程中遇到一些问题，有些人让杨裕波感动，比如在剑川拍摄时，需要一件和尚衣服，杨裕波想去石宝山借，但石宝山没有和尚。后来他想到侄儿子媳妇，请她帮忙。她帮忙找了一个叫鲁雁的人，这人不仅有和尚衣服，样子也像和尚。鲁雁被选为群众演员，他啥也没要，仅吃了一顿饭。整部片子拍摄完毕历时三个月，演员及工作人员没一个擦破皮的，颇为顺利。冬天拍摄，一天换几次衣服，化几次妆，演员们都感冒了，唯独杨裕波这个老者没感冒，还给演员送姜汤。转场最麻烦，从兰坪转场到剑川，用了两天两夜的时间拍剑川古建筑。剑川人很热情，剧目组一到剑川就得到当地政府部门的支持。剑川县委宣传部立即召开会议，每个部门抽一个人出来联系剧组，帮忙协调。老百姓群众演员有100多人，从中午到晚上十一二点就吃一顿盒饭，自己化妆，片酬每人每天30元，但没人有怨言。

杨裕波的杨玉科情结得到家里人的理解和支持，他把工资全部投到把剧本形象转化为银幕形象的艰苦进程里，除此外，2008年，杨裕波还向建行贷款10万元。妻子的工资用来维持生活。

2018年10月29日，寸玉泉、杨桂玉、李春、杨裕波四人去上海拜访姚院长，感谢他及上海东方电影艺术学院领导。他们在电影院看了电视剧《悲壮英雄》的一部分，大家都表示满意。杨裕波一行四人受杨玉科第四代孙杨国宏的邀请，改航班去长沙，到杨玉科坟墓祭奠。杨玉科祖籍在湖南长沙，他在镇南关一战壮丽牺牲后，尸骨安葬在长沙市长沙县。而在兰坪县营盘镇营盘街背靠的茶山，有杨玉科的衣冠冢。杨玉科的坟墓修得很结实，令杨裕波等四个远道而来的兰坪人感到欣慰。他们后来才听说，杨玉科的坟墓逃不开盗墓贼的黑手，杨将军的坟墓盗墓贼打不开。后来由其后人和长沙县文管所保护性开掘，杨玉科的身体用丝绸裹着，战袍有血迹，肉体还有弹性，几颗金牙，头发完好。开棺后，因风化，头发全部脱落。

各级媒体宣传报道《悲壮英雄》诞生记后，引起各部门的重视。有人说，杨玉科是杨裕波的亲戚，因为他们都姓杨。为此，杨裕波一笑置之。他们之间没有关系，杨裕波没必要辩解，营盘乃至兰坪县子弟，没有谁不把杨玉科当作自己的亲戚。杨玉科的丰功伟绩，永远铭记老百姓心里。

2017 年 4 月，杨裕波等人筹备杨玉科展馆，于同年 11 月 22 日开展。每天参观的人数 400 多人，目前为止参观人数 8000 多人。兰坪县庆 30 周年时，杨玉科展馆参观人数最多那天有 2000 多人。县庆结束后，县里要求撤馆，杨裕波心里难过，感觉就像割了自己身上的一块肉。有一天，省关工委、州关工委、县关工委的领导来兰坪视察青少年活动中心工作开展的情况，因为他们用作举办培训班，把教室都锁起来。省州县的关工委领导参观杨玉科展馆后开了一个短会，表示对展馆很满意，误认为是青少年活动中心的爱国主义教育基地，《悲壮英雄》道具展物，拍摄后所有道具都得以留下。

2018 年 12 月，我到兰坪县深入盐马古道田野调查，慕名来杨玉科展馆参观。80 多岁的白族老作家杨裕波、和润文及兰坪县作协副主席和中健陪同。坐在展览馆里倾听杨裕波前辈讲述写作剧本及拍摄电视剧的酸甜苦辣，我对老作家杨裕波肃然起敬，倍感一部电视剧的生成和播出实属不易。杨裕波前辈长得清瘦，内心却有着强大的动力，他对《悲壮英雄》的执着精神，值得后辈作家学习。

半年时光过去了，我打电话向杨裕波前辈询问电视剧《悲壮英雄》上映了没，迫不及待地想看这部电视剧，得知电视剧后期制作将在近期全部完成，余下的工作是报省审片，签领发行许可证后联系卫视播映。杨老前辈告诉我一个令人欣慰的事情，2019 年 5 月，兰坪县迎来了一伙远方的客人。广西省凭祥市正在推进广西百年军事要塞遗址博物馆和友谊关历史陈列馆项目建设，目的传承边关悠久历史文化，打造边关军事特色文化旅游品牌，两馆的文物征集资料收集工作也已启动，凭祥市人大常委会副主任周平女士一行5人赴云南省大理市、兰坪白族普米族自治县收集中法战争历史资料和考察学习。广西考察团在兰坪县城与当地文史专家及文物、县志、档案等部门座谈，并到相关部门收集中法战争、杨玉科资料，他们在县城参观了杨玉科展馆，并到营盘镇营盘街参观杨玉科故居。

中法战争爆发于1883年12月至1885年4月（光绪九年十一月至十一年二月），距今近136年了。百多年岁月，多少人间沉浮事，杨玉科将军的英雄事迹透过岁月尘埃熠熠发光。

祝愿电视剧《悲壮英雄》早日上映！

古道密码

雪纷纷扬扬下了两天两夜，当老天停止了往大地筛面粉的动作，兰坪县城早已银装素裹。雪邦山主峰在晨曦中显得圣洁无比，恬梦似醒未醒，头顶上淡淡的雾气就像她呼出的热气。沘江河沉寂，村庄被严寒冻住，不见早起人。踩着雪往盐路山而去，“叽嘎叽嘎”，脚底下的声音格外响。公路通到来龙村背后，再往上走是人马驿道。古驿道在盐路山的山脊上蜿蜒，隐没在大山深处。

雪邦山是云岭山脉支脉之一，是大理州剑川县上兰坝、马登坝与怒江州兰坪县金顶坝的分界山，滇西北各族人民从拉井贩运食盐到剑川，必经雪邦山，故而又名“盐路山”。走上人马驿道，回头望来时路，金色的阳光洒在对面峰峦上，峰峦沿着山谷走势向着南北方向波涌，雪线漫漫，大地披上白色披肩。盐路山上，雪沉甸甸地压弯了树，零散的彝族人家住屋就像雾凇一样，要不是屋门前清扫出一段路，还有从雪窝子里顽强钻出来一缕炊烟，提醒人，雪世界里有人家。溪流被雪封冻歌声，雪被厚得令石头不堪重负，冰凌倒悬石缝间，帮助石头在雪被里从容呼吸。脚印零乱，顺着驿道往山峰上升去，渐高渐少，直至全无。

放目号称“滇省众山之祖”的雪邦山，海拔 4000 多米的雪邦山主峰银装素裹，宛如圣洁的少女向我们招手。古盐道到雪邦山主峰之间是一处斜缓而上的高冈，处在风口的雪被吹落到低洼处，露出黑色矮状杜鹃丛。高冈平缓处，枯草从雪下露出脑袋，几匹马悠闲吃草。马的颜色有黑有红，在一地白色里，在巍峨雪峰陪衬下，给人说不出的美感。我们想亲近雪邦山主峰，离开古驿道，向着眼前高耸的雪山走去。眼看着很近的路，走进去却是遥远。越接近高耸的雪山，风越大，刺骨寒冷，穿着再厚实，也抗不住直往骨头里钻的冷。我眯缝着眼，硬着头皮往前走，想起朋友曾跟我描述，雪邦山的山皱褶间是悬崖，上面覆盖着厚厚的杜鹃，攀登不注意，若踩在杜鹃上，容易掉入悬崖，我注意着杜鹃丛，小心翼翼避开看不见的陷阱。雪把雪邦山主峰打扮得清纯秀丽，宛如白雪公主，让人发自心底的怜惜。走着走着，我全然忘记了朋友描述的危险，只有一个信念，亲近雪峰。越接近雪峰，路变得陡峭而壁立，风大得令人立脚不稳，几乎滚落悬崖，无奈之下，我只好招呼同伴返回古驿道。

我们往盐路山垭口走去，雪地上有着清晰的动物脚印。破雪前行，徒步变得艰难。路边有几棵叫火棘的灌木，虬枝顶着雪，但见雪中残留一两颗火红的果实。夏末，我走过盐路山，对这个怒江通往内地的马帮路，印象较深的除彝族马帮外，就是通向垭口的这几棵火棘。雪中隐藏的火棘果屈指可数，红辣辣地温暖雪地里前行的心，想起火棘果是“救兵粮”一说，对严寒中的这一点火红充满敬畏。

接近垭口，雪厚得难以落脚。我们一个踩着一个脚印，艰难地走向垭口。雪窝子没过膝盖。终于到了垭口，但见雪茫茫，倒塌的救命房埋在雪里，露出黑色石头。人马驿道深埋在雪下面，难以破雪前行，同行者只好拉着垭口高处的灌木，在灌木间艰难行走。一不小心，我掉落到垭口低洼处，雪深到腰间，幸好同行者抓住我的手，把我拉到高坎处。我们到山神庙前，不由都松了口气，面面相觑，谁也说不出话来。山神庙简陋之极，木板搭建成小房子，供奉着山神。处在雪世界里的山神庙，让我倍感虔敬的可贵。有时，虔敬不必要仪式，不在乎有多讲究有多排场，只要心灵洁净即可。

站在山神庙前，俯瞰对面救命房，很想到那儿去，雪太深无法过去。雪再大，也难以把大地的色彩覆盖严实，一地白色里，漏出点点滴滴红黄色。古驿道深埋在雪下，人无法强行通过，我们打算经救命房到马登的计划难以实现。

拉井出产的盐分大锅底、小锅底、水盐 3 种，其中水盐是最好的盐，颜色素净，呈桃花色，盐质硬，大锅底和小锅底属于大盐，盐质有点软，没有水盐有价。出盐路山，马帮一路走一路出售大锅底、小锅底盐，随行随卖，水盐一般要驮到丽江或丽江以外才卖，越往茶马古道深处走去水盐越有价钱。丽江的永胜、华坪一带的人最喜欢水盐，当蘸水吃。一般一匹马最多驮 120 斤盐巴，得力的马驮得最多也不超过 150 斤。从拉井出发到达金顶，过盐路山到剑川出售盐巴，往返一趟，一匹马至少赚钱八九块银圆，有时 10 多块银圆。马帮返回家时，都不会空着驮子，往往驮着大米、蚕豆、酒、红糖、莲藕等，在兰坪出售。

坐在山神庙前，情不自禁梳理从拉井辐射出去的几条重要的盐马古道。从拉井到金顶、再经通甸到迪庆州维西县地界，经中甸再到西藏；从拉井经金顶翻越羊鼻子山，从狮井经大栗树，由功果桥渡过澜沧江，经过瓦窑等地到达保山，走上古西南丝绸之路，由腾冲往缅甸，到达印度再到达中亚、欧洲；从拉井到营盘，由沧东桥过澜沧江，从碧罗雪山鸟道翻越碧罗雪山到知子罗，进入怒江峡谷，再到缅甸、南亚、东南亚；从拉井到金顶，过盐路山到达马登、羊岑再到剑川，走向永平博南古道，或者由剑川到丽江，过金沙江往五尺道走；从拉井到金顶，过盐路山到马登、羊岑再到达牛街、右所、大理、下关等地……条条盐马古道谱写滇西北人民生活的艰辛，民谣慨叹“砍柴莫砍葡萄藤，有女莫嫁赶马人”。无论行走在兰坪县境内的盐马古道，或者行走在怒江峡谷的茶马古道，我都会想起《蛮书》记载的河赕贾客歌谣：“冬时欲归来，高黎贡山雪。秋夏欲归来，无那穹赕热。春时欲归来，囊中络赂绝。”这首歌谣真实地道出新中国成立以前，怒江交通不便以及走夷方的现状。

盐路山垭口，大雪纷飞时节，马不知雪深浅不敢前行，赶马人披着披毡在前面滚出一条路，马才敢行走。有一年春节，除夕这天，盐路山下大雪，驿道上的雪有 7 尺厚。一对马帮从马登往盐路山而行，要赶回家里吃过年的团圆饭，8 个马锅头招呼马冒雪赶路。两头牛在雪地上晒太阳，这是盐路山哨卡上看哨人的牛。马锅头悄悄把两头牛赶在马帮前开路，好不容易到了救命房。石头盖的救命房坚实牢固，顽强地抗拒雪的侵犯，缕缕炊烟温暖着马锅头的心。救命房里面住着一个老头和一个老妈子，火塘里燃着旺旺的火，他们负责烧红糖生姜水给过往的人喝以便救命。自从清代爱国将领杨玉科开辟了杨玉科路后，兰坪县的盐马古道从拉井通往内地，不再走 99 台地而迂回曲折地过盐路山，而是从拉井山神庙经中哨房到金顶，过沘江河直达盐路山。因匪患等原因，一路上设有哨卡，盐路山垭口还盖了救命房。过往行人和马帮，有钱人离开盐路山救命房时，往往主动留下点钱，这行为无疑捐功德，救助更多的后来人。无钱人离开盐路山救命房，不必给钱。

马帮到达救命房时，救命房的火塘边坐着两个卖布的生意人，他们喝够了红糖生姜水，正要告别两位老人往马登方向走去，马锅头委托他俩顺路赶着两头牛还给看哨人。马锅头们在救命房喝了红糖生姜水后，把羊毛毡子铺在垭口通向金顶的雪地上，让马踩在毡子上过垭口。毡子一张接着一张，马帮边铺边走，大概走了百十米后，终于安全通过垭口，马锅头们顺利回到金顶家里吃年饭。

缉私队时常走上杨玉科路盘查，走私盐的人与缉私队斗智斗勇。被缉私队抓住，除没收盐巴外，处罚严重的还被投入大牢，所以走私盐的人一旦遇到缉私队，赶紧丢下盐巴，没命地逃入森林躲起来，不让缉私队抓住。

盐路山与剑川之间有一座山叫老君山，盘踞着有个绰号叫“小霸王”的土匪，给马登、上兰等地派款，规定一年上贡米、肉、盐巴多少。经过剑川自卫队剿匪后，才得以杜绝匪患。而从拉井到金顶的这条路，三岔河、山神庙、中哨房、蕨菜坡之间活动着土匪，三五个人背着盐巴不敢上路，小马帮也不敢走，唯恐走着走着，防不胜防地从树林里冲出贼人，拿棒打晕自己，抢走盐巴和钱。兰坪县自卫队员一天要在这条路上转悠几次，以保护过往马帮和行人的安全，后来经过剿匪，这条路绝掉匪患。

金顶人与外地人发生口舌，就会受到外地人奚落：“两只脚走了好多地方，可怜的就是金顶。大米不栽种，光种稗子，煮成稀饭只有汤，煮成干饭味道淡。”金顶人不客气地回敬：“两只脚走了好多地方，最好在的是金顶。剑川背来酒，鹤庆背来肉，兰州背来大米，欢乐在这里。”这样的奚落和回敬，当从一位曾经背着私盐，由拉井走上99台地，经新生桥到金顶，过盐路山到剑川出售的一位老阿妈嘴里说出时，我心里沉甸甸，笔头掬起一把盐马古道辛酸泪。行走在盐马古道上，当听到耄耋老人发自心底感恩现今温饱生活的话语时，我内心涌起感动的浪花。

离开垭口，我向山神致敬，也向救命房致敬。在生命的行走里，碧罗雪山让我深刻领会万物有灵，所到之处，虔敬历史纪事中触动心灵的事物。这份虔敬，在盐路山上自然而然流露。无法对世人解释自己行走古道的行为，故园文化因子在字里行间闪烁，抒写一位怒江女子的爱与情愫。

“密码”，我对这个词充满敬畏。行走盐路山，解读古道密码，思绪穿越古今。遍布怒江山山岭岭中的盐茶古道，是云南茶马古道的延伸。盐路山古道在冬雪里休眠，在春花开放里苏醒，至今还响着马铃声，马蹄凹槽落着马粪清香的诗句，红土覆盖的马帮故事不因公路开通而退出历史舞台，只是马锅头唱响的歌谣没有了苦歌。置身盐路山古道，我就像在破译一份密码，滇西人文情怀如大山般豪迈忠贞，如江河般细绵悠长。滇西民族精神如大山般刚毅坚守，如江河般生生不息。

阳光灿烂，雪地刺目，我们互相踩着脚印原路返回。山谷寂寂，一路响着我们的喘息。脚印深深，一踩一滑间，我的右脚膝盖韧带严重拉伤，行走困难。好不容易回到住在县城的妹妹家里，双脚就像被抽筋般痛。医治和休息了两天后，我又在表弟的陪同下，走上了从县城通向中哨房的盐马古道。

怒江州没有公路以前，无论是生活在怒江大峡谷或者是生活在澜沧江畔、沘江河畔的各族人民，走内地都要经过盐路山。从怒江州府所在地六库城到知子罗，通过碧罗雪山鸟道翻越碧罗雪山，渡过澜沧江到达古盐镇营盘，经杨玉科路到达拉井、金顶，过沘江河，走盐路山到达大理州剑川县城，对于怒江人来说，这条盐马古道的线路无异于西北人走西口。我行走这条古道，利用假期，分地点，一段路一段路地完成。一路走一路采访，再把分散的记忆衔接在一起，构成完整的怒江盐马古道主干道印象记，通过历史记事展现古今变迁中的怒江风貌，唯愿通过自己的笔触，令世人感知悠长而不朽的怒江精神。

相对来说，盐马古道从金顶大石桥到中哨房的这段路，比盐路山这段路要好走得多。中哨房的这条盐马古道穿越林海，林海雪原的景致迷人。溪流在红色石板上淙淙流淌，红色的黄色的枫叶静美在溪流畔，雪在溪流边梳妆。石板路上遗留着深深的马蹄凹槽，风穿行原始森林，动情地讲述清代抗法爱国将领杨玉科将军修建盐马古道的动人故事，青苔斑驳的石板令人追思杨将军发迹后不忘故里，报效桑梓，改道盐马古道，整顿拉井盐场，建立营盘街，创办沧江书院，鼓励植树造林，兴修水利，鼓励家乡父老说汉话，发展地方经济，打开山门撵走愚昧落后，迎接外来先进文化。盐马古道在林海穿行，思绪随着盐马古道穿行林海，前人的背影走在林海深处，不曾远离我这痴情行走古道的后人，故土根植在内心的爱犹如雪山圣水，护佑我的盐马古道之旅。

盐马古道通过刮腊坡（白族话谐音，意为蕨菜坡）地段时，蕨菜秆高出我一头。双脚麻木地在厚厚的雪里拨步向前，行走古道的记忆枯黄。如果在刮腊坡遭遇土匪或者缉私队，即便丢下背着的东西，也不能轻易跑入森林逃脱了事，雪早就把人的双脚亲吻得失去知觉，脚步拔出雪窝子费劲，逃入几步远的森林里，轻易做不到了。行走盐马古道，人祸及自然之害，加上有时会遭到森林里的熊等动物袭击，背夫和马帮的命运可想而知。

中哨房的制纸厂随着盐马古道的繁华诞生，也随着盐马古道退出历史舞台而消失。当年哨卡位置上，建盖着道班的房子，公路经过中哨房，转一个弯后隐没在茫茫林海里。脚踩在深过膝盖的雪地里，一步一个深雪窝。双手戴着暖和的皮手套，拄着拐杖在雪林里行走，渐渐地，皮手套失去保暖作用，手冻得麻木。我穿着厚厚的两双棉袜，一双带毛中靴皮底鞋，保暖内衣、毛衣、羽绒服、丝棉长裤，围脖只露出眼睛，武装得整个人像个狗熊，雪无法落入我的衣领，也无法透过丝棉裤子落入鞋子，但我的脚还是遭罪了。不知道何时，雪居然钻透皮靴，以水的温柔和冰冷浸透两双棉袜，让双足尽情享受冰水拥抱。难以想象当年的背盐人，穿着单薄，带着草鞋上路，如何通过雪落满地的盐马古道。

怒江州地处中缅滇藏交汇处，作为滇藏茶马古道内容之一，辖内的盐茶古道上，所过处自然风光壮美，令人流连忘返，神秘的古道文化遗产呼唤人们去挖掘。走在通往中哨房的古道上，我没意识到双足浸泡在冰冷的雪水里，没意识到十指变得通红，止不住激情澎湃，贪婪地拍摄，激动地手摸马蹄凹槽，感受古道脉息，内心的感受正如歌词“茶马古道远，人间到天堂”。

无论是在天然生成的帽子洞小憩，面对烧火取暖的余烬哼唱兰坪县流传的《盐马情歌》，或是在走出林海后，面对落日余晖回顾险山恶水和原始森林里隐藏的古道，唱响电视剧《茶马古道》主题曲《茶马古道歌》，奔涌在内心深处的情感犹如海浪，一波接着一波向远方涌去。

通甸记

英雄祭

人间四月，地处滇西北的兰坪县红土地上杜鹃花开浪漫，漫山遍野扬着舒心笑脸，山风传递芳菲热情。人心在清明节里少了些许“欲断魂”，多了对大地蓬勃生机的欣慰，一地流淌的念想显得温馨。心点一炷香，怀着崇敬心情，我前往通甸镇，到通甸武装暴动陈列馆，缅怀先烈，重温滇西革命史。

轻轻挪动脚步，思绪在陈列馆里如水漫流。我在一幅照片前停住了脚步，这是王北光到通甸看望烈士姐姐的镜头。王北光头发花白，穿着朴素。烈士姐姐穿着兰坪白族人服装。两个女人都穿着白族人家做的布鞋。两双手紧紧握在一起，表情亲切而又激动，犹如久别重逢的亲人。离这幅照片不远，是兰坪白族妇女支前的照片。王北光是剑川人，这位优秀共产党员在滇西北是个传奇人物，在兰坪县家喻户晓，她是一代兰坪人记忆里无法忘却的英雄。有关王北光的传奇故事，除文字记载外，还有兰坪人口口相传的故事。

1948 年 5 月，中共滇西工委在剑川县城秘密成立。8 月，滇西工委派工委委员王北光到通兰地区主持党的地下工作，决定以通甸、兰州为据点，推进兰坪，南向云龙、北向维西，西向碧江、泸水、福贡、贡山发展。滇西工委在通兰地区建立了通兰特区党委，王北光任书记。当时的通兰地区，指怒江州兰坪县通甸镇、大理州剑川县的上兰及马登地区。通兰特区党委先后派人在通甸、上兰、马登分片工作，他们以教师身份作掩护，以学校为据点，深入乡村，传播革命思想，放手发动群众，发展党员，建立党支部，同时建立“民青”“农抗会”等党的外围组织，组织群众开展反对征粮、征兵、征税的“反三征”斗争。1949 年，剑川县城爆发“四二”武装暴动并取得成功，滇西革命根据地成立。5 月 1 日，通甸武装暴动取得成功，随之，上兰、马登地区武装暴动相继取得成功。通兰特区把三个乡镇的人民自卫中队汇集在马登整训，成立了通兰人民自卫大队，王北光任总指挥。10 日，王北光率领通兰人民自卫大队解放了兰坪县城金顶镇，接管了兰坪县政府。15 日，通兰人民自卫大队打败了盘踞在古盐镇拉井的反动武装“共革盟”，解放了拉井，接管了盐矿。6 月，通兰大队与西山独立大队及改编的 840 部队在兰坪县城整训，改编为滇西北人民自卫军二支队。9 月，兰坪中心县委成立，王北光任书记。滇西北人民自卫军二支队整编为中国人民解放军滇桂黔边纵队第七支队三十三团，由滇西北地委委员王立政、王北光代表地委领导部队。边纵七支队转战滇西，粉碎国民党保安团和反动土司武装对滇西革命根据地的围剿，取得反围剿的胜利，同时积极派出工作人员进入怒江大峡谷，做通怒江州边境县的土司、头人的工作，福贡县、原碧江县、贡山县、泸水县相继得以和平解放。

细读陈列馆的文字资料，细看陈列馆展示的珍贵照片、武装暴动用的枪支及铁锹、铁耙、熊皮箭袋、弩弓等工具，眼光抚摸通兰自卫大队士兵穿的布鞋、草鞋、羊皮褂等用品，怒江往事犹如电影镜头在头脑里一幕幕放映，英烈们的音容笑貌透过历史烟云向着我走来。

拉井是滇西北著名产盐地，生产的桃花盐闻名遐迩。通兰人民自卫大队解放拉井后，剑川人张旭被滇西工委任命为拉井后勤部主任，管理盐务工作。兰坪县工作委员会成立，李铸宏任书记，张旭、杨群任委员。张旭被任命为滇西工委怒江特区工委书记，负责泸水县、福贡、贡山及原碧江县的解放工作。他的同村同学王荣才是怒江通，与碧江县著名头人裴阿欠是“嘎雀”（傈僳话，“朋友”的意思）关系。张旭在王荣才协助下，在民族关系及宗教关系比较复杂的怒江峡谷得以顺利开展革命工作。

张旭在怒江的工作，首先从宣传党的民族宗教政策入手。他写下了

《告怒江区傈僳、怒子同胞书》，由王荣才等人翻译成傈僳文。王荣才和两位学生带着汉文、傈僳文写成的党的民族政策方面的文字材料宣传单先行进入怒江，一路上张贴宣传。王荣才对“嘎雀”裴阿欠及福贡县傈僳族头人霜耐冬晓以民族大义，做通他们工作，让怒江地区各族群众了解共产党的民族政策。张旭请示滇西工委批准，以怒江特区工委的名义，在营盘街发放救济盐，救济怒江边境线上贫苦的少数民族，解决他们吃盐难的问题。营盘距离拉井17公里，自古以来是滇西北一个重要的物资集散重镇。居住在怒江峡谷的人，由鸟道翻越碧罗雪山进入兰坪县，到兰坪买盐或者走内地，营盘是重要门户。

新中国成立前，怒江州没有公路，大峡谷里只有茶马古道。怒江州辖地只有兰坪县产盐，居住在怒江两岸的人们，要通过碧罗雪山鸟道翻越海拔近4000米的碧罗雪山，渡过澜沧江，到营盘街或者拉井街买盐巴。生活在怒江畔的人，把人死了称为“背盐巴去了”，可想而知碧罗雪山鸟道凶险，由此不难想象，在怒江盐比黄金贵。张旭他们在营盘街上发放救济盐，只要怒江峡谷来兰坪县买盐的人，都免费背盐，背得动多少就背多少，尽情背就是了。救济盐的发放及党的民族政策的宣传，使得怒江人民认识到共产党是为穷苦大众谋福利的，人心接纳和向往共产党。救济盐发放后，张旭和王荣才等人从营盘走上碧罗雪山鸟道，翻越雪山到知子罗，进入怒江地区，沿途受到各族群众的热烈欢迎。张旭等边纵七支队的人进入怒江，边境地区人心得到稳定。在张旭等人的细致工作下，怒江边境县相继和平解放。

陈列馆里，还展览怒江傈僳族自治州成立后，通甸籍牺牲的革命烈士事迹。我站在和跃文遗像前，看着烈士帽檐上的红五星，这位被部队党委确定为《高山下的花环》中梁三喜的创作原型，令我想起了当年看电影的情形。20世纪80年代，我在怒江州府所在地六库城电影院观看电影《高山下的花环》，随着电影剧情，止不住热血沸腾。当看到梁三喜牺牲，那沾着烈士鲜血的欠账单时，眼泪早已湿透衣襟。伫立和跃文烈士的遗照前，细细读他的生平及事迹介绍，和跃文烈士的形象与梁三喜的形象重叠出现在我脑海里，眼泪再次滑落脸颊。

和跃文是通甸镇河边村人，20 岁时应征入伍。他先后在怒江边防第十三团三营、原思茅军分区江城独立营、蒙自军分区河口边防独立营、1978 年屏边县边防第十三团一营一连服役，因在部队表现突出，从战士升任班长、排职参谋、副连长、连长等职。中越边境局势紧张，在老家务农的妻子携女儿到部队找丈夫和跃文。他们的女儿 5 岁，患有肺炎。在部队医疗室近一个星期的治疗中，女儿病情有所好转。有一天，部队突然接到调防的命令。营首长特批准和跃文护送妻女回家后，要他尽快到河口部队机关报到。送妻女回家的路上，女儿病情突然恶化而死亡。他们忍痛把女儿埋葬异乡。和跃文把妻子送到家后，马不停蹄地赶往部队。

对越自卫还击战爆发后，在围歼红河对岸的新官守敌战斗中，一连兵分三路从敌人后方和正面同时发起猛烈进攻。连长和跃文带着一路战士，“从一八〇高地扑向敌人。手榴弹在他们身边爆炸，子弹在他们头上横飞。和连长身先士卒，冲在最前面，带领战士们奋勇歼敌多名。突然，他被从右侧飞来的子弹射穿脖颈，鲜血顺着肩头直流。他忍着伤痛，带领战士们继续往前冲，不幸又被一颗子弹打中胸部。当他倒下的时候，还用断断续续的声音指挥战士们，‘前进……不要放跑敌人……’战士们在指导员何佑仁的带领下，怀着极大的悲愤冲向敌人。枪声响处，敌人一个个倒下。”当时战报上刊登了《红河钢刀——记三五五四八部队“英雄连”》一文，描绘了和跃文牺牲的壮烈场面。和跃文的遗体葬在红河州屏边县大龙树烈士陵园。他被原昆明军区荣记一等功臣，他所在的一连被授予“红河钢刀连”称号，一连被中央军委授予“英雄连”称号。

不知道是我孤陋，或者是之前宣传不得力，我这个在州府工作的兰坪人感到汗颜，首次听说和跃文事迹，于 2015 年 12 月兰坪县举办文学创作培训班，我受邀讲课。培训班结束后，一位普米族文友向我提起和跃文，带我到和跃文战友家里听讲烈士故事，观看相关录像带，读当年战报刊载的英雄事迹文章。他们希望更多的文人写和跃文，广泛宣传英雄事迹。在和跃文战友家里，当看到他的一双女儿去给父亲扫墓的镜头时，与当年观看电影《高山下的花环》同样情愫，我早已泪湿衣襟。

2014 年清明节，云南省军区原边防第十三团参战老兵在红河州蒙自、屏边、河口集会，庆祝对越自卫还击作战胜利35年活动。和跃文的两个生活在通甸镇农村的女儿受到邀请出席此次庆祝活动。这是父亲牺牲30多年后，姐妹俩第二次到父亲坟前扫墓。和跃文牺牲时，大女儿3岁，小女儿1岁。姐妹俩在父亲同乡战友帮助下，曾到过父亲坟前扫墓。两位淳朴的乡村妇女，汉话讲得不怎么流利，她们在父亲坟墓前烧纸钱，哭着喊“爸爸”时，那场面令人深深震撼。姐妹给父亲扫墓，两次扫墓时间相距26年！

我来通甸前，曾在兰坪县城普米风情陈列馆里看到和跃文的塑像和事迹介绍，而今在通甸暴动陈列馆读和跃文的英雄事迹，看着烈士刚毅的脸庞，一身军装及军帽上的红五星，兰坪子弟烈烈情怀令人感动。兰坪县近年来对这位烈士的大力宣传以及烈士故乡人所做的努力，令人感到安慰。

走出陈列馆，阳光灿烂地洒在通甸武装暴动胜利纪念碑上。纪念碑顶端，五角星鲜红。我站在纪念碑前，怀着崇敬的心情深深鞠躬。暮春暖暖，思念浓浓，深情的目光在红五星上流连。

纪念碑后面，四根屋柱上刻着两副对联，其中一幅，令人过目难忘：云岭风雷激荡通甸首擎义旗，沧水波涛翻腾兰坪再创辉煌。

相约情人坝

裹着夕晖，穿过一地向日葵，往罗古箐情人坝走去。高山草甸碎花点点，千年铁杉情人树并肩站立在草甸尽头，根交缠裸露地表，树枝在空中轻触。千年誓言万年守护，情人树抒写天地间亘古不变的忠贞。

坐在草甸上，仰看高耸入天的情人树，不知道在天地间如何续写烙印在心灵上的忠贞。人在情绪里，无意间发现，情人树中的一棵铁杉秃顶——树尖最高处，树叶掉光了。

情人树老了！

草是青的，树是绿的，水是清的，山是红的。山岩的形状和走势千奇百怪，森林莽莽苍苍。流连罗古箐，举手投足间都是不忍错过的景，道不尽丹霞地貌精致风光。情怀落入清澈水流，绾结成如红色青苔般飘逸的音符。母亲树依旧，树身上的树瘿酷肖裸露的乳房。靠在母亲树上假寐，静听罗古箐河歌唱，恍惚回到孩提时代，被母亲抱在怀里唱摇篮曲。

暮色四合，我就像情窦初开的少女，依恋情人温暖的怀抱，舍不得离开情人坝。盘坐在情人树缠绕的根上，心有千千结。品读情人树，思绪悠远，“忠贞”不需要牌坊标榜，这是大自然给人类书写的诗篇。

情人节期间，罗古箐杜鹃花开浪漫，从山谷漫流向山顶，杜鹃花颜色有红有白有黄有紫。树木蓊郁，高山草甸情人坝就像大地铺开绿茸茸的地毯，等待着情人们到来。四乡八寨的普米族乡亲穿着节日盛装赶往罗古箐，居住在丽江和大理的普米人也赶来了。流水潺潺，载着此起彼落的山歌。情人树下三五成群，吹拉弹唱。人们在宽阔的草坝上跳起热烈欢快的锅庄。

兰坪县东方情人节盛会在情人坝举办，使得罗古箐不再藏在深山人未识，除普米族歌舞外，别的民族歌舞也注入进来，文化活动以及物资交流吸引八方来客，文化旅游品牌效应牵引大江南北目光。

东方情人节正值端午节。端午节是普米族的一大节日，每年农历五月初五日，普米人家合家欢聚，蒸包子，煮猪头肉，饮酯酒（又叫黄酒）庆贺。菖蒲缠绕腰间头顶，敬献在宗巴拉前，以求消灾除病。普米人携带四弦琴、弓弩枪支、酯酒以及肉等食物，到端午山聚会。最有名的端午山是雪门坎，位于兰坪县雪盘山北段，海拔3600米，有高山草甸，地势较为平坦和宽阔，处于河西、石登、通甸、拉井四个乡镇交界处，号称一脚踏四乡。

交通不便且信息闭塞年代，制约普米族青年男女交往，婚姻不自由，由父母做主。传统的端午节成了年轻人聚会交友的佳期，年轻人在情人坝跳锅庄时，互相有好感，三五成群地到树荫下对歌，通过对歌增进了解，私订终身。有情人悄悄约定在来年情人节那天私奔，上演抢亲的悲喜剧。游山前，要私奔的女方请同村未出嫁的好姐妹帮忙准备私奔的物品，梳洗打扮好后随同父母兄弟姐妹或同村伙伴游山，男方也是如此，双方保守秘密不露风声。端午节快散会时，相约私奔的男方领着女方，在一群小伙子和小姑娘护送下，趁没人注意时私奔，闺蜜把女方送出好远，挥泪告别。

尽情欢娱一天的普米人乘着暮色归家，女儿或儿子不落家，父母心知肚明是私奔了，但不知道私奔到何处，无从追究。几天后，女方闺蜜有意透露给女方父母消息。女方家组织亲戚朋友到男方家兴师问罪，男方家早已做好准备迎接女方家来人。双方长辈聚在火塘边谈判，若双方谈好了，就选定日子办喜事，先是定亲，吃小酒，然后大酒，最后送婚贴成婚。若双方谈不拢，女方家强行把女儿带走。端午节抢亲，在有情人之间悄悄进行，但有时因走漏风声，端午节上引起双方村寨青年男子斗殴，酿成悲剧。

抢亲习俗随着时代进步遭淘汰。现今，普米族村寨村村通公路，电视落户普米人家，手机在手，联络方便，人的视野得以开阔，观念更新，婚姻自主，父母不再干涉，端午节私奔成了历史。由端午节到东方情人节，节日时间一天变为三天，节日名字的更改和日期的增长，体现古今变迁中普米族人文风情和生活风貌的改观。穿行弦子声里，聆听对歌，不会唱山歌的人也会情不自禁哼上几声。夜幕下，一对对有情人悄然隐入林子里，或从林子里出来，抒写情人节魅力。篝火熊熊，跳羊皮鼓舞的圈子里三层外三层，夜色里飞扬歌声，“你也跳，我也跳，大家一起跳。你添柴，他添柴，篝火烧红半边天，围起来，手牵手，兄弟姊妹一起跳。这是普米的歌，这是普米的舞……”

两棵情人树枝繁叶茂，只是其中有一棵树尖稍微秃顶。惆怅犹如夜色，在情人树下拉开心空幕布。幕布拉开，心的舞台上空空如也，说不清道不明惶恐来自何处，岁月深处，伤感淡淡。

夜宿罗古箐普米人家里，辗转反侧，耳畔响着山歌，恍惚听到情人树在叹息。我悄悄起床，开了门。月光银白，大地流淌如水情愫，原始森林穿着纱衣，在松涛伴奏下曼舞。远处，拉巴雪山就像月光仙子，羞羞含笑，亭亭玉立在夜色里。山风微凉，夜鸟叫声刺耳，普米寨子沉浸在甜梦里。目光向着情人坝方向望去，意念在高山草甸漫步，心漫溢思念，温馨满怀。

与普米人家在火塘边闲聊，不期然与猎人的故事碰撞，思想溅起火花。月光给山谷罩上一层柔曼的色彩，透过朦胧月色，我急切寻找，希望自己具有一双像民间传说的灵异眼睛，能看到神灵和鬼魂，看到敏捷如豹子般穿行山谷，如羚羊般奔行在森林里的猎人身影。

亡灵栖息何处?

有一年情人节，猎人与心爱的姑娘在情人坝相遇，两人在情人树下私订终身，并发誓忠贞不渝，厮守到老。猎人把家传的一串珠链作为聘礼，到姑娘家求亲。姑娘家收下珠链，默许猎人求婚。不料，姑娘父母把自家女儿也许配给了别人家。猎人得到心爱的姑娘被人娶亲的消息后，邀约上几位亲戚，埋伏在半路上劫亲。他把新娘抱在自己的马上，搂着心爱的姑娘驰马离去前，给对方报了自己的大名，说他下聘礼在前，女方家先收下他的聘礼答应了婚事，新娘是他的新娘，任何人休想从他怀里夺走。对方慑于猎人威名，且自知理亏，没有邀约族人来找猎人寻仇。猎人和心爱的姑娘成亲后，夫妻恩爱，日子过得就像蜂蜜一样甜。

他们的儿子一岁半时，保长设计，猎人被抓了壮丁，成了国民党兵，与同乡被抓的几十个壮丁一起到大理集训，随远征军部队上了松山战场。这是一场噩梦般的血战，日军构筑的工事异常坚固，暗堡喷射火焰，敌情判断不足的远征军伤亡惨重，官兵大批死去。猎人所在的排，战友们一个个倒在血泊里。战斗异常酷烈，在枪林弹雨里，人没有生与死的选择，猎人眼里只有血，血红的天空，血红的大地。弄不清楚自己是如何晕过去的，当猎人醒来时，发现自己在死人堆里。猎人从死人堆里爬起来，希望能找到活着的战友，但没有一个人哼一声响应他。他摇摇晃晃地走，咿里哇啦的说话声传来，情急中，猎人看到稀疏的芦苇中有个隐蔽的山洞，躲入山洞里。天黑尽后，他走出山洞，乘着夜色迎着江水响的方向走去。流浪在高黎贡山上的猎人，得到一个自称是腾冲乡村教师的人的救助，给了他一双草鞋一套补丁衣服，还有救命的两个粑粑。猎人异常思念家乡，思念妻儿，想起在情人坝，他与妻子在情人树前山盟海誓，发誓两人要忠贞和厮守一生的情景，动了回家的念头。战友们死了，他从死人堆里活了下来，他没有选择去寻找大部队，而是选择回家，去实现对一个女人的承诺。谁知这一回乡的路，让他的后半生活在难以言说的痛苦里，“可耻”一词纠缠到死神来迎接他的那一刻。猎人的回乡路充满了常人难以想象的艰险。同乡中一起被抓壮丁的人，没有一个回到家乡，生死杳无音讯，只有猎人活着回到了家。

背着长枪的国民党兵来到罗古箐，说猎人是可耻的逃兵，要抓他回去当兵。日军已经被远征军从怒江畔消灭了，并从缅甸赶走了，猎人不愿意再被抓去当兵打内战。每次看到背着长枪的士兵出现在村子前的山坡上，他就像兔子一样从后门迅速钻入山林里，只要一进入山林，任何人休想找到猎人。有一次，国民党兵突袭，几十个背着长枪的兵围住了猎人家的房子，叫喊着让猎人出来。猎人攀着柱子上房，揭开房头板，从房背后跳下，还没等房背后的国民党兵反应过来，猎人三两步跳入森林里。如梦初醒的国民党兵呐喊着追入树林，哪里还见到猎人的身影！国民党兵在猎人家房背后森林里搜索时，猎人已经跑到山谷对面的森林里，躺在拉巴雪山脚下一处林子围护的草甸上睡觉。

国民党兵时常来抓捕猎人。妻子受不了折磨，希望丈夫自残以逃避兵役。有一天，猎人去山林时，妻子递给丈夫一把砍刀，说晚上见到他时，希望他只有一只手。猎人默默地接过妻子递来的砍刀，点点头，出门去了。天黑时，猎人回到家。妻子失望地哭了起来，猎人两只手好好地没一点伤。猎人把猎物放在屋子里，没说话，也不安慰妻子，任由她哭，沉闷地坐在火塘边喝醅酒。

他是猎人，森林中的王，即便被世人羞辱而死，或者被野兽咬死，也不可能自残。妻子没有办法，提心吊胆地过着日子，异常恐惧背着长枪的兵出现在通向村子的山路上。有一天，她有事到情人坝，路过两棵情人树时，想起当年情人节上，她与猎人一见钟情，两人通过对山歌海誓山盟要忠贞一生的情景，她双手抚摸交缠裸露在地表的树根，向着情人树祈祷，祈求树神和山神保佑丈夫平安，护佑他们的爱情就像罗古箐山林一样日日碧绿，像罗古箐的丹霞地貌一样在天地间鲜红，像罗古箐河水一样清澈流淌。返回家的时候，她不走来时路，走的是另一条山路。路边有一小堆石灰，她包了一些石灰回家。是夜，乘猎人睡熟之际，她把石灰撒在他的眼睛上，她宁愿丈夫眼睛瞎掉了，宁可照顾他一辈子，也要让他免除兵役之苦。猎人的双眼肿得像两个馒头，妻子以为丈夫眼睛瞎掉了。谁知一个多月后，猎人的双眼好了，令他们感到不可思议的事，猎人的眼目更加明亮，视力比之前还要好。

猎人的内心是痛苦的，也是迷惘的，他不知道如何定义自己从战场上归家的行为，所以对自己所在部队的番号讳莫如深，只给子孙讲述松山战役的惨烈，讲战友们的音容笑貌和流血牺牲，告诫子孙莫要忘记滇西抗战，莫忘记松山战役。子孙们一边听猎人讲述惨烈的战斗故事，一边在心底无情嘲笑他是逃兵，他们宁可这位先人光荣地战死而不愿他窝囊地活着，这很残酷但也很现实。猎人洞察子孙心思，他的痛苦深沉而又隐蔽深深。他不让妻子知道这份深埋心底的痛苦，在这个世界上，他宁可辜负任何人也不愿意辜负这个与他厮守一生的女人，他不愿意她活在他的痛苦里。他们的爱情得到罗古箐情人树的护佑，受到拉巴神山的祝福，他要尽自己的能力让她活得坦然和安宁。二战硝烟过去了，但呼啸的炮火老响在猎人耳边，流血牺牲的悲壮场面老浮现眼眸，自责与愧疚犹如鬼魅缠住猎人的心灵，一生难以安然。

月光涟涟，森林喧响一波盖过一波。坐看罗古箐月色，倾听松涛阵阵，灵魂与拉巴神山会话。夜露渐重，寒意渐浓。一个人的盐马古道之旅，总把“水可干而不可夺湿，火可灭而不可夺热，金可柔而不可夺重，石可破而不可夺坚”的名言当座右铭。思绪在月光里自由驰骋，情思蘸着月光，悄然抒写人在路上的风采。

一滴清泪，滴落在罗古箐月色里。

孝感动天

走进黄松树，纯属偶然。有一年春天，我到通甸镇参观通兰暴动纪念馆，与一位学生同行，得以到他家所在的村庄黄松树小住。他带我去参观魁星阁，我因此第一次接触割肝救父的故事，觉得不可思议，但来去匆匆，没能弄个明白。

追寻盐马古道踪迹，我又再次到通甸镇深入采访。告别分家村的耄耋老人，我们去参观丰华机场。丰华机场为一类通用机场，场址位于兰坪县通甸镇丰华村委会分江自然村。分江村场址位于通甸镇丰华村委会和黄松村委会交界处。参观完机场，看看时间尚早，我突然滋生了再次进入黄松村，深入且细致地了解割肝救父的故事真假性。黄松村口立起了一座颇有气势的大门，上书国家级传统村落示范村几个金黄色大字。与耄耋老人们交流，他们都说割肝救父这事是真实的，其中有位老人是李焕斗的外孙，说他小时见过李焕斗割肝后留下的疤痕。

李焕斗生于清光绪十三年（1887），卒于 1964 年。他是佛教徒，道号全真。1929 年间，李焕斗的父亲病了，怎么也医不好，有人告诉他，人肝可以治好父亲的病。李焕斗是个大孝子，决定割自己的肝救父亲。李焕斗是中国红十字会成员，懂一些医理。割肝那天，他兄弟及李复君医生等几个朋友帮忙。他们用蒿枝给周边环境消毒，把丝线浸泡在麝香水中消毒，用来缝合伤口。李焕斗在肝脏所处位置，横一刀竖一刀地在身上切开了犹如红十字的伤口。刀口小，无法取肝脏，只好在原来的刀口上再划一次，把刀口开大一点。他自己割了两指大的一点肝后，朋友们帮忙他用丝线缝合了伤口，用草药消炎。他的肝脏切成片后，用香油炒熟后放在碗里，再把碗放在托盘里。他亲自托着碗跪请父亲吃下去。父亲含泪吃了儿子的肝。父亲吃了儿子的肝后，存活了7年。在弟弟的精心照料下，割肝7天后，李焕斗的伤口基本恢复，21天后全部恢复。

李焕斗的孝举可歌可泣，时任县长杨润南将此事汇报给了省政府，并写了“孝行独纯”冲天匾送给李焕斗，此匾在“文革”期间被烧了。中国红十字会派员从昆明到黄松村对李焕斗进行慰问。昆明红十字会暨佛教会、地方士绅知名人士赠送的匾幅也没能保存下来。李焕斗家曾遭遇火灾，现今见不到老屋风采。当年建盖的孝子祠不见踪迹，但丽江人姚世昌、剑川人王睿共作的孝子传流传了下来。

置身黄松村魁星阁，读着孝子传，面对孝子李焕斗的塑像，令人肃然起敬。百善孝为先，做人以孝为根本，孝道精神源远流长，是中华民族的传统美德。李焕斗孝行受到老百姓的传颂。在通甸镇以及周边乡旗，老百姓传颂中的李焕斗成了半人半神。河西乡白族拉玛人的经典歌舞《杯日旺》中有李焕斗的镜头。

口口相传中的李焕斗具有神奇的力量和神秘的色彩。割肝前，他在楼上住处念经，念了三天经。念一遍经画一道符。符画好后，他割肝。他在伤口处贴上两道符，被弟弟扶到床上。李焕斗坐着，与众人正常说话。家族中有个年轻男子，其妻坐产，他匆忙赶来看李焕斗。他进入李焕斗住处不到两分钟，李焕斗就晕了过去。在场的人问清年轻人家里的事，认为不洁，让年轻男子到森林里砍了香柏树叶，在李焕斗家里到处烧，20分钟后，李焕斗醒了过来。李焕斗的伤口裂开了，可以看到肝子，人们用针线给他缝合伤口，但他疼痛难忍，只好把线拆开，贴上两道符，李焕斗恢复了正常，与大家闲话。当时缺医少药，加之地处滇西北的兰坪处在人背马驮时代，人们无法理解李焕斗割肝救父现象，把医学奇迹蒙上了人为的神性色彩。

从通甸经大理州上兰镇到剑川县城，从通甸经大羊场到丽江，盐马古道上，至今还有零星的马铃铛声响，不时看到户外运动爱好者的背影。山青青水清清，道不尽盐马古道沿途风光旖旎。忆往昔，盐马古道上匪患猖獗时代，李焕斗感天动地的孝子行为，对匪徒也有震慑作用。在老百姓的传说里，大孝子李焕斗受到神灵护佑。有一次，李焕斗父子从通甸到河西，经四十里箐到中排碧玉河村背核桃油，他们返回时，在分家村对面的山上遭遇劫匪，李换斗右肩中了匪徒的毒箭，但他就像没事一般，射他毒箭的贼却好像被千斤大石压倒般倒地起不来。李焕斗的儿子气愤地拿刀砍贼，却被父亲制止。李焕斗宽宏大量地说，这是一条命哩，放他去吧，希望他好自为之。李焕斗话音落地，贼人身上压着的无形千斤石似乎被人搬开了一样，但他就像被人定住了般无法动弹，连话也说不出来。父子俩背上香油继续赶路，他们走到双龙塘，到一懂药的老人处。老人把李焕斗右肩上的毒箭头拔出来，敷上草药。李焕斗和儿子在老人家借宿了一晚。第二天早上，父子俩向老人告辞，向黄松村走去。

李焕斗在老人处取下毒箭头时，贼人从被定住了的现状中解脱。李焕斗父子离开老人家后，贼人也到了老人家，说起匪夷所思的经历。老人家告诉贼人，你打劫的是黄松村割肝救父的大孝子，假如你把大孝子打死了，天地不容你，你也就活不了命了。此事一传十，十传百，盐马古道上传言，黄松村的人打劫不得，不然会受到神灵惩罚。这个传言就像一块绿色通道的牌子，使得黄松人在盐马古道上畅通无阻。黄松人专门制作了一种篮子，人背马驮走盐马古道中作为村民的标志，果然一路上畅通无阻，相安无事。从通甸镇到河西乡再到中排乡，经碧玉河村进入迪庆州维西县到达德钦藏区，黄松村的马帮和背夫，把盐巴、茶驮运到德钦出售，买回村里需要的物品，只有黄松人才如此洒脱地往返藏族聚居区做生意。

走在红墙青瓦的古村落黄松村，村道的青石板被水泥代替了，没能保存下来，令人扼腕痛惜。新时代建设中，村庄飞速发展，而在旧貌换新颜时，却忽略了对古迹的保护。作为机场近旁古村落第一村，黄松村的古迹丢失，对自身旅游业发展来说是一种损失。如何更好地做好古村落的保护和开发，这是一个不断普及相关知识，不断完善相关措施的过程。

远逝的灵魂成了风中一粒尘，孝作为美德在黄松村代代相传。

河西记

有个地方叫共兴村

一

“共兴村的河服客不服主，外来的客人长得再黑再丑，只要在共兴村住上三年，皮肤变得又白又嫩，姑娘变美了，小伙变帅了。母亲河服客水，欢迎客人到来。”走在共兴村母亲河畔，龚庆章老人自豪地向我介绍穿村而过的河流。母亲河来自四十里箐，由八股山溪水汇聚而成，流经共兴村汇入通甸河。

在高轩井遗址，我见到了 77 岁高龄的龚庆章老人，面容清癯，戴着毡帽，戴着一副黑色墨镜，穿着一套藏青色中山装，一双皮鞋。他是州级非遗传承人，白族拉玛文化渊源，在他心里就像明镜般透亮。古老的拉玛文化，口口相传到他这里，他不仅传承，还发扬光大，整理了相关的 10 多个文本。唱起开益，讲起“杯日往”，他神采飞扬，声音显得年轻有磁性，让人听了一首想听一首。

村公所旧址前，古戏台建设接近完工。古戏台旁边是高轩井，这个封闭多年的盐井被村民挖出来了，因没建设好，不能对游客开放。我挨着门缝往里看，啥也看不清楚。无法进入门里面看清楚古盐井是啥样，越发感觉高轩井神秘。

高轩井原名高山井。唐代，有牧牛女人发现高山井有盐卤后，人们向盐井聚集。随着盐马古道上的马铃铛声响，少数外乡流民、汉族商贩等因谋生也融入其中，成了村民。《云南志》载，唐贞元十年（794），境内土民已取卤制盐，但方式落后，即“以咸池水沃柴上，以火焚柴成炭，即于炭上掠取盐也”。“元、明时期，高山井为丽江木氏土司统治，盐民获盐半数以上须无偿送交土司，方能免征各种劳役。清雍正二年（1724），高山井报课开煎，改名高轩井，属丽江井子井。高轩井是一口石吊井，井内有淡水侵入，取卤时须先排除淡水，然后再向咸水井去卤，故有淡水井一名。”高轩井自光绪十四年（1888）起，因产量少，距井场远，由灶户承包。据民国十年（1921）《兰坪县治绘图地志说明书》载，高轩井生产筒盐、团盐，年产量约 30 万斤，销往维西、丽江、中甸、鹤庆等地。盐价：拉井盐每百斛（约 38 公斤）合洋五元四角，高轩井盐每百斛合洋四元。兰坪县《盐业志》记载高轩井“在 1949 年尚有熬盐灶 56 灶，估计盐井储量约 5000 万吨。”共兴村原来叫高山井村，1953 年成立河西乡政权时，取共同兴盛之意而定名“共兴”。

高轩井附近还留有鹤庆商人开的铺面，现今成了牲口厩。离盐井不远，一条水沟出现在眼前，里面流着一股清澈的溪流。水沟边有一排古柳树。有个烂泥墙体的危房，这是民国时期乡长家的房子。兰坪解放后，这套院子分给旧乡长家的一个长工和一户贫雇农家，两家各占一半。我们从前门进去参观这套房子，不见当年长工的影子，家里没人居住，属于他家的那部分房屋破败不堪。贫雇农的后人成了建档立卡户，还住在分给他们的那部分房屋里，旧房有所改装。从台阶、石条、雕花地基上不难看出，当年旧乡长家的这所院落是何等的气派。离开这所破败的院落，顺着水沟逆水而上，到了一座石拱桥前。石拱桥尽头有岔路，一条土路逆水而上，到香火桥遗址那儿，涉水过溪去山寺；另一条石板路通向村里，两边的建筑显得古色古香。

坐在石桥上小憩。“叮咚叮咚”，三两匹马响着铃铛从身边经过。古桥、古树、古盐井、马帮，令人遐想。我迫不及待地走上石板路，观赏这个偏僻之地的小桥流水人家。石板路就像一根肠子，在民房中间曲曲折折。小巷深深，旧旧的红土墙，旧旧的铺面，加上旧旧的石板路，古董气息浓郁。可惜石板路只有短短的一段路，大有言已尽而意无穷的感慨。当年，盐马古道从高轩井经石板路通向村外，紧挨着山体往四十里而去。现今，除了一段完整的石板路，盐马古道没有了痕迹，已被密集的民居覆盖。

拐到公路上，顺着母亲河往四十里箐方向走去。想象垂柳青青，村里的老人时常坐在柳树下，面对河水，拿着烟锅抽烟。柳树根露在水里，红红的，煞是好看。有一天，8岁的龚庆章从河西小学放学回家，看到母亲河边的垂柳在河风吹拂下，柳枝袅娜多姿，觉得好看，从柳树上摘了两枝，插在家门口，希愿长成两棵好看的柳树。柳枝渐渐长大了，正如龚庆章希望的那样，长成了两棵好看的柳树。每天，龚家门口的柳树与河边的柳树互致以问候，成了共兴村的一道风景。

母亲河是共兴村人的饮用水源。他们时常到水边挑水、洗衣。村里人煮了干板菜，从锅里捞出后就泡在门前河里，吃时再去捞。村里人去地里干活，带一点罐装米酒，兑入河水喝，解渴。走路累了，到河边喝几口水，解乏。河里有鱼鳅、扁头鱼、白鱼。往河西街方向，村口处的下马石附近，因河床有个台子，成了鱼跳门，孩子们时常跑去看鱼跳门的景象……

母亲河畔柳树无踪迹，垂柳青青的风景成了一代人的记忆。我所看到的母亲河，在河滩上建起了垃圾箱，用水泥衬高后与公路齐平，垃圾掉入河水里，严重污染母亲河，没人敢饮用河水。河里没有鱼了，人们用电触鱼以及倒垃圾入河，使得鱼儿使去了赖以生存的家园。自来水接到家里，人们忘记了母亲河水。靠山而行的盐马古道变成房子住地，河边垂柳位置被公路占用，陪伴龚庆章60多年的两棵垂柳因为公路建设需要被砍掉了。穿村公路通向四十里箐，这段路是河西到中排的河中公路中的一段，也是兰坪县城到维西的维兰公路中的一段。从共兴村去往中排乡路上，“二十公里”与“四十里箐”，这两个带有数字的地名是马帮驮出的路站。

以共兴村为中心，辐射出去的盐马古道：从共兴村去富隆厂，再过小垭口，到达峨底场翻越峨底垭口，到元宝山翻越雪门坎垭口。仅拿峨底垭口为例，从共兴出发的盐马古道到达峨底垭口，下山过浪板桥，又爬山到仙人洞，到达有积雪的峨底场，再到达峨底，抵达中排街。马帮在中排街住一晚，第二天坐船过澜沧江，或者溜索过江，去迪庆州德钦县。我到河西共兴村时，维（西）兰（坪）二级公路在修建里。维兰路和河（西）中（排）路重叠，过四十里箐后就分道扬镳；从共兴村到河西境内的大羊村或德胜沟住一晚，再到通甸街住一晚，到大理州剑川县上兰镇或马登镇住一晚，从月亮坪小路翻山，一天可以到达剑川；从共兴村到河西的热水塘，在河西联合村住一晚，再到达河西箐门口或拉井镇挂登村住一晚，经过老地盘进入拉井；从共兴村到新发村住一晚，进入迪庆州地盘，在维西县庆福村住一晚，再到维西县城住一晚，到达白济讯住一晚，再到攀天阁住一晚，抵达德钦县城。

进入共兴村的两个村口，各有上（下）马石，这是两大块大青石，被人们称为神仙石。任何人进入共兴村，无论官多大，到神仙石前都得下马，牵着马走路进入村子。同样，离开村子，要牵着马走到神仙石前，才可以上马而去。因挖公路，上村口的神仙石被泥石流淹没，下村口的神仙石还在老路边。

到共兴村一游，不可不尝泡菜。村民用高轩井盐卤水泡菜，整棵菜泡在盐卤水里。这是共兴村的一道特色小吃，在兰坪县小有名气。

二

往四十里箐方向，村口有新路老路分岔，新路去富隆厂，老路去中排。村口原有个大香炉、香柏树，正对着本主庙大门。马帮驮着盐巴从共兴往四十里箐走，经中排乡到迪庆州维西县。路过大香炉，穷人们没钱买香，就掰三根蒿枝插在香炉里，跪在地上，向着本主庙方向磕头，向本主祷告，我今天去某处，要渡江、过溜索，很危险，请本主老爷保护我。祷告完毕，赶着马帮走上盐马古道，即便七八月雨季里去澜沧江峡谷，也会安全地过江。有钱人走到大香炉前，点三炷香插在香炉里，向着本主祷告一番后上路。我到共兴村，基本上见不到一代人记忆里的盐马古道，没能见到在村口与本主庙相对望的香炉与香柏树，我所看到的除了民居还是民居。不远处有座磨房遗址，磨房已消逝了，磨盘还在，但磨盖不知去了何处。附近的核桃树林是现代产物。

本主庙前，有一棵树龄1200多年的香柏树，树根部有人为的水泥保护台子，树根底部有斧头砍过的痕迹。千年香柏树高耸入天，枝繁叶茂。香柏树上斫伐的痕迹是“文革”中破四旧的杰作。1990年，州县两级林业部门的专家来到共兴村考查香柏树年龄，他们让村民修台子保护千年香柏树。本主庙周围，香柏树共有8棵（包括一棵秋木树和村口大香驴旁边的香柏树）。1958年，共兴处在村集体经济时代，本主庙变成保管室。冬季，保管员抗不住寒冷，就把离千年香柏树不远的秋木树砍倒了，用来烧火取暖。秋木树已经有几百年的历史，四五个小孩合抱其树干，合抱不过来。保管员不敢砍香柏树，香柏树在村民心目中是神树，其树枝在祭祀神灵时往往用来驱邪保洁净，他怕砍伐神树遭到神灵惩罚，秋木树却遭殃了。尽管如此，“文革”时期，本主庙受到冲击，千年香柏树留下了深深的伤痕。而村口那棵正对本主庙大门的香柏树，被砍伐掉了，大香驴被砸烂。千年香柏树学名叫侧柏，保护等级一级。2012年兰坪政府立项，幸存的6棵香柏树都有编号，并卫星定位，受到较好的保护。

本主庙门口有白马神二将，白马下边有一条黑狗，村民说这是主老从布达拉宫带来的黑狗。下雪的时候，村里人出门，在盐马古道上看到狗脚印马脚印，尽可放心行走，不会有事。在中排峨底场附近有个马蹄印，有个石槽，这是共兴村本主庙的白马去救主老时，在那里喝水小憩时留下的印迹。

本主庙里供奉着大圣本主，其封神号是大黑天神。大黑天神脚上绕着一条蛇，脚下踩着一个人。这个造型，在共兴口口相传着一个故事。唐朝战乱年代，湖南有个部落，居住着拉玛人。有一天，官兵来扫荡。大人们把孩子驮在马上，带上简单的干粮，牵马逃命，拉玛人称谓由此而来。大黑天神为了救子民，让村民逃走了，他一个人留在村子里阻挡官兵追杀。官兵涌入村子，看到村里只有一个长胡须老者。官兵挖了个大槽，让大黑天神在大槽里等死，有个刽子手还给大黑天神灌了毒药。毒药在大黑天神体内发作时，一条蛇爬到大槽底部，在他脚底板上咬了一口，把毒药吸走了。蛇死了，大黑天神活了下来。为感激蛇的救命之恩，大黑天神走到哪儿，就把蛇带到那儿。共兴本主庙里的大黑天神，踩在其脚下的人，就是那个给他灌毒药的刽子手。贵为本主的大黑天神，他是佛主的一名弟子，在大佛寺那里担任钱粮记事，初一、十五就去大佛寺当差，平时在本主庙当本主。正月初一到初十五，这是村里人到本主庙磕平安头的日子。

在共兴村，还流传着白族拉玛人的传人主老和大巫师伴戏的故事。主老和伴戏是表兄弟，主老是李家人，伴戏是王家人。高轩井开发出来后，他俩准备建盖庙宇，塑什么人，搞什么庙，两人心中无底，于是相约一起外出学艺。伴戏往丽江学艺去了，主老的妻子不让他走，说两个孩子丢下给她难以活命。半年时间过去了，主老在妻子的眼泪和温柔里不得出行。想到在丽江学习的伴戏，主老惭愧和着急。主老想了个办法，他在马鞍上放着干粮拴着锄头，对妻子说到地里赶活，牵着马走出家门。他牵着马走到神仙石前，上了马后往地里走去。走到半路上，他把锄头丢在路边，飞马扬鞭向着丽江方向而去。他骑着马从老路走，经过白汉场，一直到丽江四方街。表兄弟相见，都很激动，伴戏把自己所学告诉主老。伴戏带主老去见住持老师，得到老师恩许，两兄弟成了同门弟子。

学习了 3 个月，老师和同学们都认为主老聪慧过人。作为奖励，老师给主老挂了一串佛珠。主老说，我已记住了所学的知识，要去西藏学习。主老脖颈上挂着佛珠，拿着住持的介绍信，从丽江往西藏，一路化缘而去。藏民们看到挂着佛珠的主老，都热情地给予接待。主老走了一个多月才到西藏。主老拜见了布达拉宫的高僧，递上住持的介绍信。在布达拉宫修习，别人用八九年时光也背诵不了 10 多部经书，主老只用 6 年时光把这些经书背诵得滚瓜烂熟。布达拉宫的高僧不愿意放走主老，但主老执意要回共兴。主老对高僧们说，我来布达拉宫学习是为了我的子民，别的不图啥。

主老回家的愿望实现不了，他的请求没得到高僧们许可，被关了起来，一关就是 3 年。有一天，女奴给他送饭，这天的饭菜特殊，饭是红色的，肉也是红色的。

“老大爹，明天他们要杀您了。”

“姑娘，你帮忙找来一杯茶、一碗酒、三炷香，可以吗？”

女奴答应了主老的请求，帮他弄来了所需要的东西。

主老拿着三炷香，向着四面磕头，喊共兴本主庙里的白马二将，向大黑天神祷告，明天他们要杀我了，只要你把我搭救回到故乡，十五的香我在初一点给你。主老祷告后睡着了。睡梦里，只听到“得得”马蹄声和“嗡嗡”风声，感觉有点冷。等到他醒来时，置身在共兴桥旁边自家地里。半夜敲门，家里人不搭理他。他离开家前，曾有一只手指头被斩断，他把断了一截的手指头伸进门缝给家人看，家里人才知道他回来了，赶紧开门让他进屋。看到主老胡子头发老长，家里人给他剃头，刚弄完鸡叫了。鸡叫头遍，主老就到本主庙上香，感谢本主的救命之恩。

主老向共兴本主求救，许下了愿，于是在共兴留下了一个风俗，每年大年初一，鸡叫头遍的时候，村民去本主庙点长寿香。凌晨4点钟，共兴村每家有一个代表到本主庙点长寿灯点长寿香。到了本主庙，先给本主大黑天神点长寿灯长寿香，再给黑白两匹马点。向本主祷告，磕平安头，请本主保佑家人出入平安。尔后又在财神老爷那儿祈祷。共兴村人比较信奉本主，本主庙香火旺盛。他们认为，从古到今，村里人无论做啥，都没有发生过把生命丢失在村外的事情，他们认为这是出门前到本主庙祷告的原因。如果你不信的话，村里人就会认真地告诉你，说这是发生在村里的一件比较真实但神奇的事情，有个村民被国民党兵抓走了，一去15年，他照样回到村里。他回到村里前，其老爹带了一只鸡到本主庙祈福，希愿本主保佑儿子平安归来。老爹抽签，签卦上写道“风吹屋燕自归来”。翌年2月，他家屋檐上飞来燕子安家，儿子随后回到家了。

腊月二十五，共兴村人迎祖宗，正月初九送祖宗。送祖宗这天也是他们祭山神的日子。山神庙与本主庙相距不远。我所看到的山神庙不是旧时模样。“破四旧”年代，山神庙遭到破坏，现今所见的山神庙，由村里的4弟兄出资重建。

三

每年农历二月十四至十五，共兴村举办“杯日往”。“杯日往”是共兴村白族拉玛人的传统节日，既有宗教神秘，又有节日欢乐。“杯日往”意为跳二月，又叫“二月会”。“杯日往”活动内容主要是祭祀，取悦自然神灵，缅怀并纪念为民造福消灾的祖先和英雄等，表达吉祥如意的愿望，祈求和平、长寿、富足的年景。“杯日往”中最具特色的是表演傩舞，这是滇西唯一的傩舞。“杯日往”中，龙马开益是共兴村特有的拉玛开益调子。龙马开益悠扬，有颤声，令人沉醉在远古叙事里。龙马开益充满人生禅理，涵盖拉玛人万物有灵论和本主崇拜思想，有着拉玛人朴素的宇宙观。

高轩井开发较早，村境内的盐马古道连接丽江、大理茶马古道以及滇藏茶马古道，使得这个地处滇西北偏僻的小村庄，在保存自身的白族拉玛文化特色时，也善于吸纳马帮带来的外来文化。拉玛文化与中华文化、藏文化相融，所衍生的文化现象成了“杯日往”内容，拉玛人通过歌舞的形式表达出来。

龚庆章在“杯日往”中扮演大祭司。就“杯日往”，我专程采访他。据龚庆章老人讲述，其高祖是丽江人，开发过高轩井。其父当过灶长，同时也是个马锅头。龚庆章于 1969 年加入中国共产党，有 50 年党龄了。2012 年，龚庆章被任命为县级非遗文化传承人。2014 年成为州级非遗文化传承人。他是人们公认的“开益王”。他传帮带，致力拉玛文化的传承挖掘和发扬光大工作。龚庆章时常给徒弟们说，树有千枝根只有一个，树高万丈叶落归根，天下拉玛人同一个家，都是一个根 ，要互相团结，传递文化信息，才有拉玛人的根基。龚庆章徒弟有 4 人，大弟子是他的衣钵传人。其他 3 个弟子因不识字，成了一般的传人。“杯日往”那整套复杂程序，龚庆章悉数教授给大弟子。

2018年，白族拉玛人的腊八节在兰坪县城举办，迪庆州维西县拉玛人赶来参与，还有居住在别地州的拉玛人赶来参与。腊八节上有拉玛人特有的祭天牛仪式，“杯日往”中也有。龚庆章年老，不再参与活动，录了口弦给大弟子带去，让大家就着口弦舞蹈。“杯日往”涉及祭祀，有人说那是迷信，龚庆章反驳，那不是迷信，而是传统文化。他自豪地提起，兰坪县庆30年，8个乡镇民间艺人到县城，县里要选一首歌谣作为迎宾曲，选中了龚庆章唱的拉玛歌谣，只录了他唱的开益。他唱的开益正是“杯日往”开头调。

从他家出来，我们走在石板路上，到达石拱桥，往土路上拐，逆小溪水而上，往山寺方向走去。有一年，小溪发大水，冲来好多石头，香火桥被毁。踩着石头过溪流，往山坡上的山寺方向走去。山寺是共兴人对寺庙所处的山坡称呼。山寺上有大佛寺、观音寺，两座寺庙坐北朝南，寺庙背对河西的元宝山，其南面是共兴村，东面是大石桥村，西面是三家村。寺庙处在三家村口的台地上，居高临下俯瞰山谷里的村庄，视野开阔，可尽情眺望壮观的山峡景致。龚庆章的大弟子家就住在山寺上面的三家村里。山寺附近有建档立卡户正在盖钢筋混凝土房，国家给予资金补助。发现高轩井是盐井的牧牛女人的家在三家村。三家村到高轩井的莽莽苍苍原始森林，早已经砍伐殆尽。从唐代时期的三家村到现代化时期的三家村，这是一个无法言说的文字空间。

在大佛寺院子里，龚庆章老人坐在天干树下给我解析“杯日往”。“杯日往”不是简单的乡间歌舞，而是集文化大成。“杯日往”传统模式分两个阶段进行。第一个阶段：撒松毛、架木马、制作佛手、准备工作；迎接天龙树；向天龙村敬献佛衣；竖立天干天龙树；竖立佛手和插枝；童子拜寿的舞蹈。第二个阶段：进香仪式；站香仪式；敬香仪式；烧香仪式；祭香仪式；撒松毛舞蹈；童子拜寿舞；拜佛舞蹈；烧香舞蹈；跳日月舞；跳地支破狱；迎仙姑少恩拉恩舞；祭拜十二生肖舞；祭十二生肖十天干祭祀词；送天龙上天仪式；送金姑回家达开益。两个阶段加起来，共有二十二个程序。

“杯日往”祭词，如“二月十五来敬香，敬天敬地敬五方。一敬天地敬日月，二敬天地福禄寿。三敬天地敬佛祖，四敬天地敬观音，五敬天地敬神灵。东方我敬甲乙木，西方我敬庚辛金，南方我敬丙丁火，北方我敬壬癸水，中央我敬戊己土。”把五土放置在日月精华、天地造化与人类和谐相处中，然后把十二生肖敬为五方：“寅卯东方木，申酉西方金，巳午南方火，亥子北方水，辰戌丑未四季土。”祭词巧妙地把十二生肖分到五方去祭，与生态保护结合起来，这涉及共兴村的封山节和开山节。共兴村民把农历六月初六叫作封山节。封山节期间，严禁砍伐树木。封山节时间历时两个月两天。农历八月初八是共兴村民的开山节。封山与开山，彰显了共兴人的生态文化理念。因农历八月八以后庄稼才成熟，封山期间不准砍柴，就是要尊敬天神，不要惹来狂风暴雨，以免给庄稼造成灾害。谁在封山期间砍柴，来了狂风暴雨，就会受到村里严厉处罚。封山期间的规定成了村规民约，谁也不轻易冒犯。

拉玛人的生态理念，体现在开秧门仪式上。“杯日往”中，开秧门的第一句歌词是生态开益，把水利和田坝融合在一起，意思为两个坝子相对着，两股水同时流到这个坝子里。言外之意是田坝里产出的东西要由农民去种，人类才会有吃的。有关开秧门的开益，创始者是伴戏。

伴戏是拉玛人对大巫师的尊称，通天通神通人，具有法术。“杯日往”用舞蹈和道具及开益演唱，讲述了开秧门的故事。

伴戏家插秧这天，帮他家忙的人很多，有河西的、河东的、桩子的、水塘的、共兴的，一天有60多个乡亲帮他家栽秧。当时人们穿着麻布衣服，60人站在坝子里，白花花一片。正忙得不亦乐乎，天空突然下起了大雨，人们躲避不及，麻布衣服经被雨水淋湿，变得又冷又重。伴戏站在大石堆上，向着人们唱开益，今天东方下了一阵雨，不带雨具不带草帽的，下湿了衣服，你怎么走路怎么干活？村民们听了伴戏的开益后，认为伴戏欺负他们，很是气愤，谁也不愿帮他家干活了，纷纷丢下手里的秧苗，走出水田回了家。田里的活没干完，第二天没人再来帮他家干活了。伴戏厚着脸皮请村里人帮忙插秧，但来帮忙的人不多。有个帮忙插秧的妇女对伴戏玩笑地打赌，只要伴戏把太阳拴住，不让太阳落下，他们就把伴戏家的秧田栽完。帮忙插秧的人都附和同意。

伴戏在大石堆上摆了一碗清水，手中拿着三炷香，点燃后双手合十。

太阳影子倒映在碗中水上，他顺手撸了蒿枝放在水碗内三个不同方向念咒语，尔后盘腿坐在石堆上，一动也不动。帮他家插秧的人累得筋疲力尽，肚子饿得咕咕叫，太阳就是不落山。伴戏家的秧田基本栽完了。伴戏在大石头堆上对着乡亲们喊，你们赶快回家，迅速过河，我要放太阳回家了。人们从田里出来，刚过完河，大地一片漆黑。他们摸黑回到家，天蒙蒙亮了。他们来不及睡一会，做早饭的时间就到了。庄户人家早饭吃得早，何况田里的农活等着他们去做。“伴戏本事了得，可以拴住太阳。”人们一传十,十传百，从此没人再敢跟伴戏打赌了。

过年时节，拉玛人在天井里撒上一层厚厚的松毛，把丰盛的饭食摆在松毛上，一家人围坐在松毛地上吃过年饭。拉玛人认为松毛是吉祥物，清净。“杯日往”一开始就有撒松毛的动作，邀请四方神灵进来坐。撒松毛的祭祀词开益，意译:“我也撒松毛了，撒你家前是黄松毛，撒你家前是金松毛。你家前面松毛是我撒的，各位神仙都来得了。我撒了松毛好几背篓了，桥神路神都来得了。”撒松毛的开益唱完后，人们的舞蹈动作转化为孩子们拜年，以及老人们给孩子发红包的情景，“天落神，地落神。天灵灵，地灵灵。天落尘，地落尘，一切灾难化为尘，四方童子来拜寿。”伴随着舞蹈动作的开益歌词，非常有意思。

“杯日往”启动日，共兴村的人每家每户都要给天干树挂五色纸，挂祭天符。祭天干仪式，最大的文化符号有两个：一是天干树，二是佛手树。佛手树用松皮、麦面、糯米做成一只手的形状，每只手上有 5 个手指头，用香油炸好，油炸 12 只手。12 只手指代一年有 2 个月，12 只手共有 60 根手指头，指代人生六十花甲，意味着人生算上寿了。跳舞的人群，一边背着天干树，一边背着佛手树。背着佛手树的，一边背着 12 只佛手，表示二十四孝，以及一年有二十四个节令。祭祀结束，人们争抢佛手，他们认为，佛手的手指头就是如来佛的五指山，抢着一根佛手就赶紧吃，吃了后自己不会中风，孩子也不惊风不发烧。一棵树子插着一圈 12 只佛手，中间是天木水火土和天干五行树，两边是十二生肖二十四节令。统一在大香炉里点香，防止火灾。祭天干又叫十天干，五行树，十二生肖。“天上我祭的是三星，地上我祭的是五土。再加上，晚上是红星星，白天是白星星。”祭十天干后，祭香炉仪式有送香、站香、敬香、烧香……“杯日往”里涉及的祭祀太多，仪式繁杂，共兴村只有龚庆章会。他已经是近八旬老人，担心这些民族文化因他后遗失，除收徒传授外，还写下文本，到处让人录下他做的仪式视频，心愿得以广泛流传。

2012年，“杯日往”一改过去女的不能参与的历史，金姑不再男扮女装，而是由一个小姑娘来扮演。“杯日往”歌舞中一个角色的变化，对于偏僻之地共兴村而言，意义较大，女的参与“杯日往”中，真正体现了男女平等。共兴村人在新时代里的人文观念改变，从一个传统节日的细节里，可见一斑。

“杯日往”讲述了拉玛人祖先主老去西藏布达拉宫学习先进文化的故事。共兴人认为，主老学成归来后创造了“杯日往”，并以传统节日的方式得以流传下来。传说归传说，但足以证明，“杯日往”节的形成与高轩井历史息息相关。盐井的开发，马帮带来佛教文化。共兴子弟走上盐马古道，可以走夷方讨生活，可以拜师学艺。偏僻之地共兴，因了盐井而得以打开与外界的对接之门。“杯日往”在一代又一代人中发扬光大，不断吸纳外来文化，与本土文化有机融合。“杯日往”是一种文化交融再生的现象，沉淀在拉玛人生活中，成了民族传统节日，体现民族智慧，表达了拉玛人崇拜英雄崇拜祖先以及相信万物有灵的情感，有着民族宗教信仰和审美情感。

龚庆章老人认为，“杯日往”主题是拜日月，傩舞中“红脸”“黑脸”“黄脸”代表的形象是太阳、黑夜、月亮。他对傩舞中三个脸谱的分析，与拉玛文化权威学者李松发、罗世宝著书里所说的相悖。两位学者著书明确指出，“杯日往”傩舞中，“红脸”是吴三桂，“黑脸”是马三宝，“黄脸”是金姑娘娘。两位学者对“杯日往”傩舞中红黑黄三个脸谱形象的论述，基于早年间的田野调查，且据康熙《剑川州志》和《乾隆丽江府志略》载：属南明永历王朝李定国部高启隆率部于1659年由剑川退入兰坪，吴三桂孙吴世藩部将胡国柱于1681年率残部由剑川退入兰坪。两支残部部分变服从俗融合于拉玛人族群中。因此，“马三宝”即为高启隆部属，“吴三桂”即为胡国柱部属。后人将其视为祖先，并以英雄崇拜之。

我从共兴回到兰坪县城后得知，1949年新中国成立后，共兴村不再举办“杯日往”活动。2014年组织举办“杯日往”活动，其内容只展示了记忆中的一小部分。我在大佛寺听龚庆章老人解说“杯日往”版本，是停办多年后恢复的版本。值得一提的是，1986年进行全县民间舞蹈调查收集，兰坪县文化局曾组织较大规模的“杯日往”调查采访活动，正是“杯日往”停办期间的事，李松发有幸参加。他们采访存活于世的耄耋老人以及参与、见证兰坪解放前“杯日往”的人们，通过十多天的田野调查，收集了大量的资料。李松发因此撰文《试论拉玛人的“杯日往”》，此文原刊载《民族舞蹈》1986年第4期，后经修改刊载《大理文化》1993年第6期，选入《云南傩戏傩文化论集》；他主编的《兰坪民间舞蹈》一书于1994年1月由云南民族出版社出版，此书不仅简介“杯日往”内容，用乐谱及歌词记载了“杯日往”音乐，还用绘图和解说详细介绍了“杯日往”中人物造型、服饰、道具、舞蹈动作。李松发的撰文和主编的书对“杯日往”的宣传产生了深远影响。

在共兴村山寺听民间艺人龚庆章老人解析“杯日往”，对傩舞中三个脸谱的论述，我理解成这是民族自然崇拜现象的体现。而两位学者的论述，尊重早年间田野调查事实，体现民族英雄崇拜和本主情结，有着历史根源。挖掘、传承和发扬拉玛文化，民间艺人与学者的调查与理解有必要达成一致，这对宣传和推介本民族文化有百利而无一弊。正如兰坪县白族支系“那马人”“拉玛人”称谓之争，地名“啦井”“拉井”之争，现今兰坪县以县志为标准，统一用“拉玛人”“拉井”称谓，免去本境写作者尴尬，避免了外地读者错理解成两个白族支系、两个地名的尴尬，有利于旅游打造地方文化载体。

乡愁绵延

一

人间最美四月天，我们开车从通甸镇德胜村往河西乡箐花村而去。柏油公路在莽莽苍苍的原始森林里蜿蜒，杜鹃花开的林海别有风韵。大羊场就像大地披着的一块七彩织锦，牦牛在其间悠然吃草，羊群漫步山冈。大羊场尽头，立着一块水泥坐标，白底红字写着兰坪箐花甸国家湿地公园界碑。拉巴神山就像忠贞的卫士，守护着撒落在大山上的普米村落。我无意欣赏湿地公园的景致，心就像射出去的箭，飞往箐花玉狮场。这个隐藏在森林深处的高山草甸上，富有乡土气息的民居和具有特色的普米族文化吸引着我。玉狮场是兰坪县河西乡箐花村民委员会的一个小组，2018 年被列入第五批中国传统村落名录。

我对玉狮场的印象，源自中国青年报记者报道《一个拒绝道路的村庄》，玉狮场村民们为了不让周边的原始森林遭到砍伐，拒绝修公路到村里，去往村里的破旧山路，普通小车、大车都上不来，只有性能优越的吉普车在熟悉地形的当地人的带领下，才可勉强一试。十多年时光过去了，这篇有关捍卫生态家园的报道，依然在我心中荡起涟漪。柏油路还是没有通到玉狮场，一条土路讲述着村民们朴素的生态家园理念。走在玉狮场，随手俯拾遗落在石板路上的马锅头故事，古歌谣在马蹄凹槽里回响。女人携子离开玉狮场，逃难在盐马古道上，历史尘烟里消逝的身影，在玉狮场的叙事里复活在我的眼前。

桂香，一个极其普通的乡村妇女，我不知道她姓什么，但也不刻意去考证她姓什么。她出生在清同治元年（1862），经历了民国整个时代以及中华人民共和国成立，三个朝代或深或浅地烙印在她的生命痕迹里。在滇西盐茶古道上，桂香抒写了富有传奇色彩的人生。

清代后期，箐花村、玉狮场、清水江以及迪庆州维西的马锅头联合成大马帮，往返盐茶古道做生意。盐茶古道多匪患，大马帮出行，土匪往往怯场三分，不敢轻易下手。这个大马帮时常行走的盐茶古道线路有两条：一条茶马古道，大马帮到普洱市的思茅驮上普洱茶，经过临沧，到达大理州的下关，过剑川县城到达马登镇，进入怒江州兰坪县通甸镇，沿着通甸河到达河西乡箐花村玉狮场，过清水江到达迪庆州维西县，由小中甸进入西藏，抵达尼泊尔地区；一条是盐茶古道，大马帮从思茅驮运普洱茶，经过临沧、下关、剑川、马登等地，进入兰坪县通甸镇，由水奉村龙潭翻山到拉井镇的桃树村，经过丰坪等地到达兰坪县盐业中心喇鸡鸣井，即现今的拉井镇政府所在地拉井街。大马帮用茶和香油交换部分盐巴，马匹驮着一半茶叶一半盐巴，沿着玉龙河行走在弯弯曲曲的盐马古道上，从拉井到达营盘镇营盘街，由沧东桥过澜沧江，走上碧罗雪山鸟道，翻越碧罗雪山到达知子罗，进入怒江大峡谷，迎着怒江激流逆水北上，经过福贡县进入贡山县，到达丙中洛，走上丙察察线茶马古道，经过西藏察隅县抵达拉萨。

玉狮场的居民都是普米族人，其中有一位杨姓马锅头，他家在玉狮场属于大户人家，开着马店。来来往往的马帮歇息在杨家店里，院子里的拴马桩上拴满了马。清朝统治由同治年代进入光绪年代，年轻的杨公子接过老父亲手里的马鞭，带着3个马脚子赶着自家的马帮行走盐茶古道。杨马锅头年轻且有本领，在行走盐茶古道赢得大伙的拥戴，成了一个小头领。光绪九年（1883），有一次，大马帮路过大理州洱源，杨马锅头看中了年轻漂亮的桂香。他不惜重金，要买桂香为妻。桂香的身价是人有多少斤，银子就有多少两。杨马锅头毫不犹豫地答应了，令手下的马脚子拿出几袋银子。于是，在一杆大秤上称重量，一头是桂香，一头是银子。用秤称银子买妻一事，成了滇西茶马古道上的一段佳话，轰动了洱源城。来往马帮一路传播，冠上了各种色彩，版本较多，但故事主线一致。就这样，21 岁的汉族女子桂香成了普米族杨马锅头的妻子，跟随马帮走了好几天山间土路，回到了偏远的玉狮场。

杨马锅头领回来了一位漂亮的汉族妻子，轰动了玉狮场，轰动了箐花村。抱得美人归，杨马锅头怀着感激之情敬献给了拉巴神山三炷香，感谢神灵护佑。有了爱的滋润，赶马帮的路上，杨马锅头唱响的歌谣不仅有大山的粗犷，也有山溪水的温柔。

桂香漂亮但不娇气，勤劳且善良，深受公婆喜爱，赢得杨马锅头同族人称赞。杨马锅头的马帮常年行走在盐茶古道上，走夷方的路遥远且凶险，他对妻子的爱随着离家路程越远越深厚。桂香伺候公婆，把马店的生意打理得井井有条。她擅长做面食，蒸出的馒头酥软可口。她擀制的面条又长又细。大灶上架着大铁锅，煮着全羊汤，用全羊汤煮她擀制的面条，味道鲜美。煮好面条，她捞入碗里，加上一勺羊肉汤，放入佐料，一碗碗地放在簸箕里，端给马锅头们吃。面条好吃，马锅头们情不自禁向桂香竖起大拇指。家里羊子多，她做好一罐罐羊奶茶，让赶马人喝。桂香还懂中药，会做蝉花药膳。玉狮场马店老板娘漂亮且厨艺不得了，马锅头们在茶马古道上传颂着，桂香的名气不胫而走。桂香的笑容就像一朵月亮花，开在马帮的铃铛声里，照耀在荒郊野外的火塘摆古里。

马帮准备出远门前，杨马锅头都要杀一只家养三年的大红冠子公鸡，看鸡头看鸡肠子看鸡脚，以此判定此行宜出门否。马帮出门前，杨马锅头带着手下人到龙潭拜祭龙王老爷，献祭给龙王老爷酒气、茶气及新鲜羊奶，告诉龙王老爷马帮要出远门了，保佑他们一路顺风，遇到洪水能避水，遇到大风能避风，遇到野兽能避险。目送着马帮走出村子，往山下走去，消失在林海里，桂香的耳边还响着“得得”马蹄声。长夜漫漫，思念漫漫，马帮不知到了何方。木头房里，桂香给孩子们唱起了歌谣。她时常站在楼梯上眺望进村的路，看到远处冒出马帮的影子，飞跑到村口，等看清是丈夫的马帮回来了，她娇羞地一笑，飞跑回家，一头钻到厨房忙碌开了。马铃铛声由远而近，渐渐响在村子里，向着杨家而来。饭菜的香味从厨房里飘溢出来，迎接远归的亲人。解乏的药膳已经一碗碗晾好，泡脚的药汤已经在大锅里熬着了。马帮进入院子里，下驮子，把马拴在拴马桩上，一番忙碌。杨马锅头的同伴们嫂子长嫂子短地亲热叫着，就像在自家里般坦然随意，桂香的笑脸和亲切的问候给他们家一样的温馨。一身普米族服饰装扮的桂香，全然没有了汉族女子的娇俏，就像山里人般泼辣能干。她把马脚子们当作丈夫的兄弟一样关照着，赶马人打心里敬爱桂香大姐。

杨马锅头深爱妻子和孩子们，但他表达爱的方式古怪，充满魔性。赶马帮山一程水一程，盐茶古道的艰辛不是常人能想象得到的，流传兰坪县的盐马情歌里有句歌词，生动地形容了马锅头们的心酸与无奈："嫁人莫嫁赶马人，处处留下冷火塘"。漫漫长夜里，杨马锅头尤其思念拉巴神山护佑的家园，尤其思念妻儿。马锅头的命悬浮古道，匪患、瘴气、水灾雪灾等，难以预料前程。心性浸泡在无边无际的思念里，没有醇酒香味，却像一匹没有驯化的野马，性子暴烈，容易尥蹶子踢人，杨马锅头对妻子的伤害令人不可理喻。赶马帮出门，少则十多天，多则半年一年才回到家里。桂香对出远门的丈夫牵肠挂肚。好不容易看到马帮出现在村口，心热热地迎接丈夫回家。可他并不体恤妻子操持家务的辛勤付出以及运转马店生意的不容易，不知感激妻子孝敬公婆、抚养子女的含辛茹苦，没有抚慰相思之苦，进入家门就要大爷脾气。看到妻子给别人笑脸，他感觉不舒服。饭菜里的盐巴淡了，或者盐巴咸了，他二话不说就掀桌子。每当杨马锅头掀桌子时，桂香就会两手提着裙子的下摆，把桌子上的东西接在裙子里，以免碗碟打碎及浪费食材。杨马锅头除了掀桌子的陋习，有时还打妻子。杨马锅头打妻子时手不软，把妻子吊在房梁上毒打。有句俗话"打是疼，骂是爱"，这份打骂中的疼爱，桂香的承受力已经到了极限。

大儿子 8 岁时，有一天，父亲又毒打妈妈。大儿子爬到房顶上，掀木头板丢到地上，大声对父亲说："不准你再打妈妈！如果你再敢打妈妈，我就烧掉房子。"大儿子的话让杨马锅头愣住了，从此收敛了许多，不轻易打妻子了。桂香身怀第 12 个孩子的时候，有一天又遭到丈夫毒打。忍气吞声的她再也忍受不了，牵着小儿子的手逃出了家门，伤心地离开了玉狮场，离开了箐花村。她向拉巴神山磕头，祈求神灵护佑母子平安。她带着儿子逃到河西乡联合村，住了一段日子。她走上了盐马古道，到达拉井。杨马锅头是马帮里的一个小头目，时常行走在盐茶古道上，妻子的行踪不可能不知道，但为何没有寻找妻子，自此孤老一生，这成了后人心中的一个谜。

桂香在平街子租了间简陋的房子，把家安顿了下来，生下了小女儿。她上山挖中药材，在家里当起了郎中，给人看病，以此养活一对儿女。有一天，长涧、新建的村民要煮附子吃。桂香告诉他们，附子要用开水煮，食用后不能喝冷水。食用附子的村民中有人不相信桂香的话，把桂香的叮嘱当作耳边风，食用附子后照样喝冷水，结果死了一人。出了人命，郎中桂香怕被牵连，担心被死者家属怪罪，收拾了包袱，带着一双儿女连夜离开拉井，经三岔河到达山神庙，过中哨房，经大石桥到达沘江湖畔的金顶，跟随着背夫们走上了盐路山盐马古道，到达马登，再辗转到丽江。

桂香在丽江古城里的四方街租了一间铺面。经过筹备，她的药店开张了。倔强的桂香在丽江古城里住下来后，再也没有回过兰坪县箐花村玉狮场。世事沧桑，朝代更迭，一切在桂香眼里变得淡然。她的一双小儿女在丽江古城长大后，娶妻和嫁人，各自拥有了小家庭。他们与箐花村玉狮场的姊妹有往来，但年老的父母却天各一方，谁也不肯主动向对方道歉，固执地成了隔岸相望的两个桥墩，直到杨马锅头在玉狮场去世，桂香也没离开丽江半步。从玉狮场出走的桂香，压根没打算再回玉狮场。

桂香的长女嫁给了箐花村小村的一位马锅头，只生了一个女儿。1961年，外孙女夫妇到丽江看望外祖奶奶。外孙女婿在昆明工作，外孙女随夫去省城生活，两人特意绕道丽江看望外祖奶奶。桂香已经99岁了，她向外孙女夫妇请求，暂缓去昆明，先送她回箐花小村，要去与大女儿住在一起。桂香特地对外孙女夫妇叮嘱了又叮嘱，她死后，请他们把她与外祖爷爷合葬在一起。两位老人中年分散，直到老死也没成家，但也是至死没归拢在一起。桂香想叶落归根，死后和丈夫在一起。桂香谢绝了小儿子、小女儿及其家人同行的请求。百岁老人桂香跟随外孙女夫妇踏上了回玉狮场的路。丽江到剑川的公路已经修通了，外孙女夫妇带着外祖奶奶从丽江坐车到剑川。外孙女婿租了一辆马车，带着妻子和外租奶奶向着通甸走去。他们走到半路，外祖奶奶溘然去世。玉狮场的亲人们事先得知桂香回家的消息，已经从箐花村赶到通甸，等候多时了，满心欢喜地接应出家半个多世纪的老人魂归故里。亲人们遵照桂香的意愿，把她与丈夫杨马锅头合葬在一起。

我在行走盐马古道中，遵循内心的呼唤，于行走里构筑心目中的民族英雄形象，倾尽内心的情感只想写好有关盐马古道的一部小说，这部小说里有许多个走夷方的马锅头身影，有许多个任劳任怨留守在家里的女人身影，当然包括玉狮场的杨马锅头和桂香的故事。无论马锅头走得多远，有女人守在家里的火塘边，他们行走在漫漫山路上都会有个念想且有个家在召唤，这是一个人内心的温馨和精气神所在，也是爱的源泉所在。

盐马古道是一首韵味悠远的歌谣，一路行走一路倾听，我的心就像一朵月亮花开放在兰坪大地上。

二

怒江州委、州人民政府在全州组织工作会议上，对首届怒江名师、怒江名医、怒江名人、怒江能人进行颁证，其中，一位穿着普米族盛装的妇女吸引了我的注意。她剪着一头短发，说话干脆利落，有着男子汉般的干练与豪爽，丝毫没有女人的娇气。她就是著名的怒江土特产商标“和大姐”的创意人和昆花。

颁证仪式过后，我再也没见过和昆花。翌年 3 月，她参加政协怒江州十一届四次会议，可惜我们错过了见面的机会。一个月后，她突然给我来了电话，说到怒江州府六库城办事。她得空那天，不凑巧我在学校值日。校园离六库城 13 公里，我无法赶回城里见她。她到了我所在的校园，在校报编辑部办公室里接受我的采访。一个人的叙事，令时光变成了一部电影，一幕一幕地在眼前放映。箐花小村，那个被拉巴神山护佑的普米小村寨，在和昆花的讲述里，从原始森林深处，从高山草甸之上，伴随着“得得”

马蹄声向我走来……

一辆军车离开昆钢，往滇西方向而去。一位穿着时尚的年轻妇女怀抱着女儿，安静地坐在车里。军车到达下关，住宿了一晚。第二天清早，军车又上路了，到达剑川县城。年轻妇女带着女儿投宿在一家客栈里。女儿发着烧，流着鼻血。店家阿婆头上卡着银饰，一身白族服饰，她顺手从被子里抽出烂棉絮，塞在小女孩的鼻孔里堵鼻血。古色古香的小巷、踩得光滑的石板路、从井里打上来的清冽冽井水，还有店家老阿婆卡着银子的头饰，成了穿着红色花布衣、剪着短发的小女孩对剑川县城最初的印象。

箐花村有 8 个小组，即箐口、青岩头、玉狮场、小村、西峰岩、东峰岩、杂木沟、大羊场。桂香的大女儿杨秀海长大后，从玉狮场嫁到箐花村小村，成了一位马锅头的妻子。马锅头丈夫赶着马帮到过印度和尼泊尔。他们养育了一个女儿，名叫杨灿贞。抱着女儿搭乘军车到达剑川城，穿着汉族时尚衣服的年轻妇女正是杨灿贞，她牵着手走在剑川城里的女孩正是她的长女和昆花。

母女俩在剑川县城呆了两天，和昆花的病情得到好转。母亲担忧留在昆明钢铁厂的父亲安危，这个来自箐花小村的普米族女人想不明白，自己的丈夫为何一夜间从厂党委书记被打成了右派。她无法理解昆钢为何会有派系之间的打斗，“文革”对于她来说非常遥远。她和丈夫都是马锅头的后代，这个朴实的山里女人理解自己的丈夫，他是个顶天立地的普米男人，是个立过战功的英雄。

和昆花的父亲是箐花村青岩头小组的人，祖父和爷爷都是马锅头。爷爷在赶马帮路上失踪，父亲因此成了孤儿。父亲上有一个哥哥一个姐姐。奶奶含辛茹苦地抚养 3 个年幼的孩子，却不幸得病去世了。3 个孤儿靠着村里亲戚的帮助活了下来，相依为命地长大。中华人民共和国成立后，和昆花的父亲在红旗下成长，背着书包上学了。他在学校入了团，积极报名去参军，成了一名解放军战士，在部队里成长为一名排长，荣立过战功。他从部队被分到昆明钢铁公司，担任党委书记。被打成右派后，他担心昆钢派系打斗殃及妻女，通过部队朋友的关系悄悄地把妻女带出昆明城，让母女搭乘军车到剑川后转道回箐花村老家。

在剑川县城住了两天后，和昆花的病好些了。杨灿贞带着女儿和昆花搭了一辆马车，向着通甸出发。马车慢腾腾地走在山路上，山路崎岖不平，坐在马车上就好像在浪尖上跳舞。好不容易颠簸到通甸镇，母女在通甸街上住宿了一晚。第二天早上，母女上路了。她们走到箭干场亲戚家投宿时，天黑了。翌日，她们从箭干场出发，经过德胜村，到达小麦介场和昆花的姑妈家住了一晚。天亮后，母女继续走路，进入河西乡境内，经过西峰岩村，足足走了一天才到达小村家里。

婚后，杨灿贞住在娘家小村。杨灿贞母女从昆钢回到老家，世外桃源的小村成了和昆花快乐天堂，她就像高山草甸上开放的杜鹃花，无拘无束地在故乡山水滋润里成长。不久，父亲也来到了小村。他在家休养了一段时间后，又回昆钢工作了。杨灿贞身体单薄，体弱多病，跟随丈夫回城里生活，她呆在城里的时间多一些，极少在小村生活。她生养了5个孩子，老大和昆花跟随外婆在小村生活，其余4个孩子跟随着父母住在城里。村里的普米族人对奶奶和外婆没有界限划分，统称为奶奶。

山峦连绵不绝，望不到尽头。原始森林里的高山草甸就像锁在深闺的美貌女子，与蓝天白云絮语。小村是一个不起眼的小山寨，居住着十来户普米人。离小村不远，散落着几户人家，与小村各自安静但互相呼应。和昆花的奶奶杨秀海会说汉话，略懂医术。杨秀海的母亲桂香是个汉族女子，不仅识文断字，而且懂医术，虽然不能把所学尽数传授给自己的女儿，但教会了女儿说汉话，懂一些医药知识，可惜没教会女儿识字。杨秀海性格开朗，深知读书的重要性。小村村风淳朴，村民尊老爱幼，团结和谐，没有争斗，但他们封闭，认为“镰刀不割肉，妇女不做事”，不主张女孩读书。和昆花背着书包读书，遭到村里老人们一致反对。他们质问和昆花奶奶，你让孙女读书，难道是让她当女先生吗？这是不可能的，自古以来，普米地区没有女先生。为了不让和昆花读书，村里人给和昆花家送来了生活用的农具和针线箩。杨秀海说服不了村里的老人们，违背不了村里亲如一家人的决定，但又不想让孙女和昆花辍学，她把书包、苞谷面粑粑悄悄地放在背箩里，高声呵斥和命令孙女去地里干活。和昆花不服从，闹着去学校读书，奶奶拿着棍子打骂孙女。和昆花伤心地哭着，背上背箩到地里干活，走到半路才发现背篓里的书包，这才知道奶奶的刀子嘴是给村里的人看的，暗地里支持孙女读书。和昆花错怪奶奶了。她感激地背上书包，把背篓等干活用品藏在树丛里，飞快地跑向学校读书去了。

箐花小学在西峰岩小组，和昆花每天往返在小村和西峰岩之间。中午饭是一个苞谷面粑粑，从家里带到学校吃。学校用竹管从山上引来清泉水作师生饮用水，和昆花吃完苞谷面粑粑，扑到竹管下喝了一肚子凉水。填饱了肚子，再坐在教室里读书，她已经心满意足了。有时，她捡到几个核桃，把核桃仁取出后夹在苞谷面粑粑里吃。她在西峰岩小学读了 5 年书后，就到箐口读箐花农中。农中学生一边读书一边干农活，还要自己做饭吃。她找来三块石头，在石头上架上小锣锅，点燃柴火，放入干巴菜、蔓菁菜，煮成一锅杂锅菜，加上一点盐，她吃得挺香。有时，他在杂锅菜里加上一点面煮成菜糊糊，就是一天的奢侈饭食。当时少油，甚至没有油。箐花村不种洋芋，时常吃得上洋芋的往往是家里有劳力去赶马的人家。偶有时，同学给和昆花几个洋芋。能吃上一顿洋芋饭，对于她来说，不亚于打牙祭。

和昆花和奶奶有基本口粮，没有工分粮。和昆花到西峰岩生产队里打粮食，被告知基本口粮吃完了，没有工分粮。打不到粮食，她哭着给父亲写信。母亲杨灿贞和其他 4 个孩子孩子跟着父亲生活，6 张嘴仅靠父亲的工资维持生活，手头也不宽裕。父亲同事知道和昆花到生产队打不到粮食的事后非常同情，纷纷捐粮票给和父，让他带回老家。和昆花收到父亲捎回来的粮票后，走路到河西乡粮管所买粮食。

家里缺少劳动力，只有奶奶和孙女生活，孙女上学，奶奶年迈，参加生产队的劳动所挣工分有限，分红也有限，两人的生活拮据。和昆花没少挨男同学欺负，她是个受不得委屈的人，奋起还击，练就了假小子般的性格。遭到男同学欺负后，她心里很生气，就把内心的不满记录在日记本里，写日记成了最好最安全的发泄途径。她读书刻苦，功课做得好。老师要求同学们写日记，那些不爱读书的男孩子们对和昆花放下了拳头，反过来讨好她，让她替他们写日记，报酬是半块或一块苞谷面粑粑。就这样，和昆花与男同学间有了交易，这是她人生的第一次生意，通过写日记赚取苞谷面粑粑。她不仅解决了在学校的伙食，还把吃不完的粑粑带回家里。

河西乡大羊村的打古梅、阳山小组，箐花村西峰岩小组，通甸镇大麦介场村，耸立在四个自然村子山顶上的山被本地人叫作瞭望台。瞭望台到箐花小村之间的原始森林里野兽较多，黄鼠狼跑来跑去。小村生产队有一部分地在大羊场，那是生产队的洋芋地，有个地窖储藏洋芋。天还没有亮，和昆花跟着村里人上路了，他们要到大羊场背洋芋。他们走到大羊场洋芋地里，天已经黑了。他们在洋芋堆边睡了一晚，第二天一早，天还没亮就背着洋芋上路了。和昆花背了 20 斤洋芋。小村到大羊场 40 公里路，往返一趟 80 公里。山路弯弯，和昆花紧跟着同伴的脚步，不敢留后。背绳细，和昆花的头上、手臂上勒出痕迹，肩膀上的肉也磨烂了。他们回到小村家里时，天黑了下来。村里人来家里闲聊，不仅烧洋芋吃，还煮洋芋吃，和昆花辛辛苦苦背回来的 20 斤洋芋经不起这样折腾，转眼被消灭。

有一次，她跟着村里的两个女人去瞭望台背洋芋，其中有个女的是外村嫁来的儿媳妇，心眼比较坏，教唆同伴道，和昆花只读书不劳动，与奶奶吃基本口粮，是个让我们养活的寄生虫。为了不让她读书，回来好好地劳动，咱们教训教训她。两个人商量好后，白天故意休息，唱歌玩，慢腾腾赶路，但在暮色黄昏里却飞跑着赶路，有意落下年龄小的和昆花，背着一箩洋芋，怎么也追赶不上两位伙伴。走在瞭望台，野兽的嚎叫声一声紧接着一声，听着瘆人，和昆花害怕，呼叫同伴也得不到回应，她想到家里人等着吃洋芋，壮胆向着村里方向走去。夜走森林，白天所看到的旖旎风光都成了难以捉摸的黑，原始森林里涌动着令人恐惧的声音，大树就像鬼魅从头顶压过来，风从两边的草地里窜过，给人极其不安全感。森林就像黑色海洋，激流暗涌，随时要把孤苦的少女吞噬。“她俩会在前边等我的”，和昆花抹了一把眼泪，自欺欺人地安慰自己，脚下生风地穿行原始森林，她一直追赶到西峰岩，也没见到同村两个女人的影子。

远远地，一个火把忽明忽暗地向着和昆花迎来。“阿炳妞——”，“阿炳妞——”，熟悉的声音飘入耳里。“阿妈——阿妈——”和昆花答应着，哭着向母亲走去。“阿炳妞”是和昆花的乳名，杨灿贞手执火把，边走边呼唤着女儿，从西峰岩上走了过来。杨灿贞接过和昆花的一背箩洋芋，丢在一边，抱着女儿哭了起来，“憨女啊！为了这背箩洋芋，你被狼吃掉了怎么办啊？”在母亲温暖的怀里，和昆花委屈地哭了起来。西峰岩上，母女在夜色里抱头痛哭。

1978年，和昆花参加高考，但名落孙山。后来通过招工考试成了邮电部门的一名报务员，从箐花村到兰坪县城上班，山窝里飞出金凤凰，普米小妞从山里人变成了城里人。她当了28年的报务员后，政策下达，为了减轻企业的负担，部分职工提前内部退养，自己就业。猛然离开心爱的报务员岗位，和昆花不知道该如何再创业，神情黯然地回到了生她养她的箐花小村。在村里闲着无事可做，她听老人演唱古歌，向村里人学习古歌和普米十二调演唱，学跳古舞。她还整理民间故事，有关大羊场的《独石头的传说》就是她的杰作。走在村里，她看到房前屋后水果掉落，乡亲们却视若无睹，令人心疼。去山上砍柴，她看到山里的松茸等菌类随意生长，乡亲们却想不起来采集去换钱，看着林下产品浪费掉了，她觉得太可惜。大山里的宝藏多，但乡亲们却守着宝藏过着贫穷的日子，拿着“金饭碗”讨饭。把山里的土特产带出去换钱，带动乡亲们致富。念头一产生，她就雷厉风行运作。她发动儿时伙伴和邻居们上山找林下产品，清理干净后在太阳下晒，在火塘边烘烤，装入大麻袋里，背着从箐花走到天生桥，稍作休憩，再背着一麻袋山珍走到热水塘，等着从河西街来的客车。在热水塘搭乘客车，经过下甸、通甸到达兰坪县城，把一麻袋山货交给卖农副产品的个体户，双方说好利润提成。

说起做生意，和昆花难以忘怀13岁时在河西街上卖桃子的经历。当时不兴做买卖，她怕被批斗，加之害羞，于是把一背箩桃子放在河西街头，自己跑到街尾悄悄地看着。河西医院的一位医生买了一角钱的桃子，她高兴地多给了他好多桃子。摆了大半天，再也没人光顾，她沮丧起来。回家的时间到了，她把一背箩桃子倒入河西河里，背着空箩回家。当年宁可倒掉桃子背着空箩的普米族女孩，而今成了知天命的中年妇女，把一麻袋一麻袋的山货主动送到商贩手里，大大方方地在兰坪县城做起了生意。

2009年，和昆花在县城注册了兰坪箐林农特产品专业合作社，同时成立了兰坪箐源农特产品开发有限公司，她以“公司+专业合作社+农户”的方式收购、加工和销售农特优产品，还收购纯自然生长的药食两用的原生态食材，包括五谷杂粮和林下产品。2010 年，她注册了商标“笛笆”。“笛笆”是普米话，指竹编的针线盒，喻义做人做事要一针一线，一步一个脚印，诚信做人，本分老实。“笛笆”富有普米文化元素，和昆花为自己打造的怒江土特产品注册“笛笆”，也是她作为普米女儿的情结所在，体现传承民族信仰和民族传统美德的本意。

和昆花的产品在兰坪县城销售外，她还把山货拉到昆明，在翠湖边摆起了地摊。这个当年到大羊场背洋芋被同村女子抛弃而夜走森林的普米女子，对洋芋有着特殊的感情。她把富和山、104 彝族村出名的阿诗洋芋拉到昆明销售。她深情地说，在昆明城，我把怒江大峡谷酒店当作自己的娘家了，看到“怒江大峡谷”几个字，心就热了，感受到了家里火塘的温暖。她把阿诗洋芋放在怒江大峡谷酒店院坝里，再一袋袋地放在塑料袋里，用小车载着，拉到翠湖农展馆里摆地摊卖，每袋 30 元，两天就卖完了 2000 斤阿诗洋芋。

她参加了云南省供销合作社千社千品第一届第二届农产品展示展销，从此开始了她的农产品参展生涯，参加了昆交会、农博会、文博会、旅交会、南博会等等，通过不同层次的展销会，把怒江农产品作为一张名片打出去，打开了对外销售途径。随着参展次数的增多，她意识到“笛笆”这个富有普米族文化特征的商标不容易让人记住，她的老顾客无论年龄大小都亲切地叫她和大姐，她灵光忽现，不妨注册云南怒江和大姐商标（简称“和大姐”）。“和大姐”商标印刷着穿着普米族衣饰的妇女半身像。尽管她用着“笛笆”“和大姐”两个商标，但顾客们只记得“和大姐”这个商标。“和大姐”农产品影响越来越大，她的农产品生意也越做越大。现今，和大姐的农产品生意涉及老君山、碧罗雪山及高黎贡山。每座山脉上都设置一个组长，业务市场涉及的村庄设置一个组长。组长负责管理及产品质量。仅拿崖蜜来说，她的公司每年销售 300 至 500 斤，野生蜂蜜销售 2 吨左右。

西峰岩有一个叫玉成的农民，以前在县城、通甸打工，没多少积蓄，也没能力分户另过，跟哥嫂住在一起。和昆花成立箐林农特产品专业合作社后，鼓励玉成在箐花地区找野生的药材、菌菇、野生蜂蜜等农副产品，她全收购。和昆花带动玉成做起了农副产品生意后，慢慢地，玉成的腰包鼓起来了。他盖起了房子，娶妻生子，小日子越过越红火。多年来，他一直跟着和昆花走农产品发展的路。他放牧猪羊，把羊群和几头猪赶到山上，任其自由自在找吃的，他背着箩漫山遍野找野生农产品。找到东西后，别人给出怎么高的价格，玉成都不卖，把山货留给和昆花。山里人的情感纯真，懂得感恩，和昆花领着玉成走上致富路，他不能忘记有恩于自己的人。

和昆花是云南省旅游商品与装备协会副会长、怒江州旅游商品与装备协会会长。在云南省商务厅贸易促进会、怒江商务局、农业局、工信局、旅游局等职能部门的关心和组织下，和昆花的足迹到达印度、斯里兰卡、俄罗斯、美国、墨西哥、德国、法国、意大利、澳大利、瑞士、泰国、马来西亚等国家，“和大姐”品牌的怒江农产品在这些国家里得以展示，向世界宣传怒江的农特产品。先祖赶着马帮走东南亚，而今，马锅头的后代在新时代大展宏图，用怒江的农特产品向世界代言，用普米女儿的满腔热血践行“一带一路”方针政策。

由当年求学不易的箐花村小女孩到现今行走世界的生意人，和昆花的话里话外对新时代充满了感恩。2014 年 3 月至 8 月，她参加“巾帼圆梦”即高盛－麻省理工－云南大学女性创业者管理培训项目，成为全球万名女性企业家中的一名在册学员。2016 年 12 月 4 日至 8 日，她参加了云南大学启迪商学院“清华科技园”访学研修班学习。从她获得的众多荣誉里，可以知道她成长的足迹：被怒江州旅游局评为十佳诚信旅游购物店，被兰坪县委政府授予对外宣传突出贡献奖，云南省供销合作社在发展“二社一会”中评选为先进个人称号，参加中华供销社评选为 2012 年度中国合作经济年度成就奖并荣获精神奉献奖，被怒江州旅游局授予旅游行业服务明星称号，荣获全省民族团结进步模范集体奖，怒江州首届怒江能人称号。

和昆花不仅是个成功的生意人，也是一位热心文化事业的人，积极从事民族文化宣传。结束报务员生涯后，她参加兰坪轩辕民族民间演唱团，当鼓手和替补演员、对外联络员。因演唱团法定代表人回丽江居住，演唱团无法正常开展活动，经本人同意，兰坪轩辕民族民间演唱团更名兰坪山里人演唱团，法人代表变更为和昆花。和昆花率领山里人合唱团参加了怒江阔时节暨怒江酒文化节民族服饰展示演出活动；参加香港第四届中老年艺术节，并荣获菊花金奖和组织奖；参加北京夕阳秀走进维也纳金色大厅暨第四届国际中老年艺术节，荣获表演银奖、舞台风采奖；参加美国林恳艺术中心新春音乐会，荣获优秀编导奖、优秀组织奖。和昆花因为对文艺的成就，曾荣获文学艺术贡献奖。随着她的农产品生意做大做强，投入山里人演唱团的精力有限，但她还是每年组织活动，把文艺与产业充分融合在一起，以产业带动文艺活动，以文艺促销产业。山里人演唱团的天籁之音、原汁原味的民族歌舞表演与怒江农产特优品“和大姐”相得益彰，这也是和昆花的文化创意，也是和昆花的营销创意，更是和昆花对外宣传展示怒江农特产品和怒江文艺的平台创意。

2017 年，和昆花在云南大学参加“巾帼圆梦”项目培训时，发现云南大学茶马古道展览馆里挂着的茶马古道线路图上没有怒江这条线。为了核实所有的茶马古道线路图上是否真没有怒江这条线，和昆花跑到云南省博物馆查看、核实，结果真没有怒江这条线。作为赶马人后裔，和昆花从小听奶奶讲她家几代人赶马的故事以及所走的线路，对兰坪县河西乡箐花村通往外地的盐茶古道线路倒背如流。作为云南省茶马古道历史中有着分量的怒江州，怎么就会被遗忘在茶马古道线路图外了呢？和昆花找到云南省茶马古道保护开发协调委员会，向他们反映情况。2018 年 1 月 8 日，云南茶马古道协会的专家学者一行人应和昆花邀请到怒江，行走了 15 天，拍摄了泸水市老窝镇狮象桥、福贡县民俗歌舞、贡山县丙中洛马帮、雾里村茶马古道、秋那桶怒族织布及石板粑粑，并从秋那桶进入察隅县，在怒江州和西藏交界处拍马帮过溜索。一行人从贡山回到六库后，又往兰坪县赶路，到达兰坪时正巧是普米族的春节吾昔节。兰坪普米协会召开座谈会，欢迎茶马古道专家学者的到来，会上 80 多岁高龄的普米老人讲述了茶马古道上的普米人家。杨杰秘书长讲述了为什么要来重拍怒江州兰坪县茶马古道这条线的原因和意义，高度评价了赶马人后裔和昆花，是她的执着精神感染了他们。在兰坪县，茶马古道的专家组们拍摄了盐马古道上的普米人家。

我在听和昆花讲述这件往事时，感动不已。怒江州是古西南丝绸之路的重要通道，辖地内的盐茶古道连接滇缅茶马古道、滇藏茶马古道，所辖四县，因为兰坪县产盐，县境内的古道被称为盐马古道，泸水县、福贡县、贡山县境内的古道被为茶马古道。多年来，我断断续续行走在盐马古道上，不间断对盐马古道的写作，深知挖掘和保护兰坪县盐马古道文化遗产的重要性。兰坪县盐马古道是云南省茶马古道的一部分内容，和昆花力争兰坪县盐马古道线路在云南省茶马古道线路图标中显示，对怒江打造旅游业的发展有着深远意义。

我有时浏览和昆花发在朋友圈的微信，被她推介怒江农特产品的情怀打动。第 14 届中国义乌文化产品交易博览会及第 11 届中国国际旅游商品博览会在浙江义乌国际会展中心召开，参展的和昆花在其微博里晒图时留言感慨，“怎地啦？怒江州草果义乌人民不知道啊！重复千百次的解答……”“我家小黑妞三天内终于出售草果三百元，乐坏了”。和昆花对怒江州农特产品的深情，在这极其普通的话语里展露无遗。

采访和昆花一个星期后，我到兰坪县下乡，到达箐花国家湿地公园。站在国家湿地公园的标志牌前，看着宽阔的柏油路蜿蜒向前延伸，隐没在山峰里，回想和昆花徒步上学和背洋芋的情景，感慨新时代飞速发展。一簇簇杜鹃开放在山谷里，沿着公路灿烂。坐在一树杜鹃花下，想象一个 15 岁的普米族女孩背着背箩，从箐花小村向着大羊场走来，背着洋芋行走在山路上的情景。置身在河西乡和通甸镇的交界处，由大羊场到箐花国家湿地公园，在怒江州着力打造旅游业的今天，回首怒江能人和昆花成长的足迹，盐马古道沿线的变革和人文变迁，令人品读新时代的怒江魅力。

兔峨记

山一程水一程——兰坪县盐马古道文化探薮

兔峨土司衙署

靠在百年榕树弯曲的树干上，面对兰坪县兔峨土司衙署的照壁，我打量了一眼“紫气东来”几个字，慢条斯理地打整落在相机上的灰尘。土司衙署沐浴在正午的阳光里，斑驳的光影将同行者的影子刻在树荫里。风从澜沧江峡谷爬上来，将我拥在怀里。六（库）兰（坪）公路从兔峨村穿街而过。层层梯田沿着山势波浪向澜沧江，小春收获后的田野青黑黄相间。山谷深处烟雾朦胧，零星的村寨挂在山腰上。

徒步在盐马古道上，每当打开一扇古老的木门前，我总是喜欢坐在风里，放眼四周，将隐没山谷里的古道眺望，静静地将思绪搭在历史的脉息上，沉稳地走向一段人文。我所处的兔峨土司衙署，位置在兔峨村头的高地上，高地两侧深谷陡峭，碧罗雪山是其天然屏障，兔峨坝一览无遗。当年的盐马古道上走着土司衙署的运输马帮，从兰坪县的古盐镇拉井贩得食盐，经过营盘、兔峨，再到保山、腾冲、龙陵一带出售，从那里购买糖、茶、杂货、布匹等到兰坪县出售。土司马帮有 20 多匹马，雇 3 至 7 人为其赶马，由马锅头负责经营按月结算。

兔峨土司衙署头门，大理石镶嵌横批“兰渡波澄”，两边的大理石对联为“物华天宝自古以来皆有韵，人杰地灵传今而后更多娇”。一进两院、四合五天井的白族风格梁柱结构庭院，随着木门的推开展现眼前。衙署照壁内侧手书一个大大的“福”字，正对着正堂大门。我轻轻地走上木楼梯，从正堂到二堂及四周的建筑，细细参观土司办公及眷属住处、属官办公处及审理案犯的大堂、属官及自卫队住房、牢房及警卫值班岗房，点点滴滴地感受尘封的历史。正房、厢房、过道、漏角，转悠建筑面积近1000平方米的土司衙署，我不由惊叹其错落有致的庭院布局、精湛的木雕石刻和目不暇接的彩绘、书法艺术。

史料记载，兰坪县古称为罗眉川，唐代隶属南诏，宋代隶属大理国，元代改置兰州。元王朝在云南设置了宣慰、宣抚、安抚、长官等各司，任用少数民族首领为司官。罗克是兰州本地人，被授予兰州军民总管万户侯，隶属丽江宣抚司，但这时的兰州土司制度还没有完整的形成。兰州土知州正式产生，是在明洪武十七年（1384），罗克授封皇明诰命五品奉训大夫世袭兰州正印知州，为兰坪历史上兰州土知州的第一世祖。

兰州的领地为现今的兰坪县、大理州剑川县的羊岑、马登、上兰乡、洱源县的乔后以及云龙县的大部分地区、迪庆州维西县的维登乡、怒江州原碧江县的部分地区。兰州土知州是当地的土皇帝，掌管辖内政治、军事、经济的一切权力。土司出入衙署门都要乘坐锦轿，擂鼓奏乐、鸣放礼炮，外出巡视要乘坐八抬大轿，随行、护行人员前呼后拥。姻亲只结名门。土知州有调解、判决、拘捕、关押等司法权力，拥有常备武装，收缴税捐、摊派劳役等。

兰州土司经历明、清、民国三代，传袭23世565年（其间清王朝实行改土归流而停歇35年）。土司衙署原建盖在今大理州剑川县的马登乡，于民国元年西迁兔峨。西迁兔峨后，罗氏由土司降为土舍，只是人们习惯沿用土司称号而已。马登乡新民村西院社的罗氏宗祠，兔峨土司后人曾于20世纪90年代末出资重修。兔峨土司衙署不仅是怒江州而是云南省保存最完好的土司衙署建筑群，被云南省政府列为省级重点文物保护单位。土司衙署有明显的修缮痕迹，但风雨剥蚀后败坏的木格窗、有裂缝的土坯墙、残破的瓦、歪斜的门框、檐头枯黄的草，破败的迹象仍在诉说沧桑。

大理州剑川县上兰、马登一带，据说在成为罗氏土司统治中心之前，人烟稀少，荒草萋萋，土知州成立后，经过几代土司的开发，人烟稠密、阡陌纵横。而穷乡僻壤、交通不便的兔峨，罗氏土司在兔峨坝出资招垦，发动当地农民修渠引水，开荒种田，移民定居，扩大种植，组织做一些涉及重大民生和公益类的事，以及派丁派粮派款、催种催收催缴、镇暴安保、守土戍边等。

宣统二年（1910），英帝国主义企图侵占片马，第22世土司罗梧秀奉命参与片马勘界测绘，获五品军功章。1911年，片马事件发生后，英帝国主义进一步觊觎怒江。民国元年（1912），云南军督府为遏制英帝国主义的野心，派遣殖边队进驻怒江，委任罗梧秀土司为殖边委员，土司衙署从老君山脚下搬迁到碧罗雪山脚下。罗土司在土司衙门上题写对联表明其戍边卫防的宗旨，宣传殖边的意义，安定民心，护送殖边队员到怒江。罗土司招募壮丁，组建民团，进行军事训练，积极地进行御敌防辱的准备。1942年，日军侵占上江，怒江成为抗日前线。中国远征军第十一集团军司令部任命兔峨土司衙署第23代土司罗星为中国远征军大理司令部上校参谋、澜沧江江防司令，土司武装由50余人扩充到120人，并改编为江防支队，以防备日军越过怒江侵入澜沧江周边地区，主要负责向怒江抗日前线征集运送粮食、弹药等军需物资和兵员，以及澜沧江周边地区的防务，江防支队直到抗战胜利才解散。

新中国成立前，兰坪是内地通往怒江州原碧江县知子罗、福贡县城上帕镇、泸水县六库镇的必经之路，是内地与边疆连接的纽带。澜沧江上的交通工具只有溜索、猪槽船。为方便行旅和通商，土司每年都要向辖区内的子民派工派料，经常整修驿道、渡船、溜索。罗氏土司在兔峨统治的37年，除开垦田地、兴修水利、修筑驿道外，还开设集市、开办学堂、禁种罂粟。

兰州土司制度随着兔峨的和平解放宣告消亡。兔峨土司衙署主体建筑和外观保存完好，为研究滇西土司制度甚至滇西的历史文化留下了宝贵的资料。

土司衙署后花园，当年的龙竹和松柏不见踪影，成了一片荒坡，只有含羞草在山风里羞涩地回味往事。衙署西面的果园，当年的柑橘树不见踪影，几块旱地等待播种。

告别土司衙署，从照壁前的榕树下经过，一片绿叶突然从树上飘落，正巧落在我的摄影包上。我拿起树叶，眯缝着眼打量两棵榕树，想起这两棵被当地人称为阴阳树的传说，两棵榕树之奇在于其落叶不同寻常，今年此树落叶，来年则彼树落叶，从无差错……两树绿叶青青，不知年关将到时，何树绿叶尽失！

如烟往事

一

兔峨街地处澜沧江西岸平坝子里，六（库）兰（坪）公路穿过兔峨街。一丘又一丘梯田围绕着兔峨街铺展到江边，每当油菜花开时，每当稻谷金黄时，兔峨街就像一幅油画，被天神随意摆放在澜沧江畔。地处坡地的土司衙署离兔峨街有一定的距离，站在兔峨土司衙署衙门俯瞰兔峨坝子，田园风光景致让人赏心悦目。从兔峨街到各个村，通村公路畅通，横亘澜沧江上的桥梁车来车往。

兔峨乡是怒族若柔人聚居地。坐在怒族人家院坝里，耳听扶贫攻坚中易地搬迁以及产业发展的故事，令人感触新时代兔峨乡家园建设的坚实步伐。思绪穿越古今，情不自禁重温盐马古道历史。兰坪县交通史上没有公路记载时，在兔峨乡，从澜沧江东岸到西岸，如果从江末村到兔峨街，渡江工具是藤篾溜索，而从腊马登、青菜坪村过江到兔峨街，要坐猪槽船。两艘猪槽船并排连接在一起成了一艘较大的船，每次渡船可以坐十多人。以兔峨街为中心，盐马古道线路有几条。

从兔峨街出发，经过腊马登、石坪、依场、小扎局、鸿尤、青乌地等地，到达营盘，再往拉井走去。

从兔峨街出发，经过花坪、大华、新农村等地到达沧东桥过澜沧江，到达营盘，经过红土涧村往拉井走去。

从兔峨街出发，经过果力、瓦窑、三叉等地，进入大理州云龙县表村，经朝阳、小地、铁门坎、水井、茅草坪等地到达怒江州泸水市老窝镇，抵达怒江州府所在地六库城。

从兔峨街出发，经吾皮江村翻山越岭就能到达泸水市称杆乡。

从兔峨街到水井，经过大理州云龙县旧州、漕涧等地，进入保山市瓦窑，抵达保山市区……

深入盐马古道调查，兔峨人给我讲述较多的是兔峨开街的故事。为此，我还特意到县城拜访96岁老人李兆龙先生。兔峨开街以及乡民状告罗氏土司衙署的往事，令我对这个以公山羊、火把、麦穗为标志图案的怒族若柔人充满了浓厚的兴趣。怒族若柔人自称麦子人，他们的先民初到兔峨时，赶着头上捆着火把的山羊群开道，获得了在此地的永久居住权。罗氏土司衙署迁到兔峨后，并没有开街。兔峨所处之地山高谷深，生活极其不便。碧鸡岚村的欧万春赶着马驮盐巴，到保山、楚雄等地，接触的汉人多了，眼界也开阔了起来。他深知让人民开化，解决物资匮乏，改变落后面貌，必须在兔峨开街。

欧万春曾经任过甲长，为人公正，深得怒族若柔人的敬爱。民国元年，欧万春想在兔峨开街，其想法遭到罗氏土司反对，却赢得李瑞生、欧万生等人以及当地百姓的支持。他们决定把街开在兔峨村口，街期定为每月农历初七、二十一两天。为了能开街，发布开街的消息及影响，欧万春把自家的水田卖掉了一份，从云龙请来了戏班子，唱了几天戏。在欧万春等人的努力下，兔峨街很快就开创了起来。欧万春当街长，李瑞生当副街长，负责管理街道事务。兔峨街开办起来后，来自保山、大理的马帮驮来了当地老百姓的生活必需品，当地老百姓拿着山货等到街市上销售或者交换。兔峨街的开发，极大方便了怒族群众的生活，促进当地经济发展。

有一天，兔峨街上来了3个人，其中一人拿着一把长刀，另一人拿着两个哨棒，他们还携带着一支军号，自称是缉私队的，来兔峨街缉拿私盐。他们站在兔峨街上，吹响军号，命令在街道上卖盐巴的把背箩归拢在一处，没收盐巴。有人赶紧飞跑着把这事告诉了副街长李瑞生。

李瑞生赶到事故现场，问三人有公事没？三人回答有。三人拿出证明给李瑞生看。李瑞生接过证明一看，知道这是假冒的缉私队员。他要三个缉私队员去土司衙署说个明白。三个人不敢不从。众人拥着三个人到土司衙门，正巧土司衙署大先生在。李瑞生向土司大先生说明三人冒充缉私队一事，交由土司家关押。谁知，李瑞生前脚走，土司家后脚就放掉了三个骗子。欧万春和李瑞生才意识到要到县政府备案开街一事。民国时期，兰坪县政府设在金顶镇文兴街上。李瑞生到金顶，办理兔峨开街的备案手续。县长问，兔峨街子大约有多少人呢？李瑞生回答，农忙时 300 人，农闲时 3000 人。兔峨开街备案得以批准通过。

公元 2018 年 10 月，我到碧鸡岚村走访欧万春居住的老屋，当年的建筑只遗留着一堵土墙，土墙周边盖着欧氏族人的房子。我在土墙前逗留了好一会，伸出手摸了摸土墙，与意念里一双粗糙的马锅头手相握。行走盐马古道，许多时候，我不可能有真实的视觉，只能靠想象复原人间叙事里提到的真实面貌。

二

坐在大石头上小憩，一旁的古树寂然无声，树荫洒在石上人身上。澜沧江青灰，两岸的山黄中有绿，田野尽带黄金甲。云朵携带私语，在山谷里飘逸。江风像个贪玩的孩子，没能赶到大石头前挥扇为走得出汗的人驱热。

兔峨有三块风水石，一块是我所坐的巨石，离兔峨土司衙署不远，传言巨石里面住着一对石青蛙，令人想象天荒地老的故事；吾皮江村有一块巨石。风水先生说，这块石头若不打掉，吾皮江村会出人才，压着罗土司家风水。罗土司派人打掉吾皮江村风水石，从石头里飞出一对石鸽子；另一块风水石在兔峨街上，早已被街道建设者们荡平。

兔峨土司衙署正在装修里，无处可落脚。2007 年 5 月，我到兔峨土司衙署参观时，曾为文物建筑破败生发感慨，希望有关部门重视保护给予修缮。11 年时光过去了，土司衙署终于得以全面修缮，内心稍感安慰。

敲门进入兔峨村张万宝家的门，我们向他了解其父在兔峨土司衙署当马锅头的经历。张万宝已是七旬老人，对父亲在土司衙署当马锅头的历史不甚明了。他的父亲叫张文龙，在兔峨土司衙署当了六七年马锅头，是土司衙署马帮里的大马锅头。1949 年兰坪解放后，不再赶马帮，参加了工作，在兔峨乡政府当炊事员，后调入兰坪一中当炊事员直至退休，于 1988 年辞世。因“文革”等特殊历史原因，张文龙对自己在土司衙署当马锅头的经历讳莫如深，孩子们因此对父亲的马锅头历史不知情。

张文龙家原籍金顶福坪村，妻子因病去世。1956 年，他带着两个孩子，赶着三匹骡子，一条水牛，把家从金顶镇迁入兔峨乡，张万宝 9 岁。张文龙从别人手里把罗土司家菜地里的一间木楞房买下了，把家安顿了下来。后来，他找了一个本地人为妻，重新组合成了家庭。

1965 年，张家突然涌入一群客人，居住在丽江的罗土司二姑娘回到兔峨，告诉兔峨派出所的人，她的私房钱埋在菜地里，大洋三箩。在罗二小姐的指点下，派出所的人到菜地挖宝。当时，张万宝已在兔峨合作社工作，见证了此事。派出所的人在罗二小姐的指点下，挖了几处，也没挖到她埋藏的大洋。罗二小姐说，记得她把大洋埋在石榴根旁边。他们在张家的火塘旁挖出了腐烂的石榴根，顺藤摸瓜，在火塘下挖出了罗二小姐埋藏的大洋。这些大洋装在三个罐子里，挖出后倒入箩筐里，正好三箩筐。

从张家火塘下挖出罗二小姐的私房钱三大箩大洋，轰动了兔峨村。人们以为张文龙是土司衙署大马锅头，肯定知道罗土司的埋宝线索，纷纷向张文龙询问。张文龙一问三不知，一律回答不知道。

兔峨土司衙署得以完整保存下来，逃过特殊历史时期的浩劫，对此，兔峨人的解释是，当时兔峨土司衙署是粮管所在地，粮管所是重要部门而免受冲突，无形中保护了土司衙署。土司衙署古建筑得以保留，但壁画等还是有所受损。而今在修复中，但愿修缮结果能使古迹再生，能还原兔峨土司衙署旧风貌。

兔峨土司衙署的马帮对于我来说始终是个谜，赶马哥的情怀就像澜沧江中的一粒沙金，我想打捞，却已错过。

三

参观碧鸡岚小组稻田，意想不到山腰上竟有开阔平坦的稻田地，对面的坡地上也有一块稻田。正是稻谷成熟开镰收割的时节，目光所及，大地一片金黄。这一片金黄的田地有一个好听的名字“金甸坝”，金甸坝所产是澜沧江优质红软米。怒江的田地被形象地称为挂在大山上的大字报，因怒江两岸高耸碧罗雪山、高黎贡山，典型的高原峡谷地貌造就了怒江的农田是壁立农田。处在澜沧江峡谷地区的兔峨乡，半山腰上居然会有大片的良田。

兔峨乡的怒族是兔峨境内的古老民族，他们的先民在宋末元初即在此繁衍生息。他们栽培水稻的历史可以追溯到 13 世初叶，至 19 世纪中叶低海拔村落就已经普及。新中国成立后，兔峨乡半山区、江边河谷地带大面积开垦水田、种植水稻，随着兴修水利后得到陆续地推进和拓展。最早把兔峨本地红软米推向市场的是若柔姑娘李宪，她注册的品牌名为“绿兴源”“沧江红”。兔峨村的欧庆元、杨耀军、杨耀德创办了兰坪若柔产品有限公司，通过电商等方式推介兔峨红软米。2017 年，公司在没有注册的情况下卖出红软米五万多斤，销售到兰坪县城、六库、昆明、广州、珠海、上海等地。兰坪若柔产品有限公司采取“公司 + 农户”的发展模式，按市场价格从农户手里收购红软米，公司在此基础上创收一元。兰坪若柔产品有限公司推介兔峨农特产品，打造红软米，推出无公害绿色产品。试销红软米时期，他们只收购了碧鸡岚小组生产的红软米，销售渠道打开了后，计划翌年收购红软米的范围扩展到丰登坝、果力坝、瓦窑坝。包装红软米的袋子改良后，有50斤装袋，20斤装袋，也有5斤装袋。

碧鸡岚山上，有一种植物叫“三颗针”，其别名叫细叶小檗、针雀、酸奶狗子、刺刺榴，开黄色花朵，结红色果子。三颗针性凉味苦，能清热去火，主治急性胃肠炎、急性结膜炎、急性咽炎、口腔炎。兰坪若柔产品有限公司计划将三颗针开发成醋。公司在县城设置铺面，以供应红软米等农副产品，在兔峨街上建盖厂房。兔峨乡农田可以种两季，大春种水稻，小春种油菜。兔峨乡铁核桃较多。厂房建起来后，兰坪若柔产品有限公司除加工红软米外，还可以加工核桃油、菜籽油。

居住在吾皮江村的杨军雄创建了兰坪县宏达养殖专业合作社，合作社以养殖牛、猪、羊为主。我们到合作社访问时，遇到珠海何佰蜂业公司的两位技术员来巡查中蜂养殖情况。棚子上的红布标上，兰坪县兔峨乡中华蜂养殖技术培训活动现场几个大字显目。珠海扶持中蜂养殖点，每个点投入200箱中蜂，带动40户建档立卡户脱贫致富。兔峨乡有两个中蜂养殖点，即兔峨村委会吾皮江小组和大麦地村委会瓦窑小组。每个点上有两位技术员当老师，培训村民养殖中锋。吾皮江小组的中蜂养殖采用“公司+合作社+贫困户”的模式经营。通过交谈，得知两位技术员于8月28日到兔峨村培训建档立卡户养殖中锋，爱好中蜂养殖的村民可以参加培训。本来是分期培训，但农活忙，培训班便采取灵活机动的方式，以方便村民随时来随时培训，两位老师耐心细致地给予教学。宏达养殖专业合作社有5位社员参加了培训。

吾皮江背后的山被村里人叫作细普扁。翻过细普扁山，就可以到达泸水市称杆乡。这条盐马古道，村民为图近便，至今还有人行走。以前，吾皮江村民时常翻越细普扁山，到称杆那边的山上寻找虎头兰奇花，采集后出售。他们在早上9：00从吾皮江村出发，下午3：30就到达目的地，借宿在玛迪寨。寻找奇兰行，往返需要一个星期。

告别碧鸡岚、吾皮江小组的村民，返回兔峨街，眼眸被江东岸的几个大字吸引。从澜沧江畔依山势壁立而上的绿色田地间，有一行凸出的绿色大字：绿水青山就是金山银山。这批农业学大寨时期开发的梯田，而今成了退耕还林地，在其上种植水果。

绿色青青，兔峨大地充满蓬勃生机。

四

听着怒族歌谣，我的心渐渐迷醉在以歌叙事里。穿着民族盛装的李庆珍不仅给我演唱怒族若柔人歌谣，还弹奏口弦，打快板。她向我讲述富有特色的若柔人歌谣，讲述若柔人丧葬风俗。怒族风情就像一部百科全书，在这位朴实村妇的带领下，我打开扉页粗略阅读。她讲得最多的是《阿楼西杯》。《阿楼西杯》是怒族若柔人富有代表意义的歌舞。“阿楼西杯”是怒族话，意思为吉祥幸福的歌舞。她的父亲善于演唱《阿楼西杯》，但已去世多年。与一代怒族民间歌手错过，我的兔峨行，不能不说是遗憾。

每位歌手演唱《阿楼西杯》，内容不是一成不变的固定模式，有自己的表达方式和内容，但都有相同的主线，即与农事有关。李庆珍演唱的内容，以一位母亲呼唤12位孩子干农活，从老大唤到第12个孩子，把每月要做的农事说一遍，组合成一年四季的农事纪要。听着歌谣，我想入非非，12位孩子表示一年12个月，母亲就是大地。而12位孩子，在怒族故事里代表着6个男孩6个女孩，隐喻怒族儿女。大地是母亲，呼唤怒族儿女勤耕细作。老百姓是天生的诗人，在他们歌谣里，善于运用赋、比、兴手法，借物咏事，以物达意。对于民间歌手来说，传承与创新是一对孪生姐妹。沉浸《阿楼西杯》旋律，恍惚自己就是大地母亲的一个孩子，快乐地耙田种地。

怒族若柔人相信万物有灵。他们信奉神树，相信神树会保佑他们五谷丰登。神树受到村民的尊奉和敬畏，每个怒族村寨都有一棵共同的神树。每年的正月初二和五月二十五日，怒族若柔人穿上盛装，上午10点左右，吃过早饭后，村里的中年男子向神树走去，在德高众望的巫师主持下进行祭祀活动，祈祷神树保佑村里风调雨顺，五谷丰登，六畜兴旺。祭祀仪式结束后，他们在神树前跳起了舞，边舞边向村里走去。村里的中年妇女们在村口迎接祭神树的男人们。男人们出现视野中时，女艺人起头向男人们唱“阿楼西杯”，女伴们呼应与和声。男人们回应，大家一边唱一边向着村里走去。男女一问一答，显摆各自的劳动才能，相互说服对方，男人缺了女人做不了完整的农活，女人缺了男人同样做不了完整的农活，地里的农活男女彼此离不开共同的劳动，比如女人栽秧离不开男人犁地耙田等。他们边唱边舞着回到村里公共场地，老人孩子等候多时，全村进行狂欢。领舞领唱的一对男女身皮蓑衣，男的扛着犁铧，女的扛着锄头，俨然一副下地干活的样子，以歌舞方式表达了怒族人热爱劳动，热爱生活，反映了怒族人战胜自然的积极乐观态度，抒发人们对生活的理想愿望和激情，反映了怒族人对祖先的崇拜与万物和谐生长的朴素理念。

《阿楼西杯》不是简单的歌舞，有着丰富的民族文化元素，涵盖怒族若柔人的农耕文明，再现农忙欢悦场景，包含神话传说和祭祀活动，体现民族智慧和民族情感。《阿楼西杯》里有男女对唱，互相斗趣自我标榜的场景，没有对歌的歌手，李庆珍没法完整地演唱《阿楼西杯》，她只是给我唱了片段。

为了更好地理解《阿楼西杯》，我们特意到吾皮江村拜访民间艺人欧成姑。欧成姑是县级民间艺人，其夫是州级民间艺人，可惜去世了多年。她演唱《阿楼西杯》，声音就像山涧流淌的溪流，纯净优美。一句“阿楼西杯拉吾杯”，拉开了叙事长歌的帷幕。“阿楼西杯拉吾杯”是怒族话，意思为“吉祥如意的新年首月开始了”。没有对歌手，欧成姑也只是演唱了一部分。歌词内容简述正月到腊月的农事生活，从男女各自表述到互相说服对方，到最后双方达成共识，没有你，我做不了完美的农事，没有我，你做不了完美的农事。建设美好家园，离不开怒族儿女们携手奋进，团结一心向前走。

稻谷成熟时，怒族若柔人把第一碗新米饭给狗吃。这一习俗有口口相传的神话典故。古老时代，地里的庄稼丰茂，同一个植物上，不仅有结着苞谷还结着稻穗。凡人不知道爱惜粮食，孩子屙屎后，拿苞谷棒子擦孩子屁股。对于天神来说，捋掉谷粒后的苞谷棒子也是粮食，凡人的行为对于天神来说是对粮食的大不敬，天神大怒，把粮食收回去了。没有了粮食，人间陷入饥饿中。一条狗实在忍受不了饥饿，就到天庭讨饭吃。天庭的院子里晒满了稻谷，吃饱了的狗在院子里打了个盹后返回了人间，身上沾了三粒稻谷。这三粒稻谷成了人间谷种。若柔人感激狗带回了谷种，每年稻谷成熟，第一碗新米饭让家里的狗先品尝。

珍惜粮食，怒族若柔人长辈语重心长地叮嘱儿孙。怒族若柔人对粮食的爱惜，体现在见到粮食必然捡起来，哪怕是一粒微小的谷子，他们也会郑重地捡起来。他们认为，苞谷落在地上可以再生，而米落在地上伤心地哭泣，因为米已没有了衣服，光裸着身子落入地上只会腐烂不能再生，会抱怨人的无情无义。

行走澜沧江峡谷，融入怒族人生活中，真切体会《阿楼西杯》中蕴含的农耕文化，才会理解地处滇西北的怒族若柔人支系的农耕文明。

没能完整地听完《阿楼西杯》歌词，没能欣赏到《阿楼西杯》舞蹈，没能加入怒族若柔人的《阿楼西杯》狂欢里，我的兔峨乡行，始终是欠缺的。

烟雨江末

江末，这是兔峨乡一个怒族村庄的名字。沿着盘山公路徒步向江末村，一路上，兔峨乡农民讲习所讲师李树奇给我讲述到怒族山寨宣讲党的十九大精神的情景。李树奇是怒族若柔人，深谙当地民情，宣讲政策颇受怒族群众欢迎。两人说着话，不知不觉走到了一个山包上，眼前豁然开朗，但见稻田铺展，山头就像一把平铺的扇子，扇骨是江末村，扇面是稻田。公路就像一条直线，把扇面一分为二，直通村子中部。稻田地里，三三两两的村民忙碌着。大部分稻田已经收割了，还有一部分稻田还没开镰，沉甸甸的谷穗低头向大地致敬。空气中弥漫谷香，我忍不住稻香诱惑，走到田埂上，摘了一穗稻谷，边走边剥谷壳，品尝若柔红软米。兔峨乡是怒族若柔人居住地，这个勤劳善良的民族，其农耕文明历史悠久，当地出产的红软米被世人称为若柔红软米。

在田埂上转背之际，居然发现一个奇妙的现象，一位相貌清癯的老人用稻秆捆南瓜。南瓜不大，可以拿在手里，老人却费劲地要给南瓜捆扎一个提篮。捆好了，他提着看看，似乎嫌弃不好看，又重新捆了起来，捆好后又提起来看看，这才满意地笑了。我抓拍了老人捆扎南瓜的镜头，他过于专心，竟然没有发觉。离开老人，我看到另一丘田里，有位大嫂忙着捆稻草的姿势好看，忍不住抓拍了起来。大嫂笑了起来，说这有啥好拍的啊。我笑着说，你不知道你劳动的姿势有多美。抓拍了劳动中的大嫂镜头，我回到公路上，继续向江末村走去，但见前面一个背影，手里提着稻草编制的提篮，提篮里的南瓜忽隐忽现，优哉游哉走在回村的路上。边走边欣赏提着的南瓜，忽听身后“得得”马蹄声响，一个壮年男子牵着一匹马走来，马驮着稻草。久违的乡野气息，包裹着走向村里的脚步。

来江末村前，听说村里住着一位杭州姑娘，这位留学美国的博士生研究的课题是兔峨乡江末村怒族柔若人，我希愿能在江末村见到这位远道而来的学者。不凑巧，我来到江末村时，她已经离开了。江末村是怒江州著名学者李绍恩的出生地，我想去李家院子看看，了解这位出生寒门的怒族学者的童年足迹，结果铁将军把门，李家院子沉寂无声。敲门进入一户人家，与村民闲话丰收，感受怒族人家田耕生活。

白墙青瓦，硬化的道路，墙画，走在整洁的村路上，心情就像十月里的艳阳天。不时看到墙壁上写着标语，“创建文明村做文明人”引起我的共鸣。江末村的村容村貌及人文精神，令我真切感受乡村文明建设。走了一遍江末村，脚步不由拐到田野里。站在江末村的稻田里放眼四周，澜沧江峡谷景色尽收眼底。大电开发后，澜沧江变得缓步不前，江两岸一片黄金甲。江末村的稻田就像一把打开后平铺的扇子，而兔峨街所在的坝子，就像天神在澜沧江畔画下的圆规图案，兔峨街是圆的直径，兔峨坝子是半圆。更有半山腰上的点点金黄呼应，秋庄稼成熟季节，兔峨大地就像盛产黄金。横亘在澜沧江上的兔江桥，把两个坝子连接在一起。兔江桥位于原江末老桥正上方抬高复建，主桥全长 185.84 米，桥型为 1×25 米预应力砼简支箱梁 +（40+70+40）米预应力混凝土变截面连续钢构，总宽 7 米，净宽 6 米。不时有车通过兔江桥，不时有行人通过兔江桥，从东岸到西岸兔峨街，车来人往渡澜沧江犹如走平地。

新生的兔江桥是澜沧江峡谷中一道靓丽的风景线。坐在山冈上欣赏兔江桥，金黄的兔峨坝子和江末坝子遥相呼应，黛青色的山峦默然陪衬，一桥横架大江，天堑变通途。江末人有部分田地在兔峨坝子，无论干农活或者是上街赶集，村民开着车来回方便，即便徒步，也是心情舒畅。我和李树奇就是从兔峨街徒步经兔江桥到达江末村的。眼前的情景，令人不由想起了江末桥。江末桥是兔江桥的前世，兔江桥是江末桥的今生。一座桥的前世今生，从某种意义上说，涵盖了盐马古道上一个村庄的变迁。

篾索桥、铁索桥、人马吊桥、水泥桥，江末桥演变到兔江桥，经历了这样的桥型变化。无论啥类型的桥梁，江末桥是盐马古道到兔峨街的一个重要渡口，青菜坪、核桃坪、小弓箭、腊马登村的人都从江末过溜索到兔峨，云龙人也是如此。篾索桥用溜绑过桥，铁索桥用滑轮过桥。麻线加工出来后，编成两公分宽的溜绳，绑在溜绑上作为渡江用具。溜绳长短有度，大人与孩子一样没区别。江末人中不会编这个溜索麻绳的大有人在，于是村里出现了手艺人，专门编渡江时溜索用的麻绳，有需要的人家拿着粮食来跟手艺人交换麻绳。麻绳初用时粗糙，越用越柔软。江末村的孩子跟着母亲到兔峨玩，母亲带着孩子篾溜索到兔峨，过溜索前，母亲在孩子身子上多缠两道溜绳，自己身上少缠一道溜绳，最后把溜绳挂在脖子上，就像系领带一样，打活结时绕几圈。母子拴好了溜绑，开溜前，母亲抱着孩子，叮嘱孩子眼睛别往下看，要孩子紧抱着自己，说别害怕，一下子就会飞到江西岸了。母亲蹬地过溜前，再次对孩子说，要下去了嘎，别害怕。说话间，溜索飞渡，耳畔风声呼呼，孩子还来不及好奇地看脚下的澜沧江，就到了对岸。

腊马登上面的村子叫腊马署。曾有段时间，腊马署办了一个附设初中班。江末人读初中，要过溜索到兔峨的松登农中，溜索渡江又麻烦又不安全。当时，兔峨校区校长是腊马署人，为了江东的孩子读书方便，在腊马署办了一两届初中班，随着江末桥由篾溜索改为铁索人马吊桥，江东的孩子到江西读初中不必溜索渡江了，腊马署初中班因此停办。

江末村没有竹子，篾溜索快要烂时，需要换新的，村里人就到山上有竹子的地方砍竹子。参加做篾溜索的人每天工分最高，有 12 分。他们把竹子剥成竹片片，削下竹子外面的那层，村里的工匠开始编篾溜索的头，编到一定的长度，就有人扛着下山。边扛着边编溜索，一路扛着下山一路编着，这需要五六十个精壮劳力参与。山路弯弯，编溜索的队伍颇为壮观。编一次溜索最多用半年。溜索扛到江边，江末人把新的溜索接在没有断的旧的这根上，对岸的用力拉过去后，接好新溜索，再把旧溜索砍断；如果旧篾溜索断了，就利用黄牛负载溜索拉到对岸去。黄牛过江，可以带着小牛。在黄牛脖子上拴着很粗的一根麻绳。黄牛带着绳子过江，对岸有人接应。

麻绳的另一头拴着溜索，对岸人用力拉麻绳，把溜索拉到对岸去。牛不会轻易下山进入澜沧江里，但主人专门驯服牛，牛会听主人的话。一旦主人下令头牛进入澜沧江，别的牛就会跟着头牛相继进入澜沧江，共同负载篾溜索过江。

为了江末桥畅通无阻，江末村每年需要做四条篾溜索。周围村庄不参与做篾溜索。江末人每家有两三个溜绑。溜绑是江末人日常生活必须的工具。制作溜绑是一种工艺，槽子挖大挖小，过溜时都不好用。溜了几次后，槽子就变得光滑了。有时过溜，没有溜到对岸一二十米，只能用手攀缘着一点点梭过去。遇到下雨天，溜绑在溜索上非常滑，过溜索就得集中注意力，稍不小心就会滑到对岸山上砸伤自己，双手捏不住篾溜索，往往划烂了。有经验的江末人，在雨天过篾溜索时，折下来一根树枝，放在溜绑后面。一只手抓住溜绑，一只手抓住树枝，离对岸差不多时，就捏一下树枝，树枝与篾溜索间有摩擦作用，可以减缓溜绑滑行速度。经验丰富的人恰到好处捏树枝，起到刹车作用。没经验的人，怕滑行到对岸会砸到自己，提前捏树枝，提前刹车了，结果人还没到对岸，溜绑就停歇在溜索上，只好用手在篾溜索上抓行一段。

江末人在兔峨坝子种稻谷。每当秋收时，人们麻利地把粮食拴在溜绑上，带着粮食过溜，一袋袋带过来。江末人到兔峨街赶集，买到牛羊猪，溜索渡江时，人带着牲畜过江。若牛太大，溜索过不了江，只能想法赶着牛进入澜沧江水里渡江。如果买了几头牛，只要其中有一头牛敢下水，其余的牛就会一头跟着一头下水。每逢赶集天，江末村的孩子们欢天喜地到溜索附件，在江边仔细搜索捡钱，大人们过溜索，有时衣兜里的硬币就会掉落出来，飘落到江边。孩子们到江边捡钱，时常捡到硬币，一分、两分、五分都有。若捡到五分硬币，孩子们别提有多高兴了，五分硬币可以买到好几颗水果糖哩。

处在世界自然文化遗产三江并流区内的怒江州，自身辖地内也并流着三条大江，即怒江、澜沧江、独龙江。溜索渡江对于怒江人来说习以为常。新时代给怒江人带来巨变，现今，怒江上的溜索渡江现象基本上没有了，各种各样的桥梁飞架大江上，溜绑已成为江末村的古董。江末桥的故事，佐证一个怒族村庄往事，佐证一个怒族村庄社会发展的印痕。

追梦人

一丘连接着一丘，梯田从澜沧江边往山腰攀升。水泥路穿过田野，通向江末村。正是稻谷成熟的季节，田野尽带黄金甲。秋日绚烂，村民们有的在割谷子，有的在打谷子，有的在扎稻草，空气中弥漫着稻谷的清香。思绪在稻草人上荡秋千，恍惚看到脖子上挂着相机的少年李绍智从田埂上走来，高绾的裤脚上沾着泥巴，笑容憨厚，就像地头灿烂开放的向日葵。

江末村坐落在澜沧江东岸，与西岸的兔峨乡政府所在地隔江遥望，村里居住着怒族若柔人。20 世纪 80 年代，相机对于村民们来说还是稀罕物。李绍智的二哥买回来一台长城 135 相机，谋划照相，在乡里乡外以此作谋生打算。每逢寒暑假，二哥便带上李绍智到周边村寨招揽照相生意，李绍智因此迷上了哥哥的相机，迷上了照相。当时，照相用的是黑白胶卷，二哥带着洗印设备，当场拍照当场冲洗照片，深受乡亲们欢迎。

后来，二哥改做了其他事情，李绍智继续挎着相机，利用假期，走村串寨给乡亲们照相。初中毕业后，李绍智参军入伍，他携带哥哥的一台 120 相机到了部队。他随所在连队参加过自卫还击战。有一次，团里举办新闻报道培训班，连队推荐李绍智参加。新闻培训班的课程里有摄影，这次新闻摄影培训使他的摄影水平有了很大提高。参加培训班学有所成，李绍智在连队里成了新闻报道员，在《战旗报》及大理、剑川的报纸上刊登过新闻稿，受到连队嘉奖。

几年后，李绍智退伍回到江末村，通过考试成了兔峨学区的一名代课教师。因在兔峨乡下买不到胶卷，所以他极少使用照相机。偶尔到县城办事，才能到照相馆买上一卷胶卷，主要用于拍摄生活照。1995 年，李绍智通过考试，到了县城工作，他买了一台富士相机，开始尝试使用彩色胶卷拍摄照片。

数码相机风靡大江南北时，李绍智也赶时髦买了一台佳能数码单反相机。大哥是一位民族学者，曾在州里多个部门任过职，在大哥的熏陶影响下，李绍智带着原有的摄影基础，于 2005 年开始转入摄影创作。

父亲曾在兔峨土司衙署里呆过，李绍智在家时常听父亲讲罗氏土司的一些往事，他觉得这段历史很珍贵，因此打算制作一套明信片，宣传罗氏土司建筑。他从县城坐车到兔峨，对土司衙署建筑进行拍摄。全景、近景，正面、侧面以及内部结构等，从不同角度拍了 100 多幅照片。回到县城，他整理照片，给照片附上简短说明，拿给大哥过目。大哥看后，觉得从照片数量看可以编书，以图文形式介绍罗氏土司历史建筑。根据大哥的建议，李绍智立马着手编书事宜。他找来《兰坪县志》等史料书籍一大堆，细读涉及兔峨土司的内容。他想从罗氏土司后人那里了解一些罗氏的未解之谜，于是自费去了丽江找罗氏后人进行采访。

辛勤劳动收获丰硕成果，2007 年 10 月，李绍智编著的《兔峨土司衙署印象》一书由云南出版集团、云南美术出版社出版发行，总共精装印刷 1000 册。此书出版后受到读者好评，社会反响较好。《兔峨土司衙署印象》的出版发行，标志着李绍智摄影创作迈出关键的一步，这更加激发了他摄影创作的热情。

2008 年至 2010 年间，李绍智参加美国纽约摄影学院多媒体远程教育。学院总部在纽约，北京城市学院摄影艺术中心设有中国学员教学点。李绍智按学院要求完成全科摄影的教学内容，获得美国纽约摄影学院颁发的毕业证书。

李绍智决定把在摄影学院的习作作为学习汇报，2010 年 12 月，他在县城租了一间房子，自费展出了 60 多幅作品。5 天的展览参观者达 500 人次，电视台也作了报道，展览达到了预期效果。2013 年 12 月 7 日，“我的梦想——李绍智个人摄影作品展”在兰坪县文化广场又一次成功举办，本次展出的65件作品中，含国内获奖作品15件。据不完全统计，参观者不少于2000人次，在兰坪文化人中引起一波热议。

进入2010年后，李绍智的摄影作品先后在国内外、省州县级刊物报纸发表150余件，有的作品还获了奖。《澜沧江大湾》被《今日中国》采用，《纯真童年》入选《2010纽约摄影学院百年校庆集》，《荡秋千》《转转秋》入选2011年中国少数民族传统体育大型摄影展览，《梦回大羊场》等15幅本土题材作品在中国摄影家协会网展播。2013年1月，李绍智被云南省摄协吸收为云南省摄影家协会会员，同年11月被中国摄协吸收为中国摄影家协会会员，他是第二个获此殊荣的怒江人。2013年12月获兰坪县文联颁发的贡献奖，2016年5月获兰坪县委、县政府颁发的兰坪文学艺术奖。

从江末村到兰坪县城，一路品读李绍智的摄影情结，这个凭摄影一技之长，以美好的瞬间画面想更多地回报家乡、宣传家乡的摄影师，话里话外，对兰坪大地的深厚感情流露无遗。

·》 石登记

·》

·》 山一程水一程——兰坪县盐马古道文化探薮

大竹箐河畔马铃响

山谷寂静，大竹箐河流水潺潺，公路和盐马古道隔河相伴。公路上车来车往，盐马古道落叶无声。走在大竹箐盐马古道上，内心快乐得就像河水里的一朵浪花。大竹箐盐马古道就像一个带有魔咒的项链，10 多年时光里，于无形中戴在我的脖颈上。2008 年冬，我站在阿加达利山垭口，欣赏银装素裹的原始森林，难以抵御拉井镇到石登乡、中排乡的盐马古道魅力，这条盐马古道就像一位在兰坪大地上流浪的歌手，唱着令人喜爱的歌谣，在雪林深处向我招手。迈步走向雪林，却被同行人告知，大雪封山，大竹箐盐马古道难以通行。2019 年 2 月，我在石登乡徒步大竹箐盐马古道，圆了盐马古道的一个梦。虽然没有走完全程，但沿途感受与 10 多年前不一样。过往里，大竹箐只有一条盐马古道，而今公路与盐马古道相伴始终，风光不尽相同。

大竹箐是地名，也是一条河流的名字，更是石登乡一个村民委员会的名字，地处澜沧江西岸，因山箐里竹林茂密，故得名。大竹箐河位于怒江州兰坪县石登乡大竹箐境内，一支发源于秦归山东侧和黑山梁子西侧，一支发源于白雪山和月嘎地两山西北侧，向东向西流经大竹箐、界坪、仁甸河、来登、庄河等五村，至江门口注入澜沧江，全长约 25 公里，是流经村寨用水之水源，因主要流经大竹箐而得名。大竹箐村委会所在地叫腊马壳，位于山箐中部的偏坡上。“腊马壳”是傈僳语，意为“老虎咬（人的地方)”。位于腊马壳西南方向一公里处的偏坡上，有个地名叫“腊决地”的村子，这是傈僳语，意为“老虎躲处”。位于腊马壳东南方向5公里处的坡地上，有个地名叫“腊依塞”，也是傈僳语，意为“杀老虎(的地方)”。过往历史里，大竹箐有老虎出没，既有咬死过人的地方，也有老虎藏身处，又有杀老虎的地方，从这些与虎相关的地名可想而知，大竹箐曾是怎样的生存环境。大竹箐是石登乡人口最多的行政村，生活着普米族、傈僳族。大竹箐村距石登乡政府所在地32公里，虽然只有一个小时的车程，但村里贫困发生率比较高。大竹箐村是兰坪县公安局的扶贫联系点，我深入大竹箐盐马古道田野调查，得到县公安局民警们的鼎力相助。

在盐马古道历史中，腊马壳曾经是重要的交通枢纽。从腊马壳走大竹箐盐马古道，经过拉井镇新建村委会，路过热水塘，从西关桥进入古盐镇拉井；从腊马壳经过明其场、瓦坪、仕抓地、回龙、阿古堆抵达雪门坎到丽江。雪门坎是河西乡联合村和河边村交界处。从雪门坎到丽江的路有两条：雪门坎到达通甸，经过上兰(老君山镇)翻越老君山，到达白汉场，经过拉市进入丽江；雪门坎到达通甸，去河西的大羊场，经过巨甸、白汉场、拉市，抵达丽江。

坐在盐马古道上小憩，望着不远处的阿门度都子村，10多年前行走古盐镇拉井的记忆浮出脑海。当年，我站在阿加达利山垭口热望隐没在雪地里的盐马古道，遗憾不能徒步大竹箐直达腊马壳，实现不了从腊马壳到澜沧江东岸的石登街报到的心愿。阿加达利位于拉井镇新建村民委员会境内，“阿加达利”是傈僳语，意为“分界山”，该山既是拉井镇和石登乡的分界山，又是南北两条小河的分水岭。艰难地走在阿加达利山雪地里，感同身受体会盐马古道往事。目光寻找垭口两棵大树，不见大树踪影。曾经，从大竹箐盐马古道上走来了一对父子，他们走到垭口的两棵大树附近，天黑得伸手不见五指。大雪纷飞，寸步难行。父亲将孩子藏在两棵树之间，自己坐在外面用身子为孩子遮挡风雪。天亮时，父子俩成了雪人……

20世纪60年代初，大竹箐大队有12个生产队，每队派出两个年富力强的人作为物资背运队。他们走上盐马古道，到兰坪县政府所在地拉井街背盐巴、茶等日用百货，背到腊马壳机社。后来，生产队拥有了马。马帮铃铛声声响在大竹箐河畔，赶马调飞扬大竹箐。马帮往返大竹箐，一头是拉井，一头是腊马壳。腊马壳机社是石登乡物资周转站。

各个生产队派出的马匹，所驮运的物资不能满足石登乡人民的物资需要，兰坪县委县政府从丽江征集500匹马驮运物资。腊马壳旅社应运而生，来来往往的马帮铃铛声响彻大竹箐，河水沸腾，河畔留下的冷火塘多了起来。而从中排乡来的马帮，从中排街顺着澜沧江急流而下，到达石登街，休整后，从江东岸渡江到江西岸，在腊马壳住上一晚。第二天早上，天空露出鱼肚白，马帮就出发了，从腊马壳到阿门度都子，经过海里枯鲁等地，翻越阿加达利山，在垭口休憩吃干粮。马帮休整后，又继续赶路，到达新建村，向着热水塘而来，经过西关桥，进入拉井街，到盐矿驮盐巴。

石登乡的老百姓背着猪背着鸡，天不亮就从腊马壳出发，翻越阿加达利山，进入拉井镇新建乡辖地，在甲登湖边睡一晚，第二天一早到拉井街卖猪卖鸡，卖完东西后，他们在街上购买百货用品，到急坡街盐厂买盐巴，背上东西原路返回，在甲登湖边睡一晚，第二天一早往阿加达利山走去，从垭口进入大竹箐，回到腊马壳。

腊马壳有一个小卖部，我与小卖部主人胡兴高大叔闲聊。二月的春风是个热心的速递员，捎来2019年春的气息，驻足采访日记里。胡兴高于1971年从腊马壳附设初中毕业，翌年出任阿门度都子小队队长兼会计，还担任兽医。1979年，他出任大竹箐村团总书记，一干8年，其间兼任了大竹箐畜牧场场长。大竹箐畜牧场养着羊子四五百只、猪七八十头，猎狗有四五十个。由一个生产队派两名社员作为畜牧场员工，他们不仅放牧集体的牲口，栽种秦艽、天麻等中药材，还种洋芋。畜牧场的收入归大竹箐村公所，用于建设电站、学校所需。

说起1979年、1982年去县里开第六、第七届团代会，胡兴高老人记忆犹新。他背着行李、麦面，天不亮就从腊马壳出发，一路急走，只在阿加达利山垭口吃了点干粮，又赶往拉井，当天就到拉井，到会议处报到，上交麦面作为口粮后，他到拉井街上逛了一圈。玉龙河畔的拉井是个狭窄的山谷，县城依山而建，房屋从谷底到半山腰依山势而建。

20世纪90年代，公路从石登乡政府所在地通到腊马壳，连接澜沧江两岸的是吊桥。现今，公路从腊马壳通到新建、拉井，大竹箐盐马古道与公路若即若离，有的路段重叠在一起，有的隔河相望而行。大竹箐村民小组都有农村客运微型车。兰坪县城早就从拉井搬迁到了金顶。早上八点钟，农村客运车从腊马壳出发，经过拉井到兰坪县城，三个小时就可到达。下午三点从县城原路返回腊马壳，六点就能到达。澜沧江上的吊桥消失了，代之而起的是一座又一座水泥公路桥。

大竹箐河畔的马帮消逝在时间长河里，《盐马情歌》却在兰坪县红土地上流传。站在腊马壳破旧的旅馆前，思绪流连大竹箐河畔马铃铛声声的日子。民警们与村干部开产业会议，会场讨论热烈，炙热的话语落在耳畔，犹如吹响脱贫攻坚号角。

雪山深处唱开益

碧罗雪山雪线圣洁，从营盘镇到中排乡再到石登乡，巍峨雪山作陪。大华电站、黄登岩电站开发后，我所熟悉的澜沧江变成了记忆，激流沉睡水底，呈现眼前的河流就像安静的湖泊。想起“高山上的湖水，是躺在地球表面上的一滴眼泪”这样的歌词，不由痴想，我亲爱的澜沧江，你是落在横断山衣襟上的一串泪水吗？

沉溺“石灯”变为“石登”的地名传说里，站在东岸观赏碧罗雪山云雾升腾的景致，耳畔隐隐传来开益。开益是白族拉玛人的民歌总称，有叙事和对唱两类民歌，反映拉玛人的生活，赞美英雄，抒发感情，表达愿望，表示友爱，增强认知，给予人性温暖，激励人生。我在河西乡共兴村听了民间艺人演唱开益，在营盘镇黄梅村听了拉玛协会演唱的开益，在中排乡碧玉河村听了民间艺人演唱的开益，尔后到达石登乡。遥望澜沧江西岸的拉竹河村，山坡上的村庄就像一对拉玛民间艺人，面对澜沧江，向着我唱响开益。

拉竹河是石登乡地处澜沧江西岸的三个村民委员会之一，素有“开益之乡”称谓。村周边竹林多，村民时常砍拉竹子回家，故而得名“拉竹河”。参观村里的蚂蚱、牛蜗、中蜂产业，了解村里的产业发展情况，走在田间地头，心情就像一首开益，随着层层爬山梯田流向澜沧江。拉竹河村是兰坪县卫生局扶贫联系点，倾听卫生扶贫故事，只想融入雪山深处的村庄。穿过碧罗雪山龙潭的神话传说，沉醉在拉竹河文艺队和有权队长、骨干成员余光妹的开益演唱里，时光就像一朵杜鹃花，开放在人心里。

白族拉玛人开益有多少调，没有一个准确的定义，传说有12调。可我在兰坪县白族拉玛人聚居区的行走，除了河西乡共兴村“杯日旺”仪式中特有的龙马开益外，听得最多的开益调子不过是四五种，这是拉玛人聚居区普遍唱的民歌调子，歌词不一样，但旋律相同。拉玛人方言差别大，生活两地的人用拉玛话交流，会有困难，但通过唱开益的方式交流，就会理解对方所表达的意思。开益里保存着古老的拉玛语，加之通过民歌的方式交流，免去方言发音不同而听不懂的尴尬。拉玛人喜欢用开益表情达意，田间地头、街头路边、火塘边，时常有开益唱响。

我听不懂共兴村的拉玛话，但能听得懂拉竹河村的拉玛话。用拉玛话与两位民间艺人交流，一下子拉近了三人间的距离，交流变得亲切。开益里的古语我一句也听不懂，所以听两位民间艺人演唱，我变成了开益扫盲对象。开益按照其内容来划分，有祭祀歌，苦情歌，情歌，生活歌及“劳动歌”“放牧歌”“节令歌”，另外还有新民歌。新民歌宣传党的方针政策、歌颂富民政策和给农村带来的巨变。

和有权按年龄阶段划分开益调子，给我唱了开益6大调中的一段，每唱完一段就解释一番。

哦腊威，开初称为嗡恐，这是丧葬歌舞，60岁以上的人唱的开益调。村里有人去世了，灵柩停在家里，花甲老人们在院坝里围成大圆圈，一边唱一边跳，跳给辞世人欢乐的舞蹈。拉玛人认为，生老病死是自然规律，人死了就回到祖宗地，活着的人要欢欢乐乐地送走他。这是圆圈舞，前走三步，后走三步，要走三圈，边走边唱。这个舞蹈表达依恋之情，前行三步，表示死去的人恋恋不舍地告别，后退三步表示活着的人恋恋不舍地送别。怀着如此心情相送，唱的是欢乐歌，跳的是悲伤舞。哦腊威有三个音调，各个音调唱法不一样。哦腊威结束后，再唱跳一段益心情，这个与哦腊威音调一样，但唱法不一样。

算开益，20岁以上男女结婚以后唱的开益调。拉玛人忌讳比较多，所以才有不同年龄阶段的不同开益调子。算开益是情歌，结婚的男女唱算开益，男女逗趣互相放得开，歌词表述热烈奔放，加之年龄阶段的发音不同，适合结婚了的男女对唱，比如这样的歌词：眼相看，心相想。望眼欲穿，绵绵无情。

绒开益，20 岁以下年龄阶段唱的开益调子。绒开益是男女谈情说爱时对唱的情歌。如歌词：你心想一样，说的是另一个样。你不喜欢我，我不跟你谈爱了。这样的内容可以通过开益方式唱出来。

乌开益，这是两地相距较远，两人用山歌传情达意。生活在澜沧江两岸的拉玛人，以前交通不方便，有的两地间鸡犬相闻，但互相走动要绕山绕水走大半天。处得要好的朋友不能相见，相互思念但没讲话处，于是乌开益，互相诉说，或者相互通知某件事，告诉某些事情。

罗哩罗，这是十四五岁年龄阶段唱的开益。声音清纯，歌词内容比较单纯，充满了情犊初开的少男少女的生活情趣。

搭开益，人生花甲六十岁，花甲老人唱的开益，他们回顾人生，回顾经历，音调高高低低，极其考验一位歌手的功夫。在 2014 年云南省民歌比赛中，和有权演唱搭开益获得金奖。

上下辈同在的场和，拉玛人忌讳唱情歌。和有权所带徒弟里有女儿辈，但为了发扬和传承开益，他传艺时不顾忌唱算开益、搭开益。现今的拉玛人，不再像以往那样思想封闭落后，他们的眼界得以拓宽，认识能力增强，传承文化中开益演唱，两辈人都可以接受。他所说的话我感受较深，我在拉玛人村庄采访，有时遇到他们有顾忌而无法放开思想交流时，我就强调我们都是为着文学艺术而来，为传承和发扬光大拉玛文化，不必有顾忌，他们听后才放下思想包袱，自由演唱开益。

和有权的歌声就像拉竹河流水，就像拉竹河绿叶，充满原生态魅力。和有权 54 岁，歌手年龄已经 40 岁了。14 岁时，他从拉竹河小学毕业，父亲开始给他传授开益。他喜欢唱歌跳舞，父亲的传帮带，成就了和有权的民间歌手人生，有人称他是“拉玛王子”。1982 年，20 岁的和有权买了一套电影放映设备，开始在村里经营放电影事业。每年他固定下乡放电影，半年各一次。他到石登乡各个村委会、小组巡回放映电影，每次来回 15 天，放映 13 场左右。1997 年，电视普及到村村寨寨后，他卖掉电影设备，结束了电影放映员生涯。1996 年至今，他一直担任护林员。他是一个级别最小的村官，以前叫拉竹河社长，而今叫拉竹河组长，当了十六七年的这个级别的村官，至今还当着。

余光妹比何有权小 3 岁，她因为父母早死，家庭贫困没读过书，从小就跟着村里人学习唱算开益。因为开益唱得好，村里有红白事时，有时被请去唱开益，主人家给一袋白糖，她感到开心与自豪。开益让她找到人生价值，感到生活乐趣。

以和有权为队长、余光妹为骨干的拉竹河乡文艺队，在各级部门的关心下到处演出，时常参加村文艺汇演。2011 年，兰坪县举办农村原生态演唱比赛时，拉竹河文艺队摘取一二等奖。2012 年，兰坪县人民政府任命拉竹河为云南省非物质文化遗产保护名录《民歌开益》传习点，和有权被任命为《民歌开益》项目代表性传承人物。2014 年，怒江州文化局、怒江州民族宗教事务委员会命名和有权、余光妹为怒江州非物质文化遗产传承人，同年，云南省档案馆颁发给和有权口述历史荣誉证书。和有权荣获 2014—2015 年度兰坪文学艺术奖。和有权、余光妹、和新保、和新祥荣获兰坪县首届民族民间原生态歌手大赛银奖，和有权还荣获个人金奖。拉竹河文艺队还到北京参加中国民歌演唱。云南青歌赛比赛，他俩带徒弟们参赛，到昆明演唱了两次。拉竹河文艺队还到陕西省太原市演唱过。

深入兰坪县盐马古道课题田野调查，到拉玛人聚居区采访前，我曾经研读过拉玛人学者兼作家罗世保、李松发先生写的有关开益的文章，并在兰坪县城就拉玛开益文化请教李松发先生。追寻盐马古道足迹，从河西乡进入澜沧江峡谷，沿着澜沧江行走江边四个乡镇，通过与拉玛人民间文艺家交流，不由感叹高手在民间。李松发先生对开益的论述，令我共鸣。

开益采取象征、隐喻、暗喻等方法，委婉曲折，寓意深刻，缜密含蓄，富于哲理，耐人寻味。同时把比喻现象准确地同正句的含意紧密地结合起来，鲜明地揭示被喻物的本质特征，表明不同的爱憎之情。很多触景生情，或事感而发下唱的歌，比、兴运用手法上灵活多变，富于创造性，将自然景物或人生图画与特定的思想感情完美地结合起来。有的头句为正句，后两句为比、兴句，仅起映衬、烘托的作用，还更进一步升华了主题思想和艺术特色。有的比、兴句运用在头两句，正句在最后，由于物与情，兴与感之间相互联系，又相互制约，并有机地统一在内容和形式结合之中，因此，起到了“画龙点睛”或“锦上添花”的作用和效果。当然，其中有的歌比、兴非常含蓄隐晦，甚至奇特。如果你不通晓拉玛人的习俗文化和语言艺术，就无法理解其意思……

拉竹河村民的开益传承意识比较强。他们对旅游业充满了乐观态度，坚信有一天，旅游业会在他们这里红火起来，且这一天不会久远。村民们自豪地告诉我，村子背后的碧罗雪山上的龙潭景观是何等壮观何等漂亮，他们种的农作物是何等的原生态，他们跟我说起了养殖业种植业，说起了他们的原生态歌谣，希愿有一天大江南北的游客到自家院子里，坐看碧罗雪山和澜沧江峡谷的壮美风光，品尝农家风味饭菜，听他们演唱拉玛开益。如果游客有雅兴，不妨住下来，跟他们学唱拉玛开益。拉竹河村的人就是这么自信，他们的开益终究有一天会传唱到山外的世界。

“开益之乡”拉竹河村，一首诚挚的乡愁之歌，一次丰盛的拉玛文化宴会。

大爱写春秋

“百年丰功承先哲，千种伟业启后人。”站在土木结构三层教学楼前，读着对联，打量门首五角星，这栋被列为兰坪县级文物保护单位的民国时期的省立完小楼房，佐证石登乡中心完小办学历史渊源。

追寻盐马古道踪迹，从河西乡到中排乡再到石登乡，一头扎入石登街，面对一栋已经有 83 岁年龄的楼房，感触教育脉动，思绪在澜沧江畔结成一潭湖水：清朝光绪年间，丽江县为加强对盐业产销的监督和对边远地区的管理，在喇鸡鸣设弹压兼督销委员。民国元年（1912）兰坪设治后，撤销喇鸡鸣弹压兼督销委员，改设石登县佐。县佐是协助县知事加强对边远地区的管理。在兰坪县知事统辖下，石登县佐分管石登、中排、维登。县知事和县佐由云南省民政厅委任。石登县佐于民国二十一年（1932）八月五日撤销，历时 21 年。

民国二十五年（1936），兰坪县在石登增设了石维高等小学（学生包括石登、维登两地且包含中排）。民国三十五年（1946），省立兰坪小学迁到石登，原石中维联合高等小学分设为中排乡和维登乡中心小学。1951 年春，兰坪县人民政府接管学校，成立县立石登区中心小学。当时只有尚未隔整的三方楼房（马蹄形状），无其他任何设施设备，只有 15 套破旧桌凳，学生达到 84 人，学校开设了扫盲夜校班。1952 年 11 月，兰坪县省立石登小学创办成立，翌年初，开始筹建教学楼，建造了一幢三层土木结构教学楼，于次年6月竣工，恢复了“省立小学”，开始实行免费食宿制教育，面向澜沧江沿线的维登、中排、石登、营盘、兔峨等边远山区招收少数民族学生。1955年12月，兰坪县人民政府正式给学校命名为兰坪县石登乡省立小学。1958年，石登省小转为县立石登乡中心完小，归地方政府管理……石登乡中心完小始创于民国二十五年（1936年），经历了高等小学、省立、县立、公社办、大队办、寄宿制民族完小、石登乡中心完小的艰难与曲折历程。83年沧桑岁月，抒写石登乡中心完小向高一级学校和社会各界输送人才的故事。老校区处在建设里，拥有120套住宿的中小学教师周转房正在施工。

追溯石登乡中心完小办学历史，我们从老校区移步到新校区，在校长等人陪同下参观新校区。新校区伫立澜沧江畔，我所面对的澜沧江就像一泓高山湖泊，一座颇有气势的水泥公路吊桥如彩虹般横跨江面。阳光洒在澜沧江峡谷，山光水色组合成一幅水彩画。这幅水彩画的色彩随着四季更替呈现不同颜色，细节丰富。新校区令我感到惊奇，一个乡级中心完小，居然有一个规范的足球场！我在兰坪县深入8个乡镇进行盐马古道田野调查，第一次接触到有足球场的现代化建筑的学校。校长介绍道，五至六年级学生有19个班，在足球场上跑操。四至六年级学生在足球场上做课间操，三年级在足球场上面的活动场地做课间操。

从“十二五”规划开始，政府出面征用了80亩农田，其中10亩用于中学扩建，70亩用于石登中心完小整体搬迁工程建设，掀起集中办学、促进教育公平、合理配置教育资源、享受优质教育、城乡教育均衡发展的热潮，并于2014年元月3日举行石登完小教学楼开工典礼，从此石登中心完小进入一个崭新的建设与发展时段。通过5年的施工建设，完成了教学楼、教师周转房、学生餐厅、学生宿舍、综合科技楼，标准化的体育场地。2018年9月11日，石登中心完小正式迁到新校址开展教育教学活动。

石登中心完小像小布达拉宫，有人这样形容。细细地打量每一栋房子，我对横琴永同昌教学楼印象较深。横琴是地名，同昌是公司名称，这是珠海市横琴区帮扶资助的教学楼。四方形的两层楼房是餐厅，可容纳1100多人。石登乡中心完小学生1447人，于是学校把学生就餐分成两批，第一批吃完，第二批才去打饭。大同学爱护小同学，先让一至四年级学生打饭吃，待他们吃完饭，五至六年级学生再打饭吃。教师周转房建筑面积38平方米，都是一室一厅设计，双职工两套，单职工一套。新校区老师周转房共有80套。学生宿舍带卫生间，8人一间。科技楼有图书室、体育室、音乐室等。科技楼上面有一块空地，学校计划在此空地上建盖教学科技楼。

石登乡基础教育难度比较大，教学点除石登中心完小外，还有13个村级教学点。从2018年9月开始，13个村级教学点的高年级学生并入石登中心校。村级学校承担一至四年级教学任务。乡村幼儿园目前有小格拉幼儿园、腊马壳幼儿园、谷川幼儿园，乡里规划要在2019至2020学年实现村级幼儿园全覆盖。13所村级学校原有的校舍是砖木结构或土砖结构，属D级危房。拆除重建村级学校期间，只能在临时活动板房或租的民房里开展教育教学活动。石登乡村级校舍重建工作，计划于2019年8月底前全部完成。

深入校区了解石登乡教育现状，学校负责人介绍说教师编制严重不足。从教学成绩而言，石登乡的教学难度在于：学生从小没有接受过幼儿园教学，从起点上就比别人晚了一步；石登乡少数民族较多，且居住半山腰的多，供孩子读书意识淡薄；大部分家长有供书无望的思想，孩子读书后难以考上公务员或事业岗位，转化意识难。尽管教学难度大，石登乡有一支敬业、肯干、耐心的教师队伍。在教师们的努力下，石登中心校的成绩逐年上升，教学成绩与兄弟乡镇的差距逐步缩小。

从2017年到2018年，石登乡的辍学率为零，巩固率100%。控辍保学方面，乡人民政府做了大量工作，老师也做了大量工作。石登乡失学率为零，究其原因，中排乡、拉井镇曾发生官告民事件，政府依照义务教育法把不送孩子入学的家长告上法庭，震慑力较大。官告民事件发生后，使得有些学生家长意识到不送孩子入学是违法的。学校领导及时把相关文件、相关材料发放到各个学校，开家长会时，学校将此作为关键内容宣传给家长。虽然石登乡没有发生官告民事件，但每个学期开学，开家长会时，校方首先把官告民事件宣传给家长。乡党委政府班子成员一人挂片一个村委会，一个职工挂一个学生。政府大力支持，教师将政策宣传到位。乡政府与村委会签订协议，村委会班子划片区，层层落实抓教育。在多方努力下，家长树立了依法送孩子入学的意识，不存在不给孩子读书，硬要孩子打工的现象。

学生厌学现象主要体现在初中阶段。初中生的年龄处在青春期叛逆期，加之同年龄的伙伴去打工，有诱惑力。对于这类学生的处理方法，学校送他们去读职校，培训三至六个月或几年，让学生拥有技术，学会一门手艺便于打工或者就业。在职校学习期间，如果学生愿意回来石登读书，原母校热忱欢迎。

行走石登乡，不能不提坚守在基层教育的教师们，他们的事迹可歌可泣。远嫁石登的四川泸州姑娘李启玲，于 1992 年 9 月被招聘为石登学区代课教师，从此在教师岗位上无怨无悔奉献青春和爱。刚当代课教师，她面对的是破烂的土木结构教室和几套破烂的课桌椅、两块油漆脱落的黑板。在丈夫帮忙下，夫妻俩修补了教室屋顶，找来木匠把课桌凳、门窗和黑板进行加固和翻新。学校恢复原样后，她挨家挨户动员学生来读书。她向孩子们学习白族拉玛话，扫清了双语教学的障碍。她用拉玛话与乡亲们交流，拉近了人心距离。在她的辛勤教学和人格力量感召下，学生从 7 人增加到 20 多人，学生们深深地热爱着他们的汉族教师。1997 年，李启玲参加了怒江州“民转公”的教师考试，以全州第一名的成绩由一名代课教师转为公办教师。她调入谷川完小任教，3 年后担任谷川完小校长，成为石登乡教育有史以来第一位小学女校长。在她的带领和同事们的努力以及上级主管部门关心支持下，谷川村先后实现了“普六”“ 普九”目标，通过了“两基”国检，谷川小学连续两年被评为石登乡教育改革与发展先进学校。她的付出获得社会认可，各种荣誉是对她在教育教学战线上所做成绩的肯定，她荣获云南省优秀教师、云南省五一巾帼标兵、全国五一巾帼标兵、首届“怒江好人”荣誉称号，获得中国名师联盟希望工程园丁奖、首届马云乡村教师奖，荣获感动兰坪十大道德模范人物敬业奉献道德模范提名奖。

“沧江三石”，为了了解这个称号的来历，我跟随两位师范同学去拜访中国书法家协会会员和石根。所谓的沧江三石，是和石根对自家院子的称呼，“三石”指石登乡、石中坪村、和石根。他是怒江师范第四届毕业生。他在师范学校读书期间，经历了怒江州府从原碧江县城知子罗搬迁到泸水市六库城，参与了怒江师范在怒江西岸建校时光，他和同学们自己动手盖宿舍，教室与宿舍的墙是篱笆墙。我和两位同学在沧江三石做客，听大师兄讲述母校建校初期的事，感叹怒江州在31年时光里经济建设飞速发展，教育事业飞速发展。和石根退休多年，他家有一间宽敞的书房，笔架上挂满了各种各样的毛笔，书房墙壁上挂满了字帖，装裱好了的以及未装裱的书法，使得这个书法家的书房里散发浓郁的墨汁香。临窗望澜沧江，我眼前浮现了那些行走在石登山箐里的乡村教师背影，背篓教师、溜索教师、古道教师等词汇冒出脑海，他们默默地耕耘在教育前线，谱写教育者之歌。和石根在石登乡多处小学教过书。从1989年起，他在教学之余，专攻书法，精心练笔不止。1992年，石登中学需要一名书法较好的教务员，和石根因此调入石登中学，从村级学校到乡政府所在地石登街上班。他这个教务员的主要任务是在蜡板上刻试卷。在“普六”、“普九”、扫盲等系列工作中，公路沿线要写标语贴标语，当时的中心校校长亲自驾车，带着和石根等人写标语。和石根的衣服时常沾染墨汁和油漆。和石根憨厚地说，我计划用20年的时光来努力加入中国书法家协会，结果16年就如愿了。他于2006年加入中国书法家协会，2017年退休。人退休了，文化不能退休，他每天都要写几幅书法。乡亲们需要，他慷慨给予。在他家的书柜上，随意搁着一摞荣誉证书，国家级、省级、州级的都有。看淡名利，醉心书法艺术，这是退休后的和石根老师的生活。

我在大竹箐行走盐马古道时，在腊马壳邂逅一位怒江师范毕业的老师，他跟我讲起了背着背箩过溜索，从一个村小学到另一个村小学教书，一个人艰难地走在乡村小路上情景。一代又一代教师投身石登乡基础教育，他们用爱书写石登教育史，用心血铸造石登师魂，用一生浇筑了石登中心校荣誉墙：1981、1985、1990年被评为兰坪县先进集体，1985年9月被评为怒江州先进学校，1989、1990、1992年分别获得云南省全寄宿制优级和良级学校，2002年被评为兰坪县文明学校、2007年被评为怒江州文明学校，2012年被评为云南省文明学校、云南省普通中小学督导评估合格学校，2013年被评为州级乡村学校少年宫示范学校，2014年被评为云南省三八红旗集体，2015年被评为中华全国妇女联合会巾帼文明岗，中国孔子基金会授予第 419 号孔子学堂，先后获得乡级表彰 50 多次。与石登中心校教师们接触，没有什么比“桃李不言下自成蹊”更合适概括他们教书育人生涯。

“大爱写春秋”，这是石登中心校的历史足迹。

中排记

山一程水一程——兰坪县盐马古道文化探薮

哦，碧玉河

蓝花楹、天竺葵，叶子花、红叶石楠、炮仗花、爬山虎，公路边不时闪现一段花坛，沿路栽着乔木、灌木，追逐怒江花谷建设在澜沧江峡谷留下的脚步，我们驱车抵达碧玉河大桥。碧玉河从桥下过，激动地扑入澜沧江怀抱。碧玉河是怒江州兰坪县和迪庆州维西县的分界河，河的两头连接着中排乡和维登乡。碧玉河大桥紧挨着澜沧江，这是一座水泥公路桥，可容两辆车并行过桥。得知从碧玉河大桥到维登街只有半个小时的路程，我滋生了到维登街看看的欲望。前往维登街，思绪就像云朵上的翅膀。

“哐当，哐当”，挂在腰上的溜绑，在身后打着拍子……在维登街倾听盐马古道故事，思绪停歇棕榈树上，眼前挥不开碧玉河村民在维登街赶集的身影。

告别维登街，我们原路返回，过碧玉河大桥，向碧玉河村而去。多依坡顶云遮雾罩，盐马古道向着云南松密集的凹地延伸，在有个叫一碗水的地方，马帮与背夫小憩。补充给养后，马帮与背夫们上路了，翻越山梁子，马锅头唱响了沧江汉调。歌声落入山洼里，在山谷里回响。走在原始森林里，走着走着天突然黑了，走着走着天又突然亮了，山洼里山洼外，马铃铛声声。山连绵望不到边，山路曲曲弯弯，正当感到碧玉河村遥远时，眼前突然出现了一个大田坝，炊烟袅袅。走在盐马古道上，臆想着见到碧玉河村的情景，可惜我们只走了其中极短的一段路，没有到达一碗水，只到了多依村背后出山泉水处。泉水前修建了一个水池，水泥封顶。水池留有龙头，我就着龙头喝了一肚子泉水。水清冽，暑热消解。我们返回公路上，驱车往碧玉河村而去。

通甸河流经河西乡，成了河西河，到达中排辖区内，变成了碧玉河。碧玉河是通甸河的下游，因河水多数时间清澈见底，色碧如玉，故而得名。碧玉河与一条叫小箐的河流从两个不同的山箐里奔涌而至，在山谷里交汇，尔后流入澜沧江。两条河流中间的宽阔地带便是碧玉河村的坝子，层层梯田从半山腰直达谷底两河交汇处。碧玉河村因为河流而得名。碧玉河的南面是迪庆州维西县维登乡的小甸村，碧玉河的北面是中排乡多依村。碧玉河上村处在半山腰梯田开头处，碧玉河下村处在谷底梯田结尾处。上村有180家左右，以白族拉玛人居多，下村有200家左右，以汉族人居多，聚居着客家人。粮食供应点、供销社、完小、办事处，这些机构都设在上村。碧玉河的孩子们在村里读完小学，就到中排中学读书。以前的村完小没有营养餐之类，孩子们读书，早上放学要回家吃饭，下午放学要回家吃饭，住在下村的孩子一天要跑四趟。读六年级时，要求上晚自习，下村的孩子们每天得跑六趟学校。下自习铃声响过后，下村的孩子们互相招呼着走出教室，他们拿着手电筒，走在回家的路上，手电筒的光就像移动的灯笼，寂静的田野里响着孩子们的歌声。

交通不发达且电视机没落户碧玉河村时，村里最热闹的莫过于放电影，乡里的电影工作者到碧玉河村放电影，有时在上村放，有时在下村放。只要放电影，上村、小村、花坝的村人都跑来看电影。电影就是那么几部老掉牙，在上村或在下村放电影，有时是同一部电影重复放映，有的村民已经看过几遍了，电影台词背得滚瓜烂熟，但只要放电影，还是雷打不误地来看电影。尤其《五朵金花》颇受大人孩子喜爱，放到哪个村都会有一群人追捧。电影结束后，大人孩子走在回家的田野上，夜色里响着白族金花、阿鹏的歌声。

没通公路时，村人从碧玉河出发去兰坪县城，单程要走五六天。碧玉河到中排街走路需要一天，而从碧玉河出发到维登只需要三个小时。村里人到维登赶集，不经过碧玉河大桥，从下村走到碧玉河边，溜索渡河到对岸，走上之字形的山路，到坡顶上的白甸村。山路顺着山势横斜，一直到小甸，抵达维登。村里人到维登街赶集，都背着溜绑，有的在逛街时把溜绑挂在腰上，随着走动，溜绑就在屁股上打拍子。碧玉河村的人若到河西，从上村往山上走，有马帮路通向四十里箐。碧玉河村到河西有两条路，马帮路在上村的村头分岔，一条路到达云南松林，翻过垭口，再翻越名叫大竹箐山的雪山，从雪山往下走，到达河西乡的四十里箐，再经过高轩井所在地共兴；另一条路，马帮经过峨底村后翻越雪山，到达四十里箐，再翻越一座山到达白子田，抵达河西背后的山，沿着小路下山，到达河西街。我到碧玉河村时，维西到兰坪县城的二级公路正在紧锣密鼓地修建里，这条公路经过河西乡、通甸镇。河西到中排的公路、保山市到西藏的公路（经过兰坪县营盘街、中排街，由碧玉河大桥进入迪庆州维西县）畅通无阻。

碧玉河村掩映在核桃树林里，走在水泥路上，吸引眼球的除太阳能灯外，还有不时冒出来的一棵棵古核桃树。村里铁核桃树多，泡核桃树也多。村人们除加工核桃油外，还加工核桃仁麦芽糖，通过电商出售。碧玉河是中排乡里核桃最多的村庄。核桃油是碧玉河的特产，村民送给亲戚朋友的礼物是核桃油、麦芽糖、板栗。从上村到下村，核桃树把大片稻田和村庄拥在怀里。走在村里村外，核桃树虽多，但没抢占稻田的阳光，一切都是和谐生长着。尽管碧玉河离澜沧江远，但是有两条小河流包抄，且两条河流交汇后回抱碧玉河田野，使得江气回流，形成特有的气候和景观。置身碧玉河村，油然而生世外桃源的感慨。

夜色珊阑的碧玉河村，村民摆古，说起过往，讲不完的马帮故事。那些沉寂在大山深处的盐马古道，那些落着腐叶的马蹄凹槽，就像一首首美妙的音乐，令我沉醉。村里的马帮夜宿在山上，有时会露宿在坟地里，与坟墓为伍。遇到下雨天或霜露严重的日子，为了不被淋湿，马锅头就会找比较大的坟墓，躲在墓顶盖下，睡在供席台上，雨淋不着，风吹不着，一夜睡得香。在恶劣的生存环境里，阴气沉沉的墓地成了人赖以温暖的地方。赶马帮路上，马锅头艰辛，兰坪县流传的民歌《盐马情歌》可以佐证，这首被人誉为滇西北历史深处最凄婉的江湖绝响的古道歌谣，唱出了兰坪县盐马古道上令人心酸的赶马人生活。

砍柴莫砍葡萄藤，有女莫嫁赶马人。
三十晚上讨媳妇，初一初二就出门。
你要出门莫讨我，你要讨我莫出门。
你哥讨你那时欠下一方布，不出门么还不清。
你要出门出得了，八十老人留哪里？
不消怕，不消怕，八十老人有留处。
你要出门出得了，三岁小孩留哪里？
不消怕，不消怕，三岁小孩有留处。
你要出门出得了，大田大地留那里……
做人莫做赶马人，处处留下冷火塘……

大竹箐山是一座雪山，马锅头赶着马帮从大竹箐山经龙潭回到碧玉河村，坐在温暖的火塘边，喝上一杯捏酒驱寒。捏酒是中排乡流传的一种特殊喝酒方法，碧玉河村民也不例外。他们把小麦炒熟了以后再煮，煮了以后凉冷，再放酒釉发酵。发酵好的小麦酒就像蜂蜜一样甜，随着装罐存放的时间越长变得越辣。把灌装的小麦酒放在盆里，加入井水捏酒。捏酒的井水有讲究，所取的这个井的井水冬暖夏凉，冬天还冒热气。碧玉河村里像这样的井水有两处水源，一处在村子东边，一处在村子尾巴。人们用一个铜瓦片把水从洞口接出来，方便人们接水。旁边有个放水桶的台子。瓦片上长满了青苔，石头上长满了青苔。水源前的石头，人们经常脚踩在上面，石头变得光滑。瓦片接出的水长流不断，村里人修建了一水塘，便于洗衣服。马锅头进入家门前，家里人听到马铃铛声，就把小麦酒从坛子里挖出来放在小盆子里，准备了半桶井水放在一边。马锅头坐在火塘边，家里人递来小麦酒和井水，马锅头捏酒喝。喝了捏酒，身上的寒气消散。

行走白族拉玛人村庄，本主庙给我的印象大多供奉大黑天神，但碧玉河村不同，供奉着一对猎人兄弟，哥哥叫阿应根，弟弟叫阿应荣，兄弟俩一人扛着弩弓，一人扛着猎物马鹿，背着箭包，带着猎狗。两兄弟从丽江打猎来到碧玉河水塘边，他们箭包里带着几颗谷子，便把谷子洒在水塘边。

他们打猎转完一圈，回到碧玉河水塘边，洒下的谷子已经变成金黄色的稻穗，已经到了开镰收割的时节。兄弟俩觉得碧玉河这个地方可以安家，于是在碧玉河驻扎了下来。他们撒谷种的地方是碧玉河坝子中最大的一块田地。有关本主的故事，说明碧玉河村的拉玛人，既有土著拉玛人，也有外来的拉玛人。

碧玉河矿石多，主要出产铜矿。在中排乡，曾有段时间，矿石选厂最多的村庄是碧玉河村。2014 年，政府整顿矿山，把矿山上的矿洞全封闭了。矿山没封闭前，碧玉河村的人没有外出打工的，除盘弄土地外，剩余劳动力可以就地化解，尽管收入低点，但村民愿意在家门口打工。碧玉河村水田多，亩产高，村里以稻谷为主产。最近这几年，村里人外出打工的越来越多，有的甚至全家出去打工，侍弄稻田的人少了，有的良田被搁置。碧玉河村有怒江州最大的重楼基地，别的产业也在怒江打响脱贫攻坚战时渐渐植入碧玉河村，尽管如此，村民们还是感到村里的产业发展起步太晚了，产业支柱不强。有位村民曾经是马锅头，当过多年村干部，后来加入打矿队伍里。2008 年爆发金融危机时，这位村民的矿石积压了几千吨。翌年，矿石价钱稍微恢复一些，他把积压的矿石全卖了，次年开始转向产业投资。为了产业发展，他积极回笼土地，共回笼土地 63 亩，他在这些土地上栽种核桃，这些核桃现在都挂果了。种植业发展少不了农家肥，他在基地里养牛、猪、鸡、羊，以此囤积农家肥。养了两年牛后，他觉得牛发展周期长，效益比较低，就把牛全部卖了，只养羊和猪。他家养羊规模最大时有 1000 多只。他结合脱贫攻坚工作，从种植业转向养殖业，主要养毛驴，种植业方面不再投入，改种中药材。

行走澜沧江峡谷，民间歌谣让我流连忘返。流传澜沧江两岸的歌谣，不仅有白族拉玛人的开益、白族民歌，也有汉调。汉调通称沧江汉调。沧江汉调是汉民歌，用汉语来演唱，句式主要是七七七七，内容丰富多彩，以情歌为主，所以沧江汉调也被人称为沧江情歌。汉调直白、朗朗上口，不考究意境，直抒情义，易于表达人的思想感情，感染力强。碧玉河村的杨辉彦与和昌发被人们誉为情歌王子。他们立志发扬光大沧江汉调，收集整理沧江汉调，出版一本沧江汉调的书，传承和抢救文化遗产，情怀烈烈可见。两人心志相同，一拍即合，为此，和昌发资助了杨彦辉一只录音笔，便于杨彦辉采访收集沧江汉调。

林业部门在澜沧江峡谷进行花椒产业种植扶贫，免费给老百姓种植花椒，由实施项目的单位负责种好花椒，三年后成熟率达百分之九十五且有花椒收入后，再无偿地还给土地主人经营，在这过程中，教会老百姓管护花椒地。作为花椒产业项目实施方负责人，和昌发编了一些脱贫攻坚方面的沧江汉调，宣传党的政策，如：

世上本无摇钱树，栽下花椒等你摇。
党的政策样样好，产业脱贫样样亲。

石榴开花叶子青，防火政策莫忘记。
十年不忘防火林，百年还要记在心。

石榴开花叶子青，党的恩情莫忘记。
千年不忘党恩情，万年还要记在心。

“怒江缺条件，但不缺精神，不缺斗志。”文学艺术助推怒江脱贫攻坚。碧玉河村的两位民间文艺家杨彦辉、和昌发的心愿和心志，引我共鸣。

来也匆匆，去也匆匆，我没有读透一条色碧如玉的河流。

哦，碧玉河！我会再次来读你。

马背上的皮绳

“得，得，得”，寂寥的夜空，黑暗的原始森林，怪啸的夜鸟，嚎叫的野兽，喧嚣的松涛，令马蹄声显得格外清晰有力。少年和昌发紧紧地拉住白梨的尾巴，跌跌撞撞地走着。白梨前面走着栗色，两匹马相跟着，不急不躁，安静地走着。白梨感受到了小主人的紧张，马蹄落在地上，比往常更加笃定更加平稳。

“千万别碰到鬼。”和昌发在心里默默祈祷。马会看夜路，若有鬼，就会停下脚步不走。从多依村到碧玉河村，要爬山过多依坡，盐马古道曲曲折折地盘山而行，穿越原始森林，通过山垭口，沿着小箐河顺着山脊往碧玉河大田坝中的家延伸。夜走森林，两匹马，一个少年，要多孤单有多孤单，要多薄弱有多薄弱，要多凶险有多凶险，若马停步不前，那是多么糟糕的事情。

20 世纪 90 年代初期，公路从中排乡政府通到多依村了，但没通到碧玉河村。碧玉河人到兰坪县城办事，大都从碧玉河走路到多依村再到中排街搭客车，也有的走路到河西乡共兴村再到河西街搭客车到县城。碧玉河村与迪庆州维西县维登乡紧邻，村里时常赶马到维登街上交易，或者徒步到维登街买坛坛罐罐，背回来后装米酒、卤腐、豆豉。从碧玉河到中排街也好，到河西街也好，到维登街也好，三条不同方向的盐马古道在澜沧江峡谷蜿蜒，人背马驮的日子烙印在一代人的记忆里。马是碧玉河人主要的交通工具，马帮成了碧玉河村对外联络的名片。俗话说，穷人的孩子早当家，小小年纪的和昌发已是一位颇有经验的马锅头。

平时，赶着马帮从碧玉河村驮东西到多依村，100 斤的驮运费 2 元钱，如果驮到中排村中排街，加上放空费，一趟驮运费 4 元钱。体积大的货物，不到 100 斤，也算成 100 斤。一匹骡子可以驮 200 斤东西。村里的马帮接受了一份活路，把贵重木料从碧玉河村驮到多依村。父亲有事参加不了，和昌发赶着两匹马参加了驮木料的马帮队伍。两匹马中，毛发白色的那匹马叫白梨，毛发栗色的那匹马叫栗色，这是家里马匹中最好的马。木材比较重，一坨有 150 斤，驮到多依村，10 元钱一坨。一匹骡子驮两坨，重量加起来就是 300 斤，远远超过了骡子的驮载能力，骡子驮着吃力。村里人帮忙和昌发把木材放在马驮子上，放在马背上，用皮绳捆好。和昌发吆喝着马，跟随村里的马帮走上了盐马古道，向着多依村走去。

和昌发招呼着两匹马，驮着木料从龙潭出发，才走了 4 公路左右，白梨不走了，栗色勉强能走。他拿着马鞭抽打白梨，白梨走几步，又停下不走了，任他怎么抽打也不走了，干脆躺在地上。他只好抽打白梨的屁股，白梨忍痛站起来，在皮鞭的威力下勉强走了起来。走着走着，白梨又躺倒在地上不走了，任小主人抽打屁股也不起来。眼看同村人越走越远，少年马锅头急了，拿着马鞭抽打白梨的耳朵。白梨浑身颤抖，又勉强起身走动起来。就这样赶着两匹马，硬是把木料驮到多依村交货。白梨浑身汗淋淋，软软地趴倒在地上。和昌发内疚地抚摸了一下马头，就近撸了一把苞谷叶子给白梨吃，白梨不吃。他特意找来了马爱吃的青草，白梨还是不吃。凭着马锅头的经验，他知道白梨累坏了。村里人交货后要返回碧玉河村，当天来回，从村里出发时是鸡叫头遍，回到家时已经是灯火点点，马不停蹄赶路也是两头黑。看到白梨的情形，同村的马锅头们知道白梨累虚脱了。马累得虚脱，这是很糟糕的现象，不及时调整过来的话，这匹马就会报废。

“要帮忙吗？”同村人问和昌发。

“不用，我找姨妈家帮忙处理。”和昌发让村里人先回家，不用等他。

“记得要给白梨亮背。”同村人叮嘱和昌发。他们知道和昌发有个姨妈嫁在多依村，姨父也是赶马人，知道怎么处理累虚脱了的马，以为当夜他可以留宿姨妈家，便放心地赶着马离开了。

和昌发跑到姨妈家要马料。姨妈姨爹都不在家，姨妈的婆婆在家。和昌发向老婆婆说清楚了来意。老婆婆一口拒绝了，说她家没有马料。院子里晒着麦子，和昌发指指麦子，恳求给一点麦子去喂累虚脱了的白梨。老婆婆还是拒绝了，说麦子上洒着农药。和昌发掉头离开了姨妈家。“白梨不能报废了。”他一心只想着救白梨，看到路边的苞谷地，苞谷才戴红帽，但他管不了那么多了，掰了几包苞谷。不管是谁家的苞谷地，先救白梨要紧。

谢天谢地，白梨终于肯吃东西了！给白梨喂嫩苞谷，和昌发的眼泪“吧嗒吧嗒”掉落在马头上。

想起村里人叮嘱要给累虚脱了的马亮背，和昌发拿掉了白梨身上的马鞍、棉毯和毡子。白梨慢慢地吃草，浑身冒汗的现象渐渐止住了。休息了个把小时，白梨终于恢复了过来。和昌发赶着两匹马，连夜回家。一路顺利，他和两匹马平安回到家里。他从马背上取下皮绳，递给父亲，讲述了白梨累虚脱了一事，说愿意接受父亲的责罚。

“回来就好。”父亲一手拿着皮绳，一手摸了摸儿子的头。他把皮绳挂在墙壁的铁钉上。

火塘边的铁锣锅里热着饭菜。母亲盛了饭菜递给儿子。看着儿子吃饭，她的眼泪滑出眼眶。她撩起围腰擦去眼泪，拿起汤匙给儿子添菜。

马背上的皮绳是用水牛皮做的，一年要给皮绳擦一次猪油，且猪油里不能有盐。父亲拿皮绳驯服骡子，也拿皮绳抽打不听话的孩子，尤其对长子和昌发要求严格。和昌发下有一个弟弟两个妹妹，他是弟妹们的榜样。

两条河流滋润碧玉河村的良田，世外桃源中的农耕文明，使得碧玉河村的上村、下村炊烟格外动人。1958年农历五月里的一天早上，太阳刚照射到碧玉河上村，一个叫和玉清的孩子呱呱落地。这个苦命的孩子，就在降临人世前一天，他那在国民政府时期当过保长的父亲被抓走了，到了丽江劳改。和玉清有两个姐姐。母亲含辛茹苦抚育三个孩子，等待丈夫归来。多年后，母亲等来的消息是丈夫死在监狱里。两个同村人用两块木板捆上和玉清父亲的尸体，挖埋在一个荒坡上，他俩用锄头铲了几块巴根草，放在坟堆上。

马锅头和玉清喜欢喝油茶。每天早上，他从柜子里拿出饼饼茶，掰下一点茶放入口缸里，在火炭上烤出香味后，再用一只筷子穿了一块腊猪油，放在火上烤出油后放入口缸里，倒入开水，放在火塘边煨着。他把锅架在三角上烙苞谷面粑粑。粑粑、油茶，这是他出远门前最好的早点。他吃早点时，妻子已经给马喂好了食。

家里除栗色、白梨两匹骡子外，还有大红、小红、乌嘴三匹骡子。包产到户后，家里陆续添置了这五匹骡子，和玉清成了马锅头。上村有五个马锅头，三十多匹马，组成马帮队，结伴同行。马帮把山货驮到中排街、河西街，再驮回碧玉河村需要的日用百货。凌晨，天还没放亮，伴随着公鸡的第一声打鸣，村里响起“的得，的得”马蹄声，上村的马帮出发了。马锅头们带着烙好的苞谷面粑粑，背着绿色军用水壶。多依村的山上有个叫一碗水的地方，天再怎么干旱也会出水一碗，马锅头们怎么也舀不完。马帮到一碗水后小憩，水壶里的水基本上喝完了。马锅头摘了一片山茶花的叶子，舀一碗水中的水喝个痛快，就着冷硬的苞谷面粑粑吃早饭。吃饱喝足，他们给水壶灌满水，又上路了。

栗色是一匹烈马，在马锅头和玉清的皮绳驯服下变得规规矩矩。父亲驯服栗色的情景，给和昌发留下了深刻的印象。

有一天，父子俩上山砍柴。父亲砍柴，儿子捡柴并负责招呼五匹散落在周边吃草的马。不知不觉间，马走开了，和昌发去找马。原始森林里光影斑驳，怪鸟叫声吓人，和昌发毛发倒竖，他惊恐地叫道，“阿爸——”

“哐，哐，哐”，砍柴声传来。林深处，父亲忙着砍柴，没听到儿子喊他的声音。

“阿爸——”，和昌发的叫声带着哭腔。

“糯米撒在苦荞地，贵人落难这地方。”森林里突然响起沧江汉调。浑厚的歌声是一剂壮胆针，注入和昌发的肌肉里，流入他的血液里。父亲的歌声抚慰儿子，怪鸟叫声不再那么恐怖了。和昌发壮着胆去找跑远的马匹。他把五匹马赶拢在一起，向着父亲靠拢。耳朵捕捉父亲的歌声，他不小心撞到一个树杈，惹恼了隐蔽在树上的马蜂窝。马蜂追着他叮，他的脸被蜇得肿了起来。

父亲已把柴火砍好了，看到儿子脸肿了，有点心疼，嘴里却安慰儿子说没事。

马锅头和玉清给马匹驮柴，四匹马乖乖地站在地上，配合着马锅头把马驮子放到马背上，唯独栗色不安分，悄悄地踢了马锅头一脚。马锅头不防备，栗色这一脚重重地踢在他的腿上，他跪倒在地，好大一会也站不起来。勉强站起来后，马锅头大怒，给栗色驮的柴比平时多出一倍。和昌发眼睑肿了，看到父亲瘸腿走路吃力的样子，气得打了栗色一马鞭。马鞭打在栗色屁股上，栗色缩了缩屁股，就像做错事的孩子，不再撒野，规规矩矩地驮着柴上路。

回到家后，和玉清瘸腿给栗色套上马套口，取下马背上的皮绳，把栗色拴在柱子上，还在马脖子上拴了一根绳子，拿着柴块痛打栗色。栗色死命挣扎，但被拴在柱子上，无法躲开马锅头的暴打。打完栗色后，马锅头把栗色的一只前脚拴了起来，让栗色三只脚走路，一瘸一拐地驮着他从村公所走到家里。回到家，他再次把栗色拴在柱子上痛打，直至把栗色打得皮开肉绽才罢手。

父亲如此暴打栗色，和昌发吓得不敢看。母亲不敢劝阻丈夫的行为，哭了起来。

经马锅头和玉清的这次驯马后，栗色性情大改，变得温顺和安稳。马帮路上，栗色成了马锅头和玉清的马帮中最得力的驮马。

短途马帮行，马锅头父亲总是带上儿子同行。赶马路上辛苦且枯燥乏味，父亲唱起沧江汉调解闷，有时会遇到地里干活的女人呼应，就会出现一唱一答互相逗趣的现象。和昌发在马锅头父亲的沧江汉调里成长，沧江汉调滋养了他的少年马锅头梦。成人后，他成了兰坪县颇有名气的歌唱家，被人们赞誉为沧江情歌王子时，这个白族拉玛人汉子就会想起马锅头父亲，想起父亲赶着马帮走在盐马古道上唱响的沧江汉调。和昌发唱沧江汉调并成为兰坪县有名气的歌手，可以说是马锅头父亲潜移默化的结果。

和昌发记事以来，家里就养着马。他们家养的马是骡子，这是马和毛驴的杂交后代，驮东西走远路耐力好，但不会生育。幼年时期的和昌发不懂这些，奇怪自家的马为何不会产儿，但不敢问父亲。读小学三年级，他就跟着父亲赶马。父子两走上盐马古道，从碧玉河到达中排乡政府所在地中排街，起初来回需要两天，后来才改成一天来回。从碧玉河到达河西乡政府所在地河西街，来回需要三天，马帮歇息在四十里箐的砖房。马锅头们以天当被，以地为床。他们带着锣锅、粮食，自己做饭吃。赶马的日子艰辛，马锅头伙食差，父子俩带着的粮食是苞谷面和洋芋。盐是必带的东西，除此之外，每次出远门，马锅头总是随身携带着一点米和茶叶。遇到过河过桥时，马帮头骡怎么也不走，好像有无形的人在拦着不让走。“妈的，遇到饿死鬼挡道了。”马锅头嘴里骂着，把米和茶叶拌在一起，含在嘴里喷洒在路上。马鞍与马背之间，铺着毡子和棉毯，以免驮东西时马背被磨烂。露宿野外，给马下了驮子，毡子就成了马锅头的床垫，棉毯成了马锅头的被子。下了驮子，马锅头让骡子自由吃草，用马帮行话说，就是给马放夜。第二天早上，天还没亮，马锅头拿着装有三节或五节电池的手电筒去找马。

有一次，碧玉河村的马帮在砖房过夜。第二天早上，白梨不见了，同村的马锅头们帮忙找马。他们在四十里箐及附近区域找白梨，找了一个星期，才找到白梨。

五匹骡子中，有两匹驮着的东西重量相对轻一些，马帮路遥远，走不动时，父子俩可以骑在这两匹骡子上。当和昌发调皮不听话，或者不好好读书时，父亲拿着皮绳，毫不客气地抽打在儿子身上。在皮绳的教训下，和昌发对父亲又爱又怕，不敢轻易开口和父亲说话。赶马帮路上，父子无话交流。骑在马上，马走路有规律地摇来晃去，就像坐在摇篮里，和昌发不知不觉睡着了。走着走着，马也走累了，停下脚步低头喘息，睡梦中的和昌发猝不及防，从马头上滑落到地上。在睡梦中从马背上跌下来，这样的事和昌发经历了两三次，有时跌得鼻青脸肿。马帮处在高山草甸，他在睡梦中从山坡上滚落到山坡下，这不足为奇。

赶着马走在大山里，马锅头和玉清是个活泼的人。他是大山之子，融入大山里，就成了大山的一分子，心性自由得像山风。他不仅会唱汉调，还喜欢演奏木叶。骑在马上，他随手摘下一片叶子，放在嘴边吹起叶子来。木叶声声，鸟儿合鸣。当他放声唱沧江汉调时，鸟儿闭嘴倾听，大山阵阵回应。沉浸在父亲的歌声里，和昌发才感到马帮的日子有点乐趣。父亲唱的汉调好听，父亲吹的木叶调好听，和昌发听得入迷，在心里暗暗下了决心，自己也要像父亲那样，做个会唱沧江汉调的马锅头。

有一次，他们赶马到河西乡稗子田，一群妇女在田里忙着薅秧。太阳快落山了，父子俩骑在马上，几匹马相继跟着，马铃铛声声通过水沟。薅秧的人群中有人对父子俩唱起汉调，挖苦道，“赶马哥来赶马哥，赶马三年卖老婆。头骡二骡你大嫂，三骡四骡你老婆。”

和昌发听着又好笑又生气。

马锅头父亲气坏了，他下了马，用拉玛话对儿子说，“你下来，取下马套口，到路边放马，给马吃草。”

和昌发听话地下了马，到路边放马去了。

“赶马哥来赶马哥，赶马三年买老婆。头骡驮尼黄花礼，二骡驮尼我老婆。赶马三年不歇店，处处留下冷火塘。水有源头田边转，姊妹有缘转拢来。”马锅头父亲坐在一棵核桃树下，对着薅秧的妇女们唱起了汉调，回敬挖苦他的薅秧人。

这下可热闹了，一群妇女嘻嘻哈哈地笑着，共同对付父亲。树上的知了也凑趣，叫得比平时更欢。父亲唱了两个小时左右，薅秧的妇女败下阵来，加之太阳落山了，她们相继招呼着回村里。马锅头和玉清微笑着，看着妇女们离去的背影，静静地抽了一锅烟，招呼儿子上路。

有一天，和昌发和小伙伴们上山砍柴，几个人被马蜂蜇，肿了脸。被马蜂蜇肿脸，对于山野中长大的和昌发他们来说，完全不当一回事。想起村里的老人时常说，人尿可以治疗马蜂叮过的肿处，几个小伙伴脱下裤子，互相往脸上撒尿。互相撒尿不起作用，和昌发的脸肿得就像发面窝窝头。父亲赶着马帮回到家，看到儿子的脸肿得就像透明萝卜。他二话不说，出门找蒿枝，就着盐给儿子擦头擦脸擦身子。肿胀处火烧火燎地疼，和昌发忍着痛没吭声。给儿子擦完身子后，父亲让儿子睡在床上，叮嘱儿子好好睡一觉。火塘里燃着火，室里暖暖的。围火而座，双亲目光亲切地看着儿子。像火烧地后天降甘霖，和昌发感觉疼痛得到缓解，在亲人目光注视里不知不觉睡着了。不知睡了多久，他醒了过来，脸上、身上的肿消隐了。

灯光昏暗，父亲坐在火塘边，给马背上的皮绳擦猪油，母亲在一旁纳鞋垫。铁三角边放着锣锅。

“阿妈，我饿了。”和昌发叫道。

“醒了。”父亲放下皮绳，过来查看儿子的脸消肿了没。

“锣锅里给你热着稀饭哩。”母亲慌忙放下手里的活，拿了碗筷，打开锣锅盖盛稀饭。

“肿消下去了。”父亲轻轻拍了拍儿子，“这点小伤对于咱们马锅头来说不算事，自己盛饭去。”

“是。”和昌发麻利地起身下床，接过母亲递来的稀饭，狼吞虎咽地吃了起来。

虽说是稀饭，但煮得比较稠，米饭里有洋芋、南瓜，还有母亲做的卤腐佐料。和昌发被马蜂蜇得够呛，一旦解脱了窘态，这顿家常稀饭对于他来说特别香。

爷爷去了远方。打从记事起，孙子孙女们从奶奶那里得到的信息就是这样。他们懂事地从来也不问爷爷在何处。“远方”这个词，对于他们来说是一个无法想象的概念。人生的悲欢离合以及生与死，孩子们无法理解。对于没通公路的偏远乡村的孩子和昌发来说，他所关心的事很现实，能够一星期里吃一顿肉，能够在年底有新衣服穿，能够在上学时不愁学习费用，能够在假期里多赶一趟马帮多挣一点钱，减轻一点家里的负担，这是他最大的快乐。

奶奶从来也不跟孩子们主动提到爷爷，她在院坝里给孩子们讲神话故事，讲去维西背罐子时见到的趣事。她给孩子们唱沧江汉调，那些充满深情的比拟句子，孩子们无法体会到奶奶隐藏在心海里的思念。这是一位坚强的母亲，靠着一副背板一个背箩走在盐马古道上，拉扯大了三个孩子。她乐观，告诉孩子们，天上的月亮和太阳很美，地上的花草和动物很美，凡是美的都是有生命的，应该得到尊重和热爱。生命是人生最大的财富，人活着，无论多穷多苦难，就得自己给自己快乐。

有一天，奶奶上山砍柴，她在掰干柴枝时，想不到树枝弹到脸上，把一只眼睛打伤了。当时，公路还没从中排街通到多依村。从碧玉河村到多依村再到中排街的乡医院看病，来回一趟得耽搁两三天。家里比较困难，被打伤的眼睛不妨碍干活，奶奶舍不得去乡医院，采用农村里的土办法治病。马锅头和玉清时常赶着马帮出门找副业，儿媳在地里家里忙得团团转，他们都问过老母亲，要不要去乡医院看病。老母亲说，这点伤不严重，会好的，没必要去医院破费。两人都相信了老母亲的话，各自忙着去了。

奶奶把盐砼烧红，放入冷开水里，再把野葡萄藤放入盐砼水里泡着，让孙子和昌发吹葡萄藤水滴在被打伤的眼球上。土方法治好不了奶奶的眼睛，儿子儿媳坚决送老母亲去中排乡医院治疗。老母亲服从了，跟着儿子走上了治病的路。和玉清牵着白梨，以便老母亲走不动时骑马。中排医院也看不出啥毛病，老母亲只是感到眼睛疼一点，并不妨碍什么。老母亲不把眼睛受伤当回事，坚决地要求儿子回家，母子与白梨从医院回了碧玉河。和昌发听说吃蟋蟀能治好奶奶的眼睛，于是想方设法抓来蟋蟀给奶奶吃，但这不管用。渐渐地，奶奶受伤的眼睛瞎掉了。

家里断盐了，但没钱去买盐巴。马锅头和玉清赶着马帮驮盐，一个麻布袋里放着一筒圆柱形的盐巴。和玉清先把马帮赶到家里，把一筒盐留在家里，再把马帮赶到村供销社交货。他用赶马的辛苦费来还盐巴钱。隔壁邻居之间，遇到断盐的时候，互相借盐。盐对于和昌发家来说是比较贵重的东西，母亲把盐放在火塘上方的闷楼上。和昌发想拿闷楼里的东西，要踩在木柜上才够得着。有次，邻居阿婆拿着一个小盆来借盐，家里没人，和昌发踩在木柜上，打开了藏在闷楼上的一袋盐巴，给阿婆盛了一盆堆尖的盐巴。阿婆拿着盐巴，满心欢喜地往家里走去，正巧碰到挑水回来的奶奶。奶奶回到家批评孙子不能这样大方。和昌发认为奶奶小气，对待邻居不能这样小气。他骂了奶奶，奶奶听后伤心地哭了起来。

和昌发读小学一年级时，无意间在爸爸的马腰篆（腰带）里发现了平反通知书。爷爷的事得到平反了！对于小学生和昌发来说，并不懂得这个平反通知书的重要性，他最关心的事莫过于父亲的马帮驮红糖。马帮驮红糖，交货给村供销社后，驮篮里会留着红糖碎屑，这些碎屑放在衣兜里，无异于在衣兜里放了一袋高级糖果般幸福。当和昌发一点点地往外掏出红糖碎屑吃时，小伙伴们羡慕的眼光追随着他，有的会讨好他，以便得一点红糖碎屑吃。对于碧玉河村穷人家的孩子来说，有糖吃是一件奢侈事。家里有一两个如窝窝头一样的红糖，往往被父母亲藏在闷楼上，或者藏在笨重的木柜子里，所藏的地方让孩子们不能轻易找得到。红糖要在过年过节有客人来时才用。

有一回，父亲赶着马帮出门前，对和昌发说此行驮红糖。和昌发上学有了牵挂，心神不宁地竖起耳朵听马帮铃铛声，希望父亲的马帮早点回到村里。作为小马锅头，他对自家马帮的铃铛声非常熟悉，凭借声音就能断定是不是自家的马帮。放学时间到了，和昌发背着书包冲到供销社，看到父亲正在卸载马驮子。和昌发激动地向着父亲跑去，不曾留意供销社的看门狗冲了出来，一口咬在他的手臂上。狗咬的伤口较深，肉里的油脂层外翻。马驮较多，父亲忙着卸货，没看到儿子向着他冲来，不知道儿子被狗咬伤了。被狗咬伤后，和昌发没有惊动父亲，忍着剧痛回了家。奶奶看到孙子被狗咬伤了，告诉孙子，找一点青苔下面的灰洒在伤口上，会止血消炎。和昌发照做了，但伤口还是剧痛和出血。他不敢告诉双亲，谎称肚子不舒服，早早地睡下了。儿子一反常态，居然对驮篮里的红糖碎屑不感兴趣，母亲觉得孩子不对劲。她走到孩子床边，关切地问儿子哪里不舒服。母亲拉开被子，看到儿子手臂上的血，急忙问怎么回事，才知儿子被狗咬伤了。想起奶奶眼睛瞎掉了的悲剧，母亲不敢大意，赶紧扎了一个火把，连夜带着儿子到乡医疗点包扎伤口。

有一年雨季，堂哥帮忙和昌发家牧马，乌嘴滚下山坡，跌死了。死掉了一匹骡马，对于和昌发的母亲来说，天空倒塌了一个角落，她哭得晕了过去。村里人到出事地点肢解了乌嘴，把马肉分到各家各户。村里人吃乌嘴的肉，少年马锅头和昌发拒绝吃。乌嘴死后，家里添置了一匹骡马，叫栗色。

从预备班到小学六年级，和昌发在碧玉河村小学读书。升入初中，他和同伴们告别碧玉河村，到中排中学读书去了，他们住校，两个星期回家背一次口粮。中排中学地处中排街，与乡政府大院距离不远。学校食堂使用蒸汽，每个学生有两个饭盒，一盒蒸饭一盒蒸汤，被大家亲切地叫作蒸汽饭。要回家背粮食的这个星期，到了星期六早上，碧玉河村的孩子们蒸汽饭特殊，由平时的两盒变成了三盒，增添了一盒饭，他们要带着增添的这盒饭在半路上吃。走在回家的路上，他们步伐匆匆。山路遥远，还没到小箐河边，月亮升起来了，银辉洒在大地上，麻栗树的绿叶泛起银色柔情。“哗嚓”，不知是松鼠或是别的动物跑过，树林里猛然响起的声音吓了中学生们，一群人惊叫着跑了起来，谁也不敢在前头或者殿后，都想抢着跑在中间。一群人里，和昌发及两三个学生胆子大一些且家庭条件相对穷一些，往往是他们走在前头或者殿后。走到家里，和昌发累得不愿动弹，无心吃饭，只是吃了点菜，用盐水泡脚。简单地跟父母说了几句话，他就睡觉去了。

第二天早上，和昌发在酣睡中被母亲唤醒。母亲已经做好了饭，把两个星期里儿子所用的粮食打整好了。睡梦正好，和昌发不情愿地爬起床。吃过早饭，碧玉河村的孩子们吆喝着出门了，走上返回学校的路。回家背粮食的这趟路，对于碧玉河的中学生们来说，到家一头黑，出门一头黑。他们背多少斤粮食是固定好了的，一旦被人偷拿了一顿粮食，就意味着饿肚子。母亲把腊油切成手指般的小坨，每顿蒸汽饭只能放一小坨油在汤里，每天用两小坨腊油。每次背粮食，背多少坨腊油是计划好了的。当最后一小坨腊油吃完那天，意味着回家背粮。和昌发的情况稍微好一些，父亲是马锅头，时常赶马到中排街，加之嬢嬢住在中排街上，一个月里，因为这两位亲人的缘故，他有机会打牙祭吃到几片肉。走路回村里，村后的山梁上有一块墓地，这是碧玉河下村人的墓地。小路弯弯，有些路段从墓前过，无法绕开。墓地让他们感到害怕，但他们别无选择，回家的路必须要通过墓地。即便被墓地里出现的怪事吓病了，父母也顾不上护佑回家背粮食的孩子，他们忙着在地里刨食，忙着赶马帮挣钱供孩子读书，无暇顾及孩子回家路上的事。

1991 年，奶奶去世了，她没能等到公路从乡政府通到碧玉河村这一天的到来。1996 年，多依村到碧玉河村的公路修通了，从碧玉河到多依村再到中排乡政府，可以坐车，不用再走马帮路了。1998 年，碧玉河到河西乡的公路修通了。2000 年，马锅头和玉清因病去世。父亲去世后，从大理建校毕业的和昌发被分配到县城工作。有次下乡，和昌发与同事到中排乡验收工程，中排乡信用社的负责人拉着和昌发的手说，父债子还，你家爹买骡马借的钱你要还。和昌发才知道，乡信用社里有父亲的欠条。他见到欠条，不由泪崩。欠条上写着：× 月 × 日，买锄头欠款 2 元；× 月 × 日，购买回销粮贷款 12 元；× 月 × 日，媳妇坐月子买红糖欠款 2.5 元……欠款中最大的一笔钱是 700 元，那是父亲买栗色的钱。父亲不识字，在借款人名字上按下血指印。欠款单上的资金加起来共有 8000 元左右。为偿还父亲的欠款，和昌发省吃俭用足足还了两年才把这笔债务还清。后来，他辞掉工作，开办公司，下海经商，成了一个比较成功的商场人士。

有一年，和昌发参加星光大道海选，来到成都。站在舞台灯光里，他演唱兰坪县流传的《盐马情歌》。这首情歌唱出了赶马人为了生活不得不出远门，日子的艰辛，以及行走盐马古道的辛酸与无奈。当唱到“嫁人莫嫁赶马人，处处留下冷火塘”这句歌词时，和昌发想起马锅头父亲，不由落泪。可惜那次海选他与搭档没能选上。第二年，和昌发与同事到重庆参加星光大道海选。他演唱歌曲《父亲》，想起父亲的马锅头生涯，想起那些带着血红指印的欠账单，清贫一生的父亲没能过上好日子就英年早逝，站在舞台上的和昌发哽咽得唱不下去了。星光大道的海选没能通过，他在重庆玩耍了三天，对着重庆的景色轻声唱父亲曾经唱过的沧江汉调，他相信父亲的灵魂会听到这些发自心底的歌声，跟随他游览山城重庆。

和昌发曾经到过丽江寻找爷爷尸骨，心愿是把爷爷尸骨带回奶奶身边，与奶奶安葬在一起，爷爷奶奶生不能常相伴，死后能常相随。当年挖埋爷爷尸体的村民已经是耄耋之年，他指认挖埋爷爷的山坡上草青青，没有凸出的土堆或者草堆。无处寻觅爷爷的坟，客死他乡的爷爷尸骨难以回归故里。人活着有三魂七魄，但愿爷爷在天之灵有知，灵魂就像一只鸟儿飞回故乡，栖息在故乡这棵大树上，能够与奶奶的灵魂恩爱厮守，随心意在另一个世界里唱响沧江汉调。

和昌发的母亲是个任劳任怨的家庭妇女。父亲赶马帮出远门，母亲下地干活，她从没抱怨过地里的活有多累。父亲赶着马帮回到家，母亲已经割好鲜嫩的草慰劳马匹。父亲有事时，母亲接过马锅头丈夫的马鞭，赶着马帮去多依街、中排街赶集。父亲去世后，母亲睹物伤情，把家里的骡马一匹又一匹卖掉了，只留下白梨。和昌发与妻子动员母亲到县城与他们生活在一起，但母亲没有答应，说她与白梨守着老屋，哪里也不去。母亲铁定了心守着老屋过日子，和昌发无法说服母亲走出老屋到县城，心想等白梨老死在家里时，要好好地把白梨安葬在父亲墓地附近。他把这个心愿跟母亲讲过，说不能卖白梨了。谁知母亲突然改变了主意，不与儿子商量，擅自做主把白梨卖掉了，让儿子的心愿落空。卖掉白梨不久，母亲锁上老屋的房门，坐车离开了碧玉河，到县城与儿子和儿媳生活在一起。

走在多依村通往碧玉河村的盐马古道上，听着和昌发对着澜沧江峡谷唱响《盐马情歌》，想起盐马古道的今昔变迁，我的眼窝潮湿。现今，从碧玉河村到维登乡到西藏，从碧玉河村到中排街经营盘镇抵达怒江州府所在地六库城，从碧玉河村经四十里箐到河西乡再经过通甸镇抵达大理或兰坪县城，条条公路通达目的地。在澜沧江峡谷生态家园建设里，在怒江州打响脱贫攻坚战里，和昌发以及他的团队，早出晚归地奋战在林业扶贫前线。他一身汗水一身泥土地行走在澜沧江峡谷，不失农民子弟的淳朴和厚道。

“哦回回”，澜沧江峡谷里传来了山歌打招呼声。回首澜沧江峡谷，倾听和昌发唱响沧江汉调。歌声高亢而富有磁性，深情而富有感染力，令人感触澜沧江两岸各族人民淳朴而又深沉的爱。这份爱，就像圣洁的碧罗雪山，这份爱，就像纯真的澜沧江水。

隔啰尼耶，
为花才到花山上，
为你才到这架山。

情妹尼耶，
阿哥脚踏干沟想吃水，
手抱花树望花开。

隔啰尼耶，
阿哥条条走尼挂山路，
那有这条多挂心……

沧桑木瓜寺

吸引我前往中排乡烟川村考证木瓜寺，源于白族拉玛人英雄史诗《白子王》。这首发源于烟川的拉玛人古歌代表作，歌颂白子王的英雄传奇，赞美白子王的英雄气概，讲述各族人民联合起来反暴政的故事。

元代时期，木瓜寺为木观音神祠。明朝时期，丽江木土知府改建木观音神祠，改称木瓜寺。民国十年（1921），《兰坪县治绘图地志说明书》载，“木瓜寺建有正房两廊三间外，以墙围之，其中古佛、古器、佛经、字画无有不备。”文史资料记载，木瓜寺为土木结构，内刷外粉，雕梁画栋。全寺由大殿、二殿两院组成。大殿出角，二殿封火。占地面积600多平方米。大殿正房内供着十八罗汉。大门两侧塑有哼哈二将。

兴致勃勃地从东岸的中排街渡澜沧江，到达西岸缓坡地上的木瓜寺遗址。木瓜寺在新中国成立后被毁，遗址成为兰坪县级文物保护单位，虽然来前有心理准备，但眼前所见还是令我的内心塞满凄凉。坡地上荒草萋萋，烟川村老年协会筹资建的观音寺就像灰姑娘，恓惶无措地站在一地荒草里，全然没有当年木瓜寺二殿的风采。大殿遗址上，草丛中有一块石板，成了村民拜祭的地方。不远的断墙，让我的思绪顺着小龙湾的澜沧江洄水愁肠百结。观音殿前有观音像，后有童子拜观音像，两座塑像隔墙背靠背，观音面对公路，童子面对一地荒草。梯田连片成野，从江边铺展到碧罗雪山深处，蔚为壮观。当年的十八罗汉今安在？赛马场上马嘶远逝，一个又一个拴马桩消隐何方?

每年农历二月初七初八，这是木瓜寺传统的庙会，白族拉玛人过传统节日“二月八”。说起这个节日的活动内容来源，追根溯源，可以从《明史·土司传》记载可见一斑，“丽江木氏官大开银矿，向明朝中央贡纳的银两逐年增加”。中排乡矿产资源丰富，作为丽江木氏土司辖地，木府在中排开采银矿、铜矿等。木府赚得盆满杯满，待木瓜寺建盖好后，移植丽江白沙古镇“二月八”内容，使得“二月八”在烟川流传，成了白族拉玛人的传统节日。木瓜寺里，除香樟木雕的观音外，还有香樟木雕的释迦牟尼佛，香柏雕的十三太子、夜游神，土雕的十八罗汉等。此外还有乌铜香炉。初七这天，人们把释迦牟尼佛、观音、童子从大殿请下来，坐在特制的轿子里，两根大杆，烟川村的人在前头扛起大杆，大宗村的人在后头扛起大杆，释迦牟尼佛在中间，观音、童子在前后，人们扛着佛像去看澜沧江。除扛佛像外，还背佛像。初八这天，他们扛着佛像看碧罗雪山。二月八这天，无论男女，村民都去木瓜寺祭祀，向佛像磕头祭祀。他们拿去一小簸箕粮食，男的带着一把小刀，女的带着一把镰刀。名单留在那里，才能发给香，在木瓜寺烧香。

木瓜寺处在小龙湾上，离澜沧江不远。以前，木瓜寺周边都是原始森森，树木挡住视线，看不到江水。人们先点香，再扛佛像去看江。烟川村民扛前面，大宗村民扛后面，这是事先规定好的。有个架子，将佛像摆在上面。两个村子的人比武，哪个村赢就由哪个村先做法事。在木瓜寺，除烟川、大宗、木瓜邑三个自然村举行庙会活动外，还有来自大理、保山、怒江、丽江、迪庆的商客及马帮汇集在此，物资交流会上笑脸飞扬。赛马场上马蹄声急，骑手身影如鹰飞过。观众加油助威声激起澜沧江水花。小龙湾上船来船往，白族拉玛人开益、沧江汉调、藏族歌谣交织澜沧江峡谷。

木瓜寺有两个祭司，上下村各一个。寺里的住持又叫庙祝，他是寺庙管理员。寺庙后面的田，归庙祝家的人管理。每年庄稼收成时，村里人每家每户给庙祝一升粮食。烟川村里的端公会构皮造纸，寺庙里用的五色纸都是他造的。木瓜寺的庙祝不是世袭制，烟川村的人当过庙祝，大宗村的人当过庙祝，甚至流落到烟川的四川落伍兵也当过庙祝。这个四川落伍兵做了烟川村民的倒插门女婿，因自制火药，不慎引发爆炸而亡。1952年以后，没人再当庙祝，木瓜寺没有了庙会，不点香，取缔了赛马活动。没有了庙会的木瓜寺，作为集市地点，每年二月八这天，只有物资交流会。

民国三十六年（1947），兰坪县暴发瘟疫，烟川每天死三四个人，到最后，抬死人的都是女人。瘟疫过后，烟川人少地广，导致土地荒芜。1952年，兰坪县劳改队从古盐镇拉井搬入中排乡木瓜寺，他们来烟川开荒种地，进行劳动改造。劳改队入驻，木瓜寺遭到前所未有的破坏，劳改犯破旧立新，把释迦牟尼佛丢入澜沧江，捏烂了泥塑的佛像，乌铜香炉被砸烂，成了一堆废铁被卖掉，有棵香柏村被砍掉，寺内古佛、古器、字画均被毁。两年后，劳改队撤出木瓜寺。1956年，木瓜寺进驻青年垦荒队。1958年后，青年垦荒队迁出木瓜寺，粮店入驻，木瓜寺变成了烟川、大宗村粮店。1965年，木瓜邑农中在木瓜寺办学。1972年以后，撤销木瓜邑农中，在木瓜寺成立了木瓜邑中学，先后建起了八大教室。1986年撤木瓜邑中学，在中排街成立中排中学，八大教室也随之撤离。

烟川老年协会会长梁生源是商业部门的退休职工，他于1969年至1971年在木瓜寺农中读了两年书。88岁的和志元老人参加了木瓜邑中学八大教室撤离工作，而80岁的老人和全寿7岁时就在木瓜寺烧香，烧了三年。他们是木瓜寺遭难的证人。

夜幕降临，老年协会的人在火塘边给我们演唱拉玛开益，他们中有两男两女是县级文化传承人。开益响彻夜空，澜沧江峡谷流淌温情。

为了能重建木瓜寺，更好地传播白族拉玛人文化，烟川老年协会向有关部门递交申报材料，共有11项内容，附录相关的文件和图片，并根据两位八旬老人记忆，画出寺庙效果草图，再到石登中学请和石潭老师帮忙加工，尔后再到县城加工。老年协会代表于2000年去丽江，询问木瓜寺历史。“阿德来烟川开铜矿”，这是他们通过丽江木土司后代了解到的信息。

怒州打响脱贫攻坚战，其中，林业扶贫项目在澜沧江峡谷有所成就，花椒种植也在该地紧锣密鼓进行。项目实施方老总和昌发在中排培训村民种植花椒。他是兰坪县民间文艺家协会副主席，负责联系澜沧江峡谷沿江四个乡镇的民间文艺工作。我在中排乡的盐马古道田野调查得到他的鼎力相助，有幸跟随他到大宗村参加花椒种植培训。为支持烟川老年协会在抢救和传承拉玛文化以及恢复修建木瓜寺的努力，和昌发资助协会 5000 元。

巍峨的碧罗雪山，圣洁的雪线，神秘的云雾。走在中排乡，从山的这边到山的那边，或者从山的那边到山的这边，左走右走也走不出老窝山目光。老窝山是碧罗雪山山脉中最高的峰峦，是中排乡著名的风景名胜区，一条盐马古道翻越老窝山抵达福贡县达友村。从澜沧江东岸的中排街出发，过桥到达西岸的德庆河边。德庆河的左右分别是德庆村、怒夺村。德庆河的源头有两条河流，一条叫老窝河，河右边有吉答鲁小组、老窝小组；另一条河流叫计夺鲁河，河右边有计夺鲁小组。老窝河和计夺鲁河的源头在老窝山。盐马古道沿着老窝河方向逆水而行，攀山而上，到达老窝山龙潭群。盐马古道经过龙潭群，向着福贡县达友村而去。这一路上风光旖旎，碧罗雪山的壮美令人震撼。我到了中排乡，却无缘亲近老窝山，不能徒步德庆村到老窝山上的龙潭群，不能不说是遗憾。令我稍感安慰的事，我在山的另一边走过老窝山盐马古道，从怒江州府所在地六库城坐车到福贡县城，向着碧罗雪山而行，徒步达友高山湖，亲近过老窝山龙潭。

木瓜寺活在烟川村老人的记忆里，古寺钟声敲响在我的思绪里。告别烟川村，想到明天就要离开中排乡，总觉得此行遗漏了什么。月亮升起来了，银辉普照澜沧江峡谷，天空与江面蓝成一色。这样的夜色，很想听和昌发唱一曲沧江汉调，可话到嘴边又咽了回去。我痴迷地望着车窗外的月亮，他专心地开着车，只顾赶路。夜深深，中排街的夜灯就像一串闪烁的牡丹花，首尾相衔地绽放在澜沧江峡谷。

在祖国边陲，灵魂如鸟飞翔（代后记）

一

碧罗雪山坐落在祖国的西南边陲，有谁知道，一个女子的灵魂，在这里做着悠长的文学之梦？

皎月摩挲，耳畔传来轻声召唤。我从睡梦中醒来，望向窗外。一轮明月露着笑脸，天空蓝得让人忍不住想伸手掬一把。床挨着窗，阅读中，不知不觉睡着了，书落在枕旁，月光越过纱窗，拥抱睡梦中的人。清风随月涌入，携来天际的呼吸，轻拂残留的梦影。迷蒙中，感觉月亮站在窗前，对着床上的人想说些什么。我顿然起身，打开纱窗，欲与月亮相拥，可此时，月亮却很遥远。高悬在蓝色天幕上，明亮的她是那么纯洁。巍峨的碧罗雪山，在夜色剪影中更显雄壮。点点灯火，犹如繁星散落澜沧江峡谷。村庄就像一本酣睡的童话故事书，老屋门环上着铜锁。一缕银辉镀在铜锁上，木门好像别上一枚青色胸针。思绪就像一个梦游者，荡进村庄，到老屋前待了一会儿，向村尾的魁星阁走去。一条小路经过魁星阁，向谷底的澜沧江蜿蜒。小路上，隐约若现的身影，走过沧东桥，到达澜沧江西岸的山寨，再往碧罗雪山走去。

难以忘怀徒步碧罗雪山鸟道的日子，骨子里抹不去在碧罗雪山峰顶的感悟。描述思绪抵达碧罗雪山的过程，为何要用“走”而不用“飞”？词汇展露一个人内心深藏的情愫。说不清在文字里为何依恋月亮，道不明于时光深处为何会疼痛。每每回到故乡，只要有月光的夜晚，我的耳畔就会听到碧罗雪山的召唤。依窗眺望，灵魂脱离肉身，不受大脑控制，不受意念牵绊，走上鸟道，向着碧罗雪山走去。

当我不是我，而是以一个完全的追梦者，脱离自身来审视过往，心就会颤抖，就会怜惜当年行走碧罗雪山鸟道的霞衣。

二

记忆就像放映机，在碧罗雪山峰顶回放一位作者成长的路程。盐马古道从风口跌入山谷，在九道弯上迂回。视线追随着盐马古道，酸甜苦辣拥堵心头。坐在风口附近的悬崖上，霞衣浑然不知危险。也许，她的盐马古道之旅得到碧罗雪山神灵的护佑，本该处在起风的时候，风口竟是风平草静。碧罗雪山让她领悟天地有爱，万物有灵。她处在千山之上，却兀自忧伤。恍惚中，她回头望向来时路，海市蜃楼的幻境里走来赛伍嘉。

赛伍嘉是个虚构的人物，这是霞衣多年走访盐马古道采风酝酿的小说创作元素。赛伍嘉又是真实人物，这是霞衣在旅途中不知不觉浇注在心田的温暖。故乡山水的滋养，让她心仪川峡风土的纯朴，敬仰山地民族的坚毅豪迈，故乡情结的具象尽在赛伍嘉身上。她想写赛伍嘉，她喜爱这个臆想而来的人物。这份喜爱，犹如碧罗雪山上的雪长出翅膀，在一个人的世界里飞翔；这份喜爱，犹如古盐镇拉井出产的桃花盐，沉淀千年不变的魅力；这份喜爱，犹如生长在富和山上的五加树，神行游走在天地间。如果不在文字里宣泄这份喜爱，就会令一个人的旅行格外孤独，一个人的朝圣难以圆满。

碧罗雪山鸟道之行，距今已经五年了，她一直没能动笔。究其原因，终是不能脱俗，困顿于俗尘羁绊，追求完美的执着在绝望中倒塌，对驻留心头的温暖由感激到产生恐惧，人格也分离成两半，一半热爱赛伍嘉，一半仇视赛伍嘉，不可理喻地压抑甚至逃避写作的冲动。收拢并自戕碧罗雪山赐予的翅膀，她的心坠入冰川裂缝，没有振翅的欲念，把父老乡亲希冀的目光抛诸脑后。

朋友们说，她的这种症状正常，每个作者都会遇上写作的瓶颈。一个热爱文学的人，为何在文学生命中会出现“瓶颈”这个词汇？没有人能够给出答案。处在这种状态下，于她而言，阅读是最好的解药。

她是幸运的宠儿，如果没有了文字，还有阅读；如果没有了阅读，还有歌谣。文学生命慵懒的日子里，她撇开心爱名著，撇下笔记本电脑，背起摄影包走向山地原野。在大山的怀抱里，她与老农们席地而坐，与他们触膝攀谈；在简陋的木屋前，坐在硬板凳上的她疾笔书写，记录耄耋老人讲述的故事；在温暖的火塘边，她倾听火热的民歌，与村妇亲热搂腰同卧；在如水的月光里，她加入村民跳锅庄的行列，被村里人亲切地称为“我们的姐妹”；村里举办送别篝火晚会，她被村民们围在中间，幸福地接下了一首又一首唱给她的歌谣……

裤腿上沾满了泥巴，汗珠散发出泥土芳香，安然行走崎岖山道，在红土地上用笔辛勤耕作的霞衣，谦卑却不失自尊，懦弱却不失坚韧。她单纯如溪水，率真如山风，字里行间流淌着美好的渴望和理想的向往。谁也不会想到，这样用优美文字感染人心的作者，阳光的表象后面却是泪水涟涟，这是一位善感爱哭的女人。

没有谁拒绝得了文字的温暖。这份温暖来自心灵，没有势利，没有交易，可以抚平人性缺失，医治生活创伤。即便这份温暖同时掺上了毒酒蛊药，有意也好，无意也好，饮下毒酒，中了蛊药，也无法怀恨在心。

霞衣，她热爱文学。作为基层作家，她的创作在不断成长。

三

赛伍嘉的原型是五加树，灵感来自富和山原始森林。

2007年5月，乘中国大地上最后一次“五一”长假，霞衣到兰坪县拉井镇游玩。这是一次普通的旅行，她只是回了一趟故乡，到陌生的彝族人居住地富和山生活了几天。她离开文学太久，就像个贪玩的孩子，没打算回“家”。她做梦也想不到，这次游玩会给她带来写作机遇，令她回归文学，加入作家队伍行列。也许这是天意，派了一位朋友来促成她再次与文学结缘，令骨子里热爱文学的霞衣，从此在文学创作的路上欲罢不能。

和石新是霞衣夫君的好友，两人是高中同学。和石新在兰坪县拉井镇工作时，有一次，他出差到州府六库城。有天晚上，他到好友家小坐。他对霞衣说，你以前在怒江文坛上是个活跃的人，怎么近几年销声匿迹了？你不知道吗，你的文笔优美，打动许多人的心，多少读者牵挂着你？跟我去拉井走一趟吧，拉井的富和山原始森林风光壮美，彝族风俗独特。你还没去过富和山，到那里去玩一趟，感受一下与六库城不一样的风景不一样的风情，说不定，高山草甸会引发你的创作灵感，让你重新拥有文字。

夫君也在一边极力怂恿，希望妻子跟好友同行拉井。

霞衣文字复不复出，对夫君来说并不重要。妻子无法从失去亲人的悲痛里解脱，日子变得郁郁寡欢，作为丈夫，他不希望妻子活在痛苦里，却又无力帮她承担内心的悲痛。和石新好心相邀，夫君鼓励支持，两个男人一唱一和地动员霞衣去拉井玩，目的都是希望她能走出阴霾，走进阳光。如果，拉井之行得以让她再度执笔，那正是求之不得的事，他们都希望霞衣快乐。

和石新开完会返回拉井时，正值“五一”长假。夫君帮妻子整理行囊，送她上了朋友的车，目送一行人离开六库城。到了拉井的当晚，和石新带着霞衣等几个人去拜访退休的中医师赵荫孙，恳请赵荫孙充当霞衣的向导，带她在拉井街上走访年逾古稀的老盐工和缉私队员，到盐场旧址参观，陪同她去富和山感受彝族风俗。拉井之行，她是懵懂的，漫无目的，纯粹是游览散心。和石新却是清醒的，他的目的很明确，带引她直奔沉淀在拉井的厚重的盐马古道文化，他希望唤醒霞衣沉睡的文字情怀，在拉井度过一个充实而有意义的五月长假。

拉井的赵氏中医闻名兰坪县，赵荫孙是赵氏中医传人之一。拉井赵氏与霞衣的夫君家同出一脉，赵荫孙是夫君本家三哥。赵医生是五加科植物树种之一阿明五加的发现者，与富和山的彝族人交情深厚。无论是盐马古道历史，或者是富和山彝族风俗，他是霞衣此行最合适的向导。和石新时任拉井地方官，当他带着霞衣上门请求，这可让赵荫孙为难了，他妻子在病中，需要照顾。赵妻是个明事理的人，同意丈夫当向导，说她的病好多了，身上包着的药，三四天后换一个疗程，不碍事。在妻子支持下，赵医生答应了和石新的请求。

在拉井街及周边马道子村、三岔河等地走访三天后，赵医生带着霞衣前往富和山。拉井镇政府派车送他们到四十里箐与公路交汇处，随后，两人徒步进入四十里箐原始森林，目的地是富和山弥勒坝。霞衣的老家营盘镇离拉井镇 17 公里，富和山的后山紧挨着营盘镇武邻邑村，时常有彝族人赶马驮着洋芋、苦荞等到营盘街出售。“彝山的洋芋好吃”，这是兰坪人的共识。小时候，她跟母亲赶集，母亲常带她到富和山彝族人的马驮子前买洋芋。霞衣对彝家的马驮子好奇，对彝家的服饰有着浓厚兴趣，她对彝家的认识就是这么一些少得可怜的肤浅印象。这一次是她首次走进富和山，第一次真正进入彝族人家。

莽莽苍苍的原始森林，隐落在山中林海的盐马古道、圣洁的碧罗雪山、独特的彝家风情，让这一次的行程充满诗意。匆匆三天的富和山之行，无尽的旖旎风光和原生的风土魅力，令初进富和山的霞衣流连忘返。久违的创作激情开始在内心奔涌，她情不自禁写下了一组游记散文。这组散文给她带来《盐马古道》一书的写作机遇。拉井政府把霞衣创作散文集《盐马古道》列入工作计划。尽管这本书是义务写作，但她内心充满了对拉井这块红土地的感激。在拉井政府的鼎力支持下，在拉井乡亲的大力协助下，她才有条件深入到拉井九个村民委员会进行采访，以自己的脚步，去丈量拉井地区的盐马古道。正因为《盐马古道》这本书，促使霞衣起步逐梦，行摄不懈，忘情耕耘。宽厚的乡土成就了怒江大峡谷的一位作家。

创作《盐马古道》，她才意识到抢救盐马古道文化的重要性。那些耄耋之年的老盐工、马锅头、缉私队员，都是古道历史的见证者，每个人的经历都有其感人的故事。但随着老人们相继辞世，沉淀在盐马古道文化中的珍贵遗产自然流失，抢救盐马古道文化已是刻不容缓。《盐马古道》一书尘埃落定，霞衣的古道之行才真正开始。从兰坪县的盐马古道到怒江州边境线泸水县、福贡县、贡山县的茶马古道，古今变迁的巨大感慨，无不在激发霞衣。她依据多年行走古道的见闻，以采风收集的素材创作了中篇小说《古道碎花》，并开始酝酿创作有关富和山彝族人的长篇小说，而纪实散文集《怒江记》的出版，可以说是她古道情结的真实呈现。

生活在富和山上的彝族人和生活在期井河畔的白族人，在霞衣的盐马古道之旅中留下的印象特别深，她对这两个地方情有独钟。富和山彝族人在盐马古道著名的杨玉科路上担起警哨重任，护送过往的马帮和背盐人。期井是古盐镇拉井的一个重要产盐地，期井村的白族人以煮盐卖盐为生。往返两地间，原始森林的风光引得霞衣遐思，在不断思考和构想中，由五加树印象到构思小说人物赛伍嘉，沉淀了作者在行旅中日趋成熟的认知和思考，凝聚了作者的审美标准和情感倾向。

由懵懂的行走到逐渐清晰的文学追求，从一位文学爱好者到一位作家的演变，这过程不是一帆风顺，当中充满艰辛与曲折。写作不断考验霞衣的心灵，磨练霞衣的意志。

也许是巧合，也许是缘分，霞衣每次出行盐马古道，月亮总会与她为伴。

四

“东骧神骏，西翥灵仪”，这是云南的象征。

2008年11月11日下午，霞衣从忠爱坊走到金马碧鸡坊，脚步疲惫。放眼四周，古朴的旧建筑与现代化建筑并立。车流如鲫、人群悠然，花廊和广告牌、幽静休息场地和热闹的百货大楼、铜像铜柱和木条花框，喧嚷与祥和组成金马碧鸡坊特有的外貌与内涵。春城绿意醉人，鲜花娇媚争艳，一点也找不出立冬降临的痕迹。坐在花坛一隅，她强忍的眼泪夺眶而出，“噼噼啪啪”掉落地上。没有人留意这个暗自伤怀的女人，她太普通了，满脸晒斑，穿戴朴素，头发往后梳扎成一束，带着山居女人浓浓的乡土气息。繁华的都市不属于这个来自边远地区的女子，在熙攘中，她只体会到冷酷。金马碧鸡坊，没有人知道这个女人内心的痛苦，只有神明知道，她的心灵在这个城市遭遇罕见的寒潮。

“一关在东一关西，不见金马见碧鸡。相思面对三十里，碧鸡啼时金马嘶。”思绪纷乱的脑海里，浮动着明末担当和尚的赋诗。她想起六百多公里外的故乡，那里正在举行第三届盐马古道文化节开幕式。由拉井镇两届领导班子确定，用于第三届盐马古道文化节的《盐马古道》一书，因网络披露书号版权出错，被迫搁置，新书不能发放到父老乡亲和来宾手里。《盐马古道》是霞衣的首部书作。纠正版权的过程，让她体会到人情冷暖、世态炎凉，她的灵魂经受着狂风暴雨的洗礼，眼泪风干在金马碧鸡坊，文学的圣殿让她感到弱小卑微。

兰坪县地处滇西北横断山脉纵谷区，是怒江州产盐地。被人们喻为古镇盐乡的拉井镇位于兰坪县境中南部，是云南省33个古镇之一。清道光元年（1821）发现、道光二十三年（1843）开办的喇鸡鸣井，以优质桃花盐著称。以桃花盐闻名于滇的拉井盐业，已经有180多年的历史。拉井桃花盐不仅供应大理、丽江等地，还远销到西藏，甚至跨出国门，销往缅甸、印度等国。在兰坪县没有公路时，拉井出产的盐全靠人背马驮。以拉井为中心，辐射出许多条盐马古道，其中就有穿越澜沧江峡谷的碧罗雪山鸟道以及通向内地的盐路山古道、滇藏古道等。随着马帮和商旅的往来，促进了拉井的繁荣。古镇盐乡悠久的历史，形成了独特的盐马古道文化。

这一晚，正好是农历十三，月亮快要圆了。躺在床上，辗转难眠，突然电话铃响，她接到来自拉井镇的两个长途电话，这是她徒步盐马古道采风时结识的村民，听说她因书籍出版问题受了委屈，特意打电话安慰。为期一个星期的盐马古道文化节，霞衣无法出席。开幕式这一天，她正为书籍问题在省城奔走。但拉井镇的老百姓没有忘记她，这份来自故乡的牵挂令她感到温暖，立冬的寒意顿时驱散了。伫立窗前，看着省城闪烁的霓虹，面对迷人夜色，心里五味杂陈。凝视月亮，她深深地叹了口气。

第二天一早，她外出办事，回弟弟家里时有点晚，车窗外流逝的灯火犹如璀璨繁星。半路上，阿爸阿妈的电话来了，双亲知道女儿心里苦，格外关爱。见到在客厅等候多时的阿爸阿妈，她盈眶的泪水又悄然滑入心底。月亮停歇在纱窗上，安抚一颗疲累的心。阿爸阿妈的笑容盛满温暖，爱抚心思憔悴的女儿。饭桌上摆着热腾腾的饭菜，双亲没有问女儿办事结果，只顾给女儿盛饭夹菜。吃完饭，阿妈说什么也不让女儿洗碗，说女儿累坏了，让女儿到客厅看电视。阿爸坐在客厅沙发上，招手叫女儿坐在他身边，将棉毯盖在女儿膝上。偎依着老父亲，霞衣心中升起一轮明月，她的世界荡漾着净美月光。她很想对阿爸阿妈说，他们的女儿在心灵深处珍藏着波光潋滟的月亮河，那是用文字沉淀的月亮河，女儿的泪水只会让月亮河更加美丽。

离开省城前夜，月亮越发明净，与双亲到小区公园赏月。夜深，明月轻扣窗棂，来到床前。霞衣睡意全无，索性裹着被子坐到窗台上，贴近玻璃窗赏月。月光如水，她内心安静祥和。

坐夜班车回六库，正好是农历十五，圆月当空，大地披上了银装。

床位紧挨车窗，月亮一路同行。她伸出手，在车窗玻璃上抚摸月光，呢喃一个人的经文。同车有六库老年人门球队，他们参加云南省门球协会组织的比赛，从西双版纳载誉而归，捧回体育道德风尚奖。听他们爽朗的笑声，紧傍如水月华，霞衣心里的阴霾消失得无影无踪。明月照耀回家的路。看着车窗外奔跑的月亮，她轻轻地哼唱《月亮河》："月亮河，宽不过一英里。总有一天我会优雅地遇见你。织梦的人啊，那伤心的人。无论你将去何方，我都会追随着你……"

凌晨五点，他们到达六库城。天穹高远，墨蓝深邃。月满丰腴，令人忍不住吟咏民谚"十五的月儿十六圆"。明朗的月光下，怒江缓缓流淌，边陲小城发出甜甜梦呓。"吧嗒吧嗒"，泪水毫无顾忌地砸在红土地上，她就像在外流浪归来的孩子，蹒跚回到故乡的怀抱，百感交集，不知如何诉说经历的艰辛。她的灵魂就像候鸟，拍打着翅膀飞向远方，又拍打着翅膀飞回家园。怒江发出低沉的声浪，安慰受了委屈的孩子。江风拂面，轻轻拭去她眼角的泪花。

五

2010年立春这天，在晓慧姐的陪同下，霞衣携带《盐马古道》一书到云南大学茶马古道研究所拜访木霁弘教授。20世纪80年代末，木教授与多位学者深入研究云南通往西藏、人称"南方丝路"的古道，为此，他最早提出了"茶马古道"这一名称。霞衣向木教授请教，阐述自己的见解和写作打算，得到木教授的充分肯定。就怒江州盐马古道和茶马古道的深入采访，两人作了长谈。

来昆明拜访木霁弘教授前，就《盐马古道》一书，霞衣曾经得到省城来的专家高度评价。阔时节期间，从省城来了专家组，成员有摄影家、作家、学者、刊物编辑、出版界人士、云南电视台《都市条形码》

采编人员。专家组在六库城活动期间，霞衣被摄影家协会安排充当向导。她把《盐马古道》一书赠送给专家组成员，恳请他们批评指点。霞衣是怒江人，骨子有着深厚的家园情结，她想知道《盐马古道》在专家组成员眼里的分量。专家组汇集意见后，由组长向霞衣转达了大家对《盐马古道》的看法。他们充分肯定了这部游记散文集的优点，指出再深入盐马古道采访和挖掘素材的重要性，这与霞衣的想法一致。为此，她乘出差省城的机会，前往云南大学茶马古道研究所向木霁弘教授讨教。与木教授的深谈，更加坚定她重走兰坪县盐马古道，走访怒江州边三县茶马古道，创作《怒江记》的想法和决心。

晓慧和霞衣路过金殿时，无意间听路人提起，金殿里正在举办首届山茶花展。山茶花是昆明的市花，名列“云南八大名花”之魁。想起郭沫若先生诗云“人人都道牡丹好，我说牡丹不及茶”，霞衣不由心动。第二天一早，她到出版社办完事后，从大观路坐车到小西门，转车往金殿，慕名前去观赏山茶花。半路上，她接到晓慧姐短信，坦言建议霞衣今后研究的课题和努力方向。晓慧姐的建议也正是霞衣的想法。买了门票，踏上一天门石阶，石阶又长又高。从一天门到达二天门，霞衣的肠胃不停发出“咕噜噜”抗议。肚子饿得慌，感觉十分乏力。早上从弟弟家出门时，她想早点到出版社，等不及阿妈做好早点。阿妈不放心，追着女儿背影叮嘱在路上买点吃的。不料在出版社发生小插曲，颇有悲剧性，令她不快，竟忘了阿妈的叮嘱，没有抚慰自己肠胃。看看表，已经12点了，她买了一个水煮玉米，边走边吃。看到一个小摊上插着北京糖葫芦，色泽漂亮，她不由凑近。摊主以为有生意，眉开眼笑地迎了过来，当知她只是想拍摄时便拒绝了，还讥笑不止。霞衣摇头苦笑，继续登石阶到达三天门，终于见到了红艳艳的山茶花。

阳光灿烂，春暖花开。信步园林茶花之中，总让人目不暇接，红的艳丽，粉的淡雅，而双色山茶更是俏丽，雍容华贵不逊牡丹。霞衣没去看吴三桂的大刀，而是穿梭花丛，经铜鼓再往钟楼，不知不觉，她来到被誉为神州第一的铜殿。立柱、格子门、神像及殿前日月七星旗都是铜铸，其工艺精湛，堪称巧夺天工。尽管铜殿精美，但她无意久留，心思仍牵挂着山茶花。

心情一旦开朗，肚子便放肆地“咕咕”响，肠胃也随之凑热闹，存心让主人难受。她只好在路边一个小吃摊前坐下，买了一管竹筒饭，吃得香极了。油炸洋芋的香味钻入鼻孔，她买了一份，肚子却塞不下了。

扎根红土地，自由生长在风里，山茶树与青松相伴。阳光洒在花瓣上，逆光中的山茶花有种透骨的美。霞衣站在茶树下，眼光抚摸浸透阳光的花瓣，心里的不快早就抛到九霄云外。钟声悠悠敲响，男女对唱声传来，山歌优美，在山茶花林间穿梭。霞衣被山歌旋律感染，摁响快门的同时，也跟着哼唱起来。

徘徊山茶花林，不觉时光飞逝，已是下午三点了。她要赶往环城西路，找别的出版社咨询出版事宜。将相机收入背包，她快步下山，坐上公交车再搭出租车，风风火火到了云南省新闻出版大楼，通过对几家出版社的咨询比较，她基本上摸清了出版行业的情况。

回到弟弟家时，已是暮色苍茫。一进家门，她就闻到心爱的糯米香肠味，抓了一片往嘴里塞，边嚼边将挎包放在沙发上。阿妈忙打开微波炉热菜，心疼地对阿爸说，“我们的二姑娘饿坏了。”阿爸答，“跑了那么多路，不饿才怪哩。”

与双亲一起翻看相机里拍摄的茶花，阿爸阿妈笑了，说，“这有何稀奇的，植物园里多的是。”晕倒，植物园离弟弟家近，霞衣却舍近求远上金殿，而且没有拍摄到白色山茶花。她内疚地对双亲说，“来昆明好多天了，我一直出门办事到处跑，没能陪伴两老。今天把事情办完了，我有时间陪阿爸阿妈啦。明早，我们到圆通山看冬樱花，下午再上街买衣服。还有啊，我们抽空去黑龙潭观赏梅花，到海埂喂海鸥……”

双亲慈爱地看着女儿，听着女儿的絮语，不断点头同意。

霞衣在日记中写道，“对于文学，我的灵魂就像一只小鸟，从一个站飞向另一个站。”

六

2012年5月，霞衣再次到兰坪县徒步盐马古道，在崇山峻岭中行走20多天。从期井到富和山到拉井，再到营盘镇，她心有所想，感动上苍，一路上神灵暗示，赛伍嘉如影随形。当她走过雾湖，恍惚中看到高挺英雄结的赛伍嘉骑马奔向垭口。当她走上碧罗雪山鸟道，在雪山峰顶看到赛伍嘉在荒野中向她走来。两次海市蜃楼的景象，令她的内心世界无法割舍赛伍嘉。

三番五次出入富和山，渐渐融入彝家人的生活里。彝家人崇拜神树，弹丸之地的富和山弥勒坝，就拥有三棵神树：和尚树下燃香打赌的神树、欢迎客人到来的迎客树、祈愿生产丰收的生产树。富和山原始森林有铁杉、冷杉、云南松、红豆杉、椻木、五加树、水冬瓜树等，阿明五加只是五加树的一种。提到阿明五加，彝族人对在富和山发现阿明五加树种感到由衷自豪，他们骄傲地称之为"我们的阿明"。五加树在霞衣的行程里成了精，一点点渗入到她的思维，渐渐转化成了赛伍嘉这一文学形象。提笔写赛伍嘉，她却在际遇中疼痛。这份疼痛源自心灵，深入骨髓。这锥心锉骨之痛，使得她在读周晓枫散文《离歌》时有着感同身受的强烈共鸣。周晓枫用优美而深刻的散文笔触，塑造一个令人痛心的文学爱好者屠苏。她就像一个冷静的外科专家在解剖屠苏的人生时，也对自己的文学情怀做了客观而又深刻的剖析。屠苏选择放弃，离开文学，"也许屠苏觉得文学的力量微弱，这根曾支撑他自信的稻草，没有变成船桨把他摆渡到对岸。打湿的稻草什么用也没有，只能成为压垮骆驼的重量。"读到周晓枫散文中这段话时，霞衣就会想起自己的灵魂泅渡苦海时的情景，她感到后怕，热泪盈眶地在心里呼唤，"师树！"

走访怒江州盐马古道和茶马古道期间，她曾经到访一些地州的古道，以此增长阅历。在武定宾馆，她读到一期《狮子山》杂志。武定是彝族罗婺部故居，南诏大理国时期，罗婺部号称“三十七蛮部”之首。这期《狮子山》杂志介绍了罗婺部的历史，其中有篇文章，就凤家城毁灭起因，对众说纷纭的凤家城毁灭说法，一一描述了相关的历史典故。在这些典故里，一则裸鞭事件的记载令她印象特别深。她从碧罗雪山回来后，远遁尘世干扰，投入创作赛伍嘉的故事里，不料身心深陷盘丝洞，难以挣脱尘世蛛网捆缚，失去写作赛伍嘉的故事热情。她小心翼翼护卫心灵深处仅存的纯真与善美，却在人性丑陋和自身软弱里遭到无情吐槽，成了心灵之殇。打个比方，她种了一盆花，满心高兴地放到书房里，打算投入写彝山小说时，有人强行从她手里抢走花盆，把盛开的花朵在她眼前捏碎，还要在捏碎的花瓣上残忍地踩上一脚，逼她对栽种一盆花认错，尤其对花的盛开负有不可饶恕的罪过，她必须吃掉被踩在脚下的花瓣。这无疑是对霞衣进行无情的鞭打，没有痕迹，却伤入心骨，恰如彝族罗婺部凤氏土司历史中所记载的裸鞭一样。文人的心灵遭到“裸鞭”，这是致命的伤害，霞衣挺直的脊背被压弯了，失去了自信，变得自卑，时光迅速苍老。

人情练达皆文章，霞衣的心志在砺炼中成长。

“一个自知生命如霞光般短暂的女人，一个只想让短暂的人生如霞光般美丽的女人，灵魂与身躯的罅隙，昼夜难逃潮汐。文字让她发泄，文字让她问道，文字让她修身养性。”霞衣曾经在散文《听恋》中表明对人生对文学的态度和心迹。她热爱文学，在追梦求索的路上，她心地纯真，却承载太多泪水，就像一个迷惘的孩子，惊悸地面对一片“苦海”，没有选择余地完成自渡。从心海的此岸到彼岸，这是文人成长的过程。作为一名作者，如果渡不了“苦海”，无缘问津文字，灵魂也就到不了“文学”这个归宿地。霞衣是幸运的，最终渡过“苦海”，到达彼岸。她这份修持，不仅有血脉深处对文学的热爱，更有良师益友的慷慨相助。

众多藏书中，英国作家克莱尔·麦克福尔的小说《摆渡人》是霞衣最爱不释手的。这部畅销欧美、令千万读者灵魂震颤的人性救赎之作，让霞衣对“摆渡人”这一小说角色产生强烈共鸣。每当安静地写着要写的文字，徜徉在创作带来的快乐和幸福里，她内心充满感恩。命运是一条孤独的河，她有勇气去泅渡。来自红土地的悲悯与宽厚，让她懂得包容。《摆渡人》被霞衣放在书架上最显眼的位置，每次取书阅读，读罢放回，她都要凝望一会《摆渡人》。

来源于生活，高于生活，文章如是，文人的内心世界也如是。她敬重心灵修行的驿站，称之为“师树”。在灵魂未渡过“苦海”时，她感到无助，来自尘世的蛛网缠住了手脚，一身灰尘，满脸污垢。正当她惊悸不安时，“师树”慈爱地帮她清除蛛网，扫掉身上灰尘，擦净脸上垢污，扶正被压弯的脊梁，使她有勇气一头扎进“苦海”，奋力游向对岸。她无力上岸，双手紧紧抓着堤岸的缝隙，浮沉在“苦海”里奄奄一息。“师树”及时出现，伸手拉了霞衣一把。坐在“师树”旁修养，霞衣的心从浮躁里渐渐平静，宽宥他人，反省自己，心怀慈悲，淡定世间一切。

霞衣不是圣人，不能脱离世俗，她的精神领地需要一个坐标，一把保护伞。这个坐标这把保护伞，真实与否并不重要，只要她内心能感觉到存在，感觉自己不再是尘世的弃儿。这份感觉，就像达摩面壁，有个容灵魂安静修养之地即可。“师树”，这个只属于霞衣内心的词汇，只有她才能懂得内心的敬重和向往。对“师树”的这份情感，正如她一直耿耿于怀没能写出的小说人物赛伍嘉，交错真实与虚拟。赛伍嘉是霞衣独特的文字痕迹，有着深厚的故园情结，这个在乡土文化滋养中构思的小说人物，存活在她的心海里，绝不是哪个人能代替并左右得了摆布得了的。“师树”是霞衣的师树，这是良师益友的化身，具有让她心灵感悟到的强大气场，护佑比蜗牛还要笨拙的霞衣。

写作多年来，总是在风风雨雨、磕磕碰碰中前行。放弃与坚守，当苦难来临时，抉择最能考验写作者的毅力。霞衣度过了写作瓶颈期，不受囚禁的灵魂，在砺炼里涅槃重生，成为一只自由鸟飞往浩瀚天宇。文学如树，灵魂如鸟。当灵魂如鸟栖息在文学的大树上，霞衣的写作与阅读变得异常安静。心怀树的高洁，平凡中展现着不平凡，正如霞衣在大地上的健行，正如一位不知名的大妈在火塘边对生活的感激。对树的敬仰，是她多次徒步盐马古道而产生的情感。如果尘世中有可让灵魂撒娇的巢窝，霞衣希愿灵魂可以如鸟栖息在师树上。“师树”是霞衣意念中的树，只生长在一个人的坛城里。

漫漫创作路，师树摆渡只是短暂的，对一名作者来说，真正的摆渡人是自己。

七

有一天晚上，她做完瑜伽，心情愉快地从瑜伽馆出来，向停在不远处的公交车走去。坐车回家的路上，她打开微信，不由乐了，期井村的应兰姐通过微信，向霞衣唱响山歌。回到家后，靠在沙发上，霞衣美美地听着，应兰姐唱了一首又一首，霞衣听了一遍又一遍。这样的隔空交流，让整个夜晚充满快乐，这是山里人淳朴而纯真的情感传递。

写作《盐马古道》一书时，霞衣来到期井村，村里几位妇女陪同她去雪山太子庙。雪山太子庙既是地名也是山名，是碧罗雪山脚下众多山峦中的一座山峰，期井盐马古道中一条步道的必经点。霞衣开玩笑说，几位结伴而行的姐妹是“期井村娘子军”。她们一路踏歌而行，当中也有应兰姐的身影。2016年清明节，霞衣的新作《怒江记》正在出版中，她再次到期井村，时隔八年，“期井村娘子军”再次陪同，人员虽有所变化，但应兰姐仍相伴左右。第二次登雪山太子庙，霞衣不再是当年那个健步如飞、走在山里姐妹前头的人，疲惫从她的心灵延伸到脚步，登山速度已赶不上“娘子军”中年近70岁的老姐姐。老姐姐有点怜惜地对霞衣说“你的精神气落下来了”。

从期井回来后，霞衣写了报告文学《生命如同溪流》，刊登在《文艺报》上。“期井村娘子军”们看不到文艺报，她们只知道《盐马古道》一书，但她们中有人加了霞衣的微信，读到刊载在《文艺报》上的这篇文章。就在应兰姐给霞衣唱山歌的一个多月后，《民族文学》刊载了霞衣的长篇散文《期井河畔》。“精神气落了下来”的霞衣，深知时光紧迫。在雪山太子庙盘腿而坐，面对碧罗雪山，想起当年走鸟道，在雪山峰顶上看到的大自然奇观，她最大的心愿就是写好赛伍嘉的故事。但不知道为何，她的心灵走不出阴影，失去创作激情，把故乡山川赐予她并受到神明祝福的故事搁浅了。

应兰姐是霞衣的微信好友，她伤感地说，自己不怎么识字，读不了霞衣微信上发布的文章。但这不妨碍她们之间的交流，不妨碍她们成为姐妹。她理解霞衣在故乡的追寻，认可霞衣对故土的挚爱全转化在字里行间。“你是为了我们才这样辛苦，是为我们做事的。”应兰姐这样说，众多古盐镇拉井的百姓这样说。《盐马古道》一书深得拉井镇百姓喜欢，在他们中影响很深，作为作者，霞衣没有预料到会有这样的结果。他们对她的认可，对她的支持，是她在为了写作纪实散文集《怒江记》，重走拉井镇的盐马古道，深入挖掘古道文化，接触陌生的拉井百姓时，才深深感觉体会到。

有一次，霞衣到期井寻访年老的马锅头，特意到中村玉皇阁一游。听说写《盐马古道》一书的“记者”来了，三位妈妈会的成员赶在霞衣到来之前，到玉皇阁打整、煨桑等候。“我不是记者，我是一名人民教师。”尽管霞衣解释，但期井人固执地把她认作记者。对于他们来说，一位写盐马古道文章的人，一位深入他们生活中为老百姓说话的人，不是记者是什么。他们不懂得什么是作家，他们敬重老师，更敬重记者。在中村玉皇阁，她们为霞衣祈福。一位大妈在祷告中，恳请玉皇护佑霞衣，说霞衣是为了期井村老百姓做事的。安静地看着这古朴的仪式，体会她们内心的虔敬，听着由衷至善的祷词，深深感动她们的真切情谊。对于生活在高山峡谷，相信万物有灵的她们来说，没有什么比她们所信仰的神明能更好地护佑霞衣的到访。

听说“彭记者”来了，有的人从外村赶到期井，就像自家人，推心置腹地跟她说一些事，希愿她能帮忙解决，他们相信《盐马古道》的作者有这份能力。来自大山深处这份对霞衣的信任，令霞衣感到惶恐，尤其当需要帮助却使不上力时，她深感作为文字人的无奈。她仅仅为盐马古道写了一本书，所做之事微不足道，却被他们惦记厚爱。淳朴善良的老百姓啊！融入山里人家，她的心时时被感动。行走兰坪，行走怒江，霞衣只想把文字写得更好一些，希愿自己的文字能走得更远一些，让更多的人通过她的作品，理解地处边缘的怒江红土地上的人文情怀，感受怒江流淌的深厚大爱。

一位普通作者，出行让人惦记，文字让人喜爱，时刻牵挂，愿与之为友，对象无论是谁，高贵与凡俗都值得安慰，值得珍惜。听着来自期井的山歌，想念“期井娘子军”，霞衣很想再次去期井，与应兰姐她们三上雪山太子庙。诚如第二次去时一样，霞衣只想坐在杜鹃花海里，面对碧罗雪山，静看风轻云淡。

从小我到大我，写人民群众喜爱的文学作品，接地气的写作是必然的途径。

八

允许自己犯傻，对着一个方向说树。允许自己发呆，对着一个方向想树。

对足下的土地爱得真，心才会痛得深。文字在心中酝酿时，有时，她说不清楚为何会有痛，会在自我的世界里淌泪。由五加树到赛伍嘉，作者搁浅了创作，在心灵上刺痛着。

有一次，霞衣从富和山弥勒坝到期井的半路上，看见那棵在原始森林中屹立千年的冷杉被砍倒在地，树皮被削掉了，光裸的树干一截一截摆放着，就像被肢解的“长骨头”。这棵被砍伐的千年冷杉，活着时，在霞衣眼里是令人敬重的长老，周边的树木，是长老管辖的族人。“长骨头”森冷刺目，她的心疼得紧缩了起来，眼泪夺眶而出。

逗留兰坪县城期间，有一晚，霞衣与小妹去爬木栈道。她们爬上最高层，面对雪邦山，坐在台地上闲聊。雪邦山号称“滇省众山之祖”，是云岭山脉支脉之一，成为大理州剑川县上兰乡、马登镇与怒江州兰坪县金顶镇的分界山。兰坪县没有公路前，从拉井贩运食盐到剑川，必经雪邦山，固又名“盐路山”。从金顶镇来龙村经过雪邦山到达马登的古驿道，也被称作盐路山。霞衣曾于夏、冬二季走过盐路山，两次走访，都在垭口救命房前逗留一会。尤其在冬季，大雪封路，一步一深坑。垭口的路被雪填平了，在高坎处拉着树枝行走，稍不注意，陷入积雪的路面上，就像掉进棉花堆里，雪埋过腰。一回头，但见琼枝上火红的火棘果，想起火棘果是救兵粮一说，眼角有点潮湿。站成雪地里一棵树，她回顾盐路山，想起怒江往事，不知道为何，居然联想到红月亮，臆想一位背盐女在有红月亮的夜晚到富和山为赛伍嘉祈福，遭遇山洪，不幸被卷走。天色渐渐暗了下来，姐妹俩正要离开，但见一轮红月从雪邦山背后跃起，天空蓝得异乎寻常。她俩一时舍不得离开，坐看红月当空，静默无语。夜色中传来呼唤，霞衣想入非非。她想起徒步盐路山时，在垭口曾想到背盐女为赛伍嘉祈福，想起洪水卷走背盐女的瞬间，天空中也有着眼前所见的红月亮，眼泪不觉间滑落脸颊。红月亮，那是寂寞嫦娥在溜达玉兔的宫阙吗？

由赛伍嘉到五加树，一个文学创作者留下的真实脚印，在心灵上酿造出甜蜜。这份甜蜜，纯朴甘美。对霞衣来说，快乐其实很简单，我们不妨读读她的日记。

日记一

步出书房，城市的夜到处闪烁着温暖的灯光。烧烤摊前，丈夫为妻子女儿点了歌，优美的旋律让憔悴的妻子舒展沉思的眉头。周末，妻子做了一桌家常菜，犒劳丈夫和孩子。举箸给父女俩夹菜，她心里有无尽的内疚和感激，徒步及采风，写作及校稿，她往往忽略了与家里人交流。丈夫宽容和爱护的眼神，保存了妻子一方自由快乐的空间。没有母亲督促，女儿读书捧回的奖状挂满客厅的墙，使得在文字里劳累的母亲感到欣慰……她举起酒杯，千言万语想对父女俩说，却只化作轻碰酒杯时发自内心的一声“谢谢”。

日记二

每一位老马锅头、每一位老盐工、每一位老背夫，在盐马古道留下足迹，辛酸往事见证盐马古道历史。抢救盐马古道文化遗产，走在路上，我的心头流淌不被人理解的郁闷和悲哀。

背着摄影包和三脚架，步履沉重地走在急坡街，夕辉洒在身上，一种宿命的感觉难以排遣。我正要跨过急坡街村尾的水沟，一位老人立在夕辉里静静地看着我。我被老人眼神吸引，不由上前搭话。这是一位有“悠久历史”的马锅头，已经83岁了，与老伴住在龙王庙对面的果园里，自力更生，以不依靠儿女生活为荣。

本想到老人家的果园看看，可想到采访结束后必将摸黑走路，山村小路坑坑洼洼，近视眼的我没有准备照明工具肯定会寸步难行，尤其令人恐怖的是村道上追着人狂吠的狗……征得老人同意，我们到急坡街他家的旧屋前就地采访。

急坡街是旧日喇鸡鸣井盐矿所在地，也是解放后兰坪县拉井盐场所在地，这个随着盐矿封闭盐场解散而沉寂的小山村，埋藏着深厚的盐马古道文化，等待后人去发掘。我坐在门前的石板上，老马锅头蹲坐在对面的石头上，他将烟锅往地上磕了磕，不慌不忙地说了起来……红色的石板下，也许就有一个屈死的冤魂在哭泣，历史总是这样在叙事里呼啸着向我走来，让我的思绪不时分神。

暮色渐浓，采访结束。合上采访本的瞬间，我的心突然间看淡了一切，临时取消到老地盘、新涧等地采访的打算，连夜搭车赶往兰坪县城，第二天与两位老同学赴金顶镇官坪温庄，参加一位老同学盖新房竖房架的庆典，尔后随两位老同学回到县城，到其中一位同学家里叙旧。

九

今夜，她为谁哭？谁又为她哭？

冬夜不胜寒。穿上大衣，她打开通往阳台的玻璃门，却意外地看到那棵长得病恹恹的“神药”，不知何时在断裂处长出了新芽。“神药”主干上，点点嫩芽顶破了树皮欲冒出头。“神药”一改平日的萎靡不振，在冷冽的风中精神抖擞。这无意间发现，让霞衣提振精神。“神药”是村里人对一棵植物的昵称，针对其对某些病症的功效而言，但谁也说不出这植物叫啥。想到“神药”也是树，在某个阳台生长着，霞衣开心地笑了，内心的雾霾一扫而光。“神药”——“师树”，这是一份遥不可及的念想。霞衣不是女巫，无法在“神药”上施术。即便有心下药给远方，却如流星划过一扇窗前，陨落到碧罗雪山上。

人世间若有万能的神药，她希望给文字下药，令文字思念她，日日夜夜如花盛开。她是个思念文字的人，总是在执着中患得患失。如果人世间真有神药，能化解她对文字思念之苦，她愿意当一个会下药的巫婆。说不清为何在行走中迷失自己，她失去创作激情，曾有一段时间厌憎赛伍嘉。她想寻觅什么，却把自己孤立在人群外。碧罗雪山给予她神助，也给予她蛊毒，令她消耗功力去解无形的绳结。今夜，怒江大峡谷一个阳台上，一位作家面对“神药”长出的嫩芽，有了前所未有的功利心理。她特别想写好赛伍嘉的故事，只恨自己才疏学浅，写作功力薄弱。如果神明眷顾当年那个在碧罗雪山上追逐飘移的光虹，坐在悬崖边为文字哭泣的女子，就让“神药”长成相思药吧！

不时听到熟人亡故的消息。处在知天命年龄，关于死亡，霞衣平静中有着感伤。当年盛邀霞衣去古盐镇拉井游玩，促成她写作《盐马古道》一书的朋友和石新，以及担任她的向导，从四十里箐带她走向富和山弥勒坝的三哥赵荫孙，两人皆因病辞世。两个安息在另一个世界的灵魂，若提起盐马古道以及成就一位女作家，定会心照不宣地相视一笑。每每翻阅当年徒步盐马古道留下的照片和日记，霞衣的眼前就会浮现两位故人的音容笑颜，于深深的缅怀里，倍觉行走盐马古道的时光美好。

喜欢听久石让演奏的《入殓师》，音乐令她感受到生死的交响。时光就像幽灵，携带过往向她走来。在《入殓师》的旋律中，内心与文学对话，就像一出皮影戏，自说自唱，情感如河流静静流淌。

花盆里的"神药"是从老家的一棵树上培种的。"神药"再小也是树。望着"神药"，想到"师树"，霞衣恬静微笑。"神药"上冒出的嫩芽，令她感到冬日里有春天。

"师树"=师＋树=师。这莫名其妙的文字公式，只有霞衣才懂。"师树"是她杜撰的词汇，特指她的老师。如果把文学比作树的话，一位真正的文学创作者，只能自己是树，而不是树上的小鸟。老师说得极对，她必须对"树"断奶。

关于生命，生安然，死亦安然。关于人生，霞衣是个懂得感恩的人，感激所行走的大地，感激帮助过她的人。感恩之心，恰如前贤所说，"感谢命运，感谢人民，感谢思想，感谢一切我要感谢的人。"

故乡，我不知道如何去爱你。

仰望碧罗雪山，感觉头顶三尺有神灵。心怀热爱，作为文字人，对能拥有安宁的三尺书桌感到幸福，没有什么比安静地写作更富有的了。

霞衣是我的网名。脱离自身羁绊，冷静地自我解剖，坦诚得近乎荒唐。这行为，有点疯癫，有点作秀，尤其在夜深人静时更显得荒诞怪异。

坐在窗边，拥抱月色朦胧的故乡。眼光抚摸月亮，突然间觉得，自己只是故乡的过客，匆匆复匆匆，时光从指缝间溜走了。

今夜月明，灵魂在碧罗雪山上呢喃，精神皈依文学，夫复何求。

彭愫英

刊载于《边疆文学》2019年第9期